대안적 교사교육 탐색

정윤경 저

학지사

::::머리말

오늘도 교사는 바쁘다. 아이들 가르치랴, 학교 업무 처리하랴 참 분주하다. 그게 다가 아니다. 오늘날 교사들은 배우는 데도 정말 열심이다. 각종 연수와 특강 그리고 대학원 과정. 가르침과 배움은 동시에 일어나는 것이니 가르치는 자가 끊임없이 배움에 참여하는 것은 당연한 일이고 또 바람직한 일이다. 이와 같이 배움에 열심인 교사들의 가르침이 훌륭한 가르침으로 이어질 수 있기를 기대한다. 그런데 교사가 이렇게 힘들게 얻은 그 배움의 결과가 수업 방법을 조금 새롭게 개선하거나 새로운 방법을 적용해 보는 정도에 그칠 뿐, 가르치는 자신이 가르치는 아이들로부터, 또 가르치는 내용으로부터 소외되는 것을 느낄 때가 있다. 참 씁쓸한 일이다. 이와 같은 현상은 교사의 배움이 교사 자신의 삶과 연결되지 않을 때 그런 경우가 많다. 여러 가지 통로를 통해 배우는 많은 것이 가르치는 자로서 자신의 삶과 연결되고 통합되지 못한다면, 그 배움은 그저 무기력한 관념들과 넘쳐 나는 정보가 쌓여 가는, 또 하나의 스펙 쌓기에 지나지 않을 것이다.

교사의 배움이 교사 자신의 삶과 관련된다는 것은 결국 교사 자신이 아이들을 바라보고 교육을 바라보는 자신의 인간관과 세계관에 영향을 미친다는 말일 것이다. 누군가의 말처럼 사람은 잘 변하지 않는지도 모른다. 그런데 그 어려운 변화는 하루아침에 일어나는 것이라기보다는 가랑비에 옷 젖듯이 부지불식간에 세상을 바라보고 삶을 바라보며 세상과 삶을 대하는 방식이 달라짐으로써 나타나는 것 같다. 이런 변화는 어떤 내용을 투입해서 그에 상응하는 결과를 산출하는 방식으로 일어나기는 힘들다. 오히려 달이 차고 기울기를 몇 번, 나무가 자라 열매를 맺고 꽃을 피우는 과정처럼 일정 시간의 흐름에 따라 서서히 일어나는 시간의 예술이요, 또 사람과 사람의 인격의 부딪힘, 혼과 혼의 만남에서 가능한 일이라고 생각한다. 이 책은 이런 생각에서 교육을 바라보고, 교사교육을 고민하면서 지난 몇 년간 '교사교육'에 관해 썼던 글들을 모은 것이다. 여러 학회지에 실린 글이라 주제가 다양해 보이지만, 모아 보니 결국 훌륭한 가르침을 하는 교사교육을 어떻게 할 것인가에 대한 고민들이었다.

제1부 '반성(reflection)'과 교사교육의 키워드는 '반성' 또는 어느 경우에 '성찰'이라는 말로 표현해야 그 의미가 더 잘 와 닿는 '성찰'이다. 구체적인 내용은 교사교육의 대안으로 간주된 반성적 교사교육에 관한 것이다. 반성적 교사교육에서는 '반성'의 의미와 개념을 살펴보고, 반성적 교사교육 자체가 도구화되는 현상 자체를 비판적으로 논의하였다.

제2부 '영성(spirituality)'과 교사교육의 내용은 "교사교육이 예비교사나 교사의 '영성'도 돌볼 수 있어야 하지 않을까?" 하는 문제제기에서 출발한다. '영성' 하면 너무 난해하고, 현실과 멀리 떨어진 어떤 것이라고 생각할 수 있다. 그렇다면 그냥 교사의 마음(heart)이나 영혼이라고 해도 좋다. 말하고자 하는 바는 교사교육이 교육내용과 교육방법의 숙달이라는 이성(지성)의 발달에 국한되는 것이 아니라 교사의 마음과 영혼이 통해야 한다는 것이다. 따라서 교사의 지성의 변화만 문제삼는 것이 아니라 교사의 마음과 영혼의 변화를 중시하는 노선에 서 있는 교사교육 프로그램들을 살펴본 것이다. 여기에 해당한 것으로 미국 Palmer가 주도

한 '가르칠 수 있는 용기(Courage To Teach: CTT)' 교사교육 프로그램과 교사를 영혼의 예술가로 간주하는 '발도르프학교의 교사교육' 프로그램을 살펴보고, 이러한 프로그램이 공통으로 추구하는 교사교육에서 영성을 다룰 수 있어야 한다는 논의를 전개하였다.

제3부 다문화교육을 위한 교사교육은 한국사회가 빠르게 다문화사회로 진입하면서 교사교육 단계에서 무엇을 어떻게 할 것인지에 대한 탐색의 결과다. 여기에서는 한국사회보다 먼저 다문화교육을 고민한 미국의 교사교육 사례를 통해 살펴보고 한국 교사교육에 시사하는 점을 중심으로 논의하였다.

제4부 교사교육과 교육철학은 말 그대로 교사교육을 위한 교육철학의 역할과 교사교육 철학에 관한 교육철학 분야에서의 연구 동향을 살펴본 장이다.

이와 같이 각 부마다 키워드는 '반성(성찰)' '영성' '다문화' '교사교육을 위한 교육철학의 역할'로 각각 다르지만, 이들 논의는 공통적으로 교사교육이 전문 직업 기술교육의 관점에서 필요한 지식과 방법론에 역점을 두는 것 이상이어야 함을 역설하고 있다. 즉, 훌륭한 가르침을 위해 교사는 교육내용과 방법론에 관한 지식과 기술을 갖추어야 한다. 그러나 이게 다가 아니다. 교사와 일과 가르침의 목적이 사람을 사람답게 기르는 일임을 생각하면, 교사는 가르치는 자로서 먼저 자기 자신부터 사람됨의 구현을 위해 노력하고 헌신해야 하지 않겠는가? 따라서 훌륭한 교사는 먼저 '사람됨'이 먼저라는 결론에 이르게 된다. 결국 교사교육 탐색의 과정을 마치면서 교사의 사람됨을 위한 교육, 즉 '인문교양적 교사교육'이라는 말로 교사교육의 논의를 결론짓게 되었다.

어쩌면 뻔한 이야기일 수 있고, 또 현실과 너무 동떨어져 비현실적인 이야기처럼 들릴지 모른다. 교사의 본질과 가르침의 본질적 특성에 비추어 보면 너무 당연한 이야기일 것이고, 교사와 가르침의 본질에서 멀리 떨어진 현실에서 본다면 지나치게 이상적인 소릴 늘어놓은 셈이다. 당연히 그러해야 할 기본적인 것을 지키는 일이 쉽지 않은 요즘이다. 눈에 보이는 성과를 재기 바쁘고, 그것에 발맞추기 위해 가르침과 배움의 과정이 즐거움보다는 경쟁과 채워 넣기식으로 돼 가는 현실의 벽이 너무 어마어마하게 느껴져 도대체 작은 변화를 끌어내기 위해 어디서부터 어찌해야 할지 모를 때가 많다. 하지만 다시 힘을 내 보자. 중용 제22장에서 말한 대로, 군자의 경지가 아니라 보통 사람으로서 할 수 있는 것은 '작은 부분부터 곡진히 하는 것'이다. 곡진히 하면 정성스러워진다. 정성스러워지면 밖으로 드러나고, 밖으로 드러나면 겉에 드러나고, 겉에 드러나면 밝아지고, 밝아지면 움직이고, 움직이면 변하게 되고, 변하게 되면 감화되기에 이른다. 오직 천하에서 지극한 정성스러움만이 감화를 실현할 수 있다. 교육계의 변화 역시 거대한 시스템과 제도 변화에만 기댈 수 없다. 오히려 한 사람 한 사람의 교사가 아이들 하나하나와 만나 사람다운 사람, 살 만한 세상에 대한 희망을 만들어 가기 위해 오늘도 그 가르침에 정성을 다할 때, 교육계의 변화도 가능하지 않겠는가?

각 장의 글이 실린 원 출처는 다음과 같다. 제1장 반성적 교사교육에서 '반성'의 의미는 『교육의 이론과 실천』 12권 2호(2007), 제2장 반성적 교사교육에 대한 비판적 고찰은 『교육철학연구』 42집(2008), 제3장 발도르프학교의 교사교육은 『교육철학』 27집(2002), 제4장 CTT 교사교육은 『한국교육학연구』 11권 1호(2005), 제5장 교사교육과 영성은 『교육철학연구』 36집(2006), 제6장 미국 대학 다문화교사교육 프로그램 사례 연구는 『교육사상연구』 26권 1호(2012), 제7장 해외현장경험 프로그램과 다문화 교사교육은 『한국교육학연구』 19권 2호(2013), 제8장 교사교육을 위한 교육철학의 역할은 『교육사상연구』 27권 2호(2013), 제9장 교사교육 철학 연구 동향은 『한국교육학연구』 20권 1호에 각각 실렸던 글이다.

정윤경

:::: 차례

영성과 교사교육

다문화교육을 위한 교사교육

교사교육과 교육철학

제**1**부

반성과 교사교육

제1장

반성적 교사교육에서 '반성'의 의미

이 글은 반성적 교사교육에서 '반성(reflection)'의 의미에 관해 탐구하는 것을 목적으로 한다. '반성' 또는 '성찰'이라고 하는 용어는 오늘날 교사교육에 국한하지 않고 여러 분야에서 두루 사용된다. 그만큼 쓰는 사람마다, 사용되는 맥락에 따라 상이하게 사용되기도 한다. '반성'이 교사교육 분야에서 접목되어 '반성적 교사교육'이라는 흐름을 만들고 있는데, 이 글은 어떻게 '반성'이 주목받게 되었고, 어떤 의미로 사용되는지에 초점을 두고 살펴볼 것이다.

Ⅱ절에서는 반성적 교사교육이 대안적 교사교육의 패러다임으로 대두된 배경을 기존 교사교육의 문제점과 관련지어 살펴보고, Ⅲ절에서는 반성적 교사교육에서 '반성'의 의미를 이해하는 세 가지 관점—Dewey, Schön, 비판이론—을 중심으로 살펴본다. Ⅳ절에서는 Ⅲ절에서 살펴 본 각 관점의 '반성'을 반성의 성격, 반성이 제기된 문제의식과 반성의 목적 면에서 비교 논의하고, 반성 개념이 교사교육에 시사하는 점을 논의하였다.

I. 서 론

오늘날 교사교육에서 '반성'(또는 성찰; reflection)이 핵심적인 용어가 되고 있다. '반성'이 교사교육 분야에서 부각된 것은 '반성'의 가치를 중시하며, 이것을 교사교육에 적용하면서부터다. 80년대 이후 주로 영미권에서 교사교육의 개선을 위한 메타포로 '반성'을 강조하는 '반성적 교사교육'[1]은 오늘날 대안적인 교사교육의 패러다임으로 평가받으면서 계속 성장하고 있다. 우리나라에서 역시 '반성적 사고'(손은정, 2003; 박은혜, 1996), '반성적 실천가'(이종일, 2004)가 교사교육 분야에서 핵심 용어로 강조되며, 교사교육이 반성적 실천가 양성을 목적으로 하는 반성적 교사교육이 되어야 한다는 논의가 대두되고 있다.

교사교육이 달라져야 한다는 비판은 어제오늘의 일은 아니다. 현재 교사교육에 관해 많은 비판이 제기되고 있고, 대안 역시 다각적으로 모색되고 있다. 현재 교사교육의 문제점은 교사교육의 교육과정에 특정 교과를 추가하거나 강조하는 것으로 해결될 수 있는 게 아니라, 보다 근본적으로 교사교육에 대한 접근 자체가 달라져야 한다고 생각한다. 현재 교사교육은 교사를 만들어진 지식의 체계를 전달받아 완성되는 것으로 가정하여 교사를 수동적인 존재로 만든다. 또한 교사교육을 통해 배운 이론은 이론과 실제 간의 괴리로 학교현장에서 적용하기 힘들다.

'반성'을 강조하는 교사교육의 접근은 새로운 교과를 추가하는 방식이 아니라, 교사 자신을 기존의 교사교육에서와는 다르게 바라보는 접근을 취한다. '반성적 교사교육'은 교사교육이 교육이론이나 원리를 교육실제에 그대로 적용하도록 교

---

1) '반성'을 핵심으로 하며, 반성적 실천가로서의 교사양성을 목적으로 하는 교사교육의 접근을 '반성적 교사교육'이라고 한다. 외국 문헌의 경우, '반성적 실천' '반성적 실천가' '탐구중심 교사교육' '행위 중의 반성' '전문가로서의 교사' 등과 같은 용어가 대안적인 교사교육의 설계와 조직에 광범위한 대안을 제시하는 것으로 간주되고 연구되고 있다. 그런데 이들은 공통적으로 교사의 전문성 발달 과정에서 '반성'을 강조하고 있다. 물론 이러한 용어들 사이에 차이점도 있으나, 이들이 공통적으로 강조하는 것은 '반성'이다. 따라서 '반성'을 강조하는 교사교육의 접근을 '반성적 교사교육'이라고 하며, 이러한 접근의 핵심인 '반성'의 의미를 살펴볼 것이다.

사에게 가르치기보다는 교사의 반성능력을 발달시킴으로써 교사가 교육현장에서 직면하는 복잡한 문제를 탐구하고 해결할 수 있는 전문가가 되게 하자는 것이다. 또한 교사 자신의 반성을 통해 얻어지는 지식과 앎은 보다 현장에 적합한 지식으로서, 학교 현장과의 괴리된 교사교육이라는 문제점을 극복할 수 있을 것이라고 생각된다. 이런 점에서 '반성'을 강조하는 교사교육의 접근이 필요하다. 이러한 필요성으로 본 장은 반성적 교사교육에서 '반성'의 의미를 살펴볼 것이다. 반성적 교사교육의 핵심은 '반성'의 의미에 있기 때문이다. 그런데 '반성'의 의미는 간단치 않아 보인다. 반성적 교사교육에서의 '반성'에 관한 선행연구(Calderhead, 1987; Zeichner & Liston, 1987; Richardson, 1990; Korthagen et al., 2007)를 보면, 반성적 교사교육에서 '반성'이 무엇을 의미하는지에 대해서 다양한 입장에서 상이하게 이해하고 있다. 이와 같이 반성에 관한 의미가 다양하게 이해되는 것은 교육과 교사교육에서 무엇을 중요하게 여기는가에 관한 신념이 서로 다르기 때문이다.

이에 Calderhead(1987: 44)는 반성의 개념을 각각 다르게 사용하고 있는 사람들은 자기가 사용한 반성의 의미에 상응하여 교수와 교사교육에 관한 신념의 범위도 다르게 갖는다고 말한다. 실제로 반성적 교사교육 프로그램[2]이 각각 다른 반성 개념에 기초하고 있음을 알 수 있다(Calderhead, 1987; Zeichner & Liston, 1987; Hatton & Smith, 1995; Korthagen et al., 2007).

이 장에서 반성적 교사교육이 기초하고 있는 이론적 전통을 모두 망라하여 반성 개념을 종합하는 것은 불가능하다. 따라서 현재 시도되고 있는 반성적 교사교육 프로그램의 주요 이론적 전통으로 간주되는 세 가지 입장에서 반성의 의미를 살펴보고, 이것을 반성의 성격, 반성이 제기된 문제의식과 반성의 목적 면에서 비교 논의하는 것에 중점을 두어 살펴볼 것이다. '반성' 개념의 이론적 전통으로 보

---

2) 미국 Wisconsin 대학 교사교육 프로그램과 네덜란드 Urecht 대학 ALACT 프로그램은 주로 Dewey와 Schön의 반성 개념에 기초하고 있다. 또, Hatton과 Smith(1995)는 미국 Sydney 대학 교사교육 프로그램 분석에서 반성을 여러 수준으로 구분하고 있는데, 이것은 Dewey와 Schön의 반성 개념뿐만 아니라 비판이론 전통의 반성개념도 포함하고 있다.

고자 하는 것은 교사교육과 반성을 관련짓는 선행연구에서 반성을 이해하는 주된 입장으로 언급한 Dewey, Schön, 그리고 비판이론이다. Dewey는 교육과 관련해 반성적 사고의 중요성을 언급하는데, 이후 많은 반성적 교사교육 프로그램은 반성의 의미를 Dewey의 반성적 사고에서 기원을 찾는다(Zeichner & Liston, 1987; Korthagen et al., 2007). Schön은 전문가의 반성적 실천을 강조함으로써 교사교육에서 반성의 중요성을 본격적으로 환기한다. 비판이론은 앞의 두 전통과는 달리, 주로 정치적·사회적·문화적 맥락에 내재된 이데올로기에 대한 반성의 의미를 강조한다. II절에서는 반성적 교사교육이 대두된 배경을 기존 교사교육의 문제점과 관련지어 논의하고, III절에서는 세 입장에서 보는 반성의 의미를 살펴볼 것이다. IV절에서는 Dewey, Schön, 비판이론 각각의 입장에서 살펴본 반성 개념을 반성의 성격 면, 반성 개념이 제기된 문제의식과 목적 면에서 비교 논의하고, 반성의 의미가 교사교육에 시사하는 점을 살펴볼 것이다.

II. 반성적 교사교육의 대두 배경

교사교육에서 '반성'이라는 아이디어가 부각된 것은 기존 교사교육에 관한 연구가 이론과 실제 간의 괴리를 보여 주는 것에 대응하기 시작한 1980년대부터다. 많은 교사교육 프로그램에서 1985년부터 2000년까지 이 아이디어가 적용되었고, 반성적 능력을 향상시키는 방법과 그 결과에 대한 연구가 많이 발표되었다(Korthagen et al., 2007: 47).

1980년대 이후 교사교육 분야에서 반성적 교사교육에 주목하는 것은 1960, 1970년대 교사의 자질과 능력 중심의 연구를 총칭하는 CBTE(Competency-Based Teacher Education: 능력 중심의 교사교육, 이하 CBTE), 그리고 CBTE의 이론적 토대가 되는 기능적 합리주의에 대한 비판에서라고 할 수 있다. 1980년대 이후 반성적 교사교육은 CBTE에 대한 주된 방벽으로 간주되어 발달해 오고 있으며, 오늘날 우리나라에서도 크게 주목받고 있다.

교사의 자질과 능력 중심의 연구를 총칭하는 CBTE는 교육의 목적을 효과적으로 달성하기 위하여 교사 자질이 무엇인가에 대한 항목별 연구를 먼저 하고, 교사 자질을 행동주의 입장에서 측정 가능할 정도로 구체적으로 제시하여 교육하고자 한다. 이것은 교사 자질에 대해 구체적으로 제시한 점에서 기여하였으나, 1980년대 이후 교육학자들은 CBTE에 대한 비판을 하기 시작한다. 그 비판을 대별해 보면 다음과 같다.

첫째, CBTE를 통해 교사 자질에 대한 구체적인 항목을 확인한 것은 사실이다. 그러나 CBTE에 제기된 항목들이 교사를 양성하는 교수가 교사교육의 목표를 설정하고, 교육과정을 마련하는 데는 효과적일 수 있으나 그것 자체가 실제 수업상황에 적용되는 데는 난점이 있다. 실제 수업을 위해서는 또 다른 자질인 교과교육학적 지식이 필요하기 때문이다. 이에 Schulman은 교과교육학적 지식을 요구하면서 CBTE를 비판한다. 그러나 이러한 비판은 CBTE에 의해 교사의 자질에 관한 구체적 항목이 없으면 불가능한 것이다. 따라서 이러한 비판은 CBTE에 대한 근본적 비판이라기보다는 비판적 계승이라고 할 수 있다(이종일, 2004: 30-31 참조).

둘째, CBTE에 대한 보다 근본적인 비판은 1980년대 기술적 합리성의 문제점을 지적하는 Schön의 비판이다. 직접 교사를 대상으로 논의하는 것은 아니지만, 그는 기술적 합리성의 패러다임에서는 전문가의 이론과 실천 사이에 괴리가 생기는 문제를 제기한다. Schön은 전문가의 실천은 대학에서 배운 이론을 적용하는 것이 아니라 전문가가 현장에서 행위하는 중에 자신의 일을 관찰하고 반성함으로써 스스로 자신의 전문성을 끊임없이 발달시킬 수 있다는 점을 강조한다.

셋째, CBTE에 대한 또 다른 비판은 인본주의자들의 비판이다. 그들은 CBTE가 교사를 일련의 기술을 수행하도록 훈련시켜 그것을 교실에서 조합해 내도록 한다는 기계적·기술적 관점의 교육이라고 비판한다. 예컨대, Broudy(1972)는 CBTE에서는 분절적이고 기계적인 수행이 인간, 우주, 교육에 대한 전반적인 규범적 관점 없이 이루어진다고 비판한다. 이후 Broudy(1984)는 CBTE의 가장 큰 문제점을 교사 자질이 시험에서의 수행과 같다고 보는 것이라고 비판한다(Richardson, 1990: 7에서 재인용). 즉, CBTE는 교사의 교수능력을 밖으로 드러난 행동과 동일시하는 편협함을 갖는다.

이상의 비판을 토대로 반성적 교사교육의 대두 배경을 정리해 보면 다음과 같다. 첫째, 현재 교사교육이 기술적으로 숙달된 교사 양성에 그치는 편협함의 문제를 들 수 있다. CBTE가 교사의 자질과 능력을 강조하지만, 그 자질과 능력은 행동주의 모델에 근거한 것으로 협소하다. CBTE는 교사와 학생이 심리적으로 복합적이고 사회적으로 구성되며 문화적으로 각인된 존재라는 것을 인식하지 못한다. 따라서 CBTE는 기술적으로는 유능한 교사를 양성할 수 있어도 정치적으로 무비판적이며, 문화적으로 섬세하지 못하고, 교사 개인의 실존적인 면까지 고려하지 못한다. 이에 반성적 교사교육은 겉으로 드러난 교사의 교수 능력 이상의 것을 추구하며 현재의 교육 실천이 마음 없이 기계적인 행위로 이루어지고 있는 점을 극복하고자 한다.

둘째, 교사교육의 이론과 실제의 괴리라는 문제점을 들 수 있다. 대학 교사교육에서 배운 이론이 학교 교실 현장에서 적용하기 힘들다는 점이다. 이것은 오늘날 교사교육에서 지속적으로 제기되는 문제점이다. 실제로 교실에서 벌어지는 상황은 복잡성과 불확실성, 그리고 독특성이라는 특성을 갖는다. 대학 교사교육에서 학교 현장의 이러한 특성을 미리 알 수는 없다. 이런 점 때문에 반성적 교사교육은 교사의 실천을 반성함으로써 얻어지는 앎인 실천적 지식을 강조한다. 교사들이 실제로 가르치는 중에 자신의 행위를 반성하는 데서 나오는 실천적 지식이 학교 현장에는 더욱 타당하고 필요하기 때문이다.

셋째, 수동적 존재가 아닌 전문가로서의 교사 양성이라는 목적을 들 수 있다. 기존의 교사교육은 교사를 대학에서 배운 교수 이론을 적용하는 자로 가정하기 때문에 교사를 수동적 존재로 머무르게 하는 결과를 낳는다. 이런 점에서 Giroux(2003: 238)는 행동주의 접근에 기초한 미국 교사교육은 교사를 효과적인 교수법과 원리의 집행자로 간주하여 전문가가 만들어 놓은 지식을 퍼 담기만 하면 되는 수동적 그릇으로 인식한다고 비판한다. 김민남(1999: 26) 역시 개인의 자질 단련을 강조하는 교사교육은 전문성보다는 기능위주의 숙달을 강조하는 준전문성에 머무르게 한다고, 우리 교사교육의 '준전문성'과 '기능주의'의 문제점을 비판한다.

　이와 달리, 반성적 교사교육은 교사 자신의 교수 상황에 대한 실천을 반성하는 것을 통해 전문가로서의 실천적 지식을 확보할 수 있다고 가정한다. 따라서 반성적 교사교육은 교사의 전문적 지위를 보장하고 교사에게 힘을 실어 줄 수 있을 것이라는 점에서 환영받고 있다.

Ⅲ. '반성' 의미의 이해

　반성(reflection)의 어원은 라틴어 'reflectere'에서 기원한다. 이것은 '구부리다, 향하다'를 뜻하는 'flectere'와 '뒤, 뒤로'를 뜻하는 're'의 결합어로서, 광학에서 잔잔한 수면이나 거울 같은 면을 거슬러서 비추는 빛의 되비춤을 기술하기 위해 사용된 것이다. 영어로 물이나 거울로부터 반사되어 빛이 되돌아오는 것을 'reflect'(빛, 열, 소리 등을 되돌리다/거울 따위가 상을 비추다)라고 한다(Bengtsson, 1995: 26).

　그런데 교사교육에서 '반성'의 의미는 문자 그대로 사용되기보다는 은유적으로 사용된다. Bengtsson(1995)은, 첫째, 사람은 거울을 통해 수동적으로 비춰지는 것이 아니라 적극적으로 거울을 바라본다는 점에서, 둘째, 사람은 거울이라는, 외재하는 물체 없이도 반성을 통해 자기 자신을 바라본다는 점에서, 그리고 되비춰지는 것이 눈에 보이는 물질적인 것뿐만 아니라 자신의 삶의 실존적 측면까지 포함된다는 점에서 반성의 의미가 은유적으로 사용된다고 말한다. 이와 같은 어원을 갖는 반성이 교사교육의 맥락에서 어떤 의미로 이해되는지 세 가지 입장에서 살펴보기로 하자.

1. Dewey의 반성적 사고

교사교육에서 반성을 연구한 이들은 보통 반성이란 사고의 특수한 형태이고, 그 기원을 Dewey의 *How We Think*(1933)에서 찾을 수 있다는 데 동의한다 (Korthagen et al., 2007: 110). 반성적 교사교육은 교사의 반성적 사고를 강조하는 데 이러한 연구는 보통 Dewey가 일상적 행위와 반성적 행위를 구분하는 것에 기초한다. Dewey는 일상적인 의식의 흐름과 구분되는 특수한 사고를 '반성적 사고(reflective thinking)'라고 부른다.

Dewey가 반성적 사고에 관해 본격적으로 논의하는 것은 *How We Think*(1933)에서이지만, 그 전 *Democracy & Education*(1924: 169-170)에서도 반성에 관해 다음과 같이 언급한다.

> 사고 즉 반성이라는 것은 우리가 하고자 하는 것과 그 결과로 일어나는 것 간의 관련성을 아는 것이다. 우리가 하는 경험 속에 반성이 개입된 정도에 따라 경험은 대조되는 두 가지로 나뉜다. ……우리의 활동과 그 결과 사이의 세밀한 관련을 알 때, 시행착오적 경험에 내재한 사고가 명백히 표면화되어 나타난다. 그 표면화된 사고가 양적으로 증가하면 경험의 질이 달라진다. ……우리는 이런 종류의 경험을 반성적(reflective)이라고 한다.

여기에서 Dewey는 '사고'와 '반성'을 동의어로 사용하고 있다. 그는 체계적인 사고의 특성을 '반성적'이라고 말한다. 이홍우(Dewey, 1990: 역서 p. 228 주석)에 따르면, Dewey가 '반성적'이라는 형용사를 넣어 동어반복(반성적 사고)을 하는 이유는 사고를 환상이나 백일몽과 구별되는 엄밀한 의미에서의 사고, 본격적인 사고를 나타내기 위함이다.

또, Dewey가 말하는 반성적 사고는 우리가 시행착오적으로 하는 행위인 경험과 분명하게 이분된 것이 아니다. Dewey는 시행착오식의 경험에 이미 사고가 내재하고 있는데, 우리가 행위의 원인과 결과를 분명하게 인식하면서 사고가 표

면화되고, 사고의 비중이 많아지면서 질이 다른 경험이 된다고 본다. 다음 인용
문은 보다 분명하게 Dewey가 사고와 행위 간을 유기적으로 파악하고 있음을 알
수 있다.

> 사고는 우리의 경험 속에 들어 있는 지적 요소를 명백히 하는 것과 같은
> 의미다. 사고는 우리로 하여금 목적을 머릿속에 그리며 행위할 수 있게 해
> 준다. ……사고에 따른 행위에 반대되는 것은 기계적인 행동과 변덕스러운
> 행위다. 기계적인 행위는 이제까지의 관습을 그것이 전부인 양 받아들이고,
> 그 전에 했던 일들과의 관련성을 고려하지 않는다. 변덕스런 행위는 순간적
> 인 행위를 가치의 척도로 삼고 ……이 두 가지 행위는 모두 현재의 행위에서
> 나와 장차 미래의 결과가 되는 것에 책임을 지지 않는다. 반성은 그러한 책
> 임감을 받아들인다(Dewey, 1924: 171).

그렇다면 왜 사고가 중요한가? 반성적 사고를 강조하는 Dewey의 문제의식은
무엇인가? Dewey(1933: 17)는 욕구에 따르며 맹목적이고 충동적인 행위를 지성
적인 행동으로 바꾸는 데 반성적 사고의 가치가 있다고 본다. 사고에 따른 행위에
반대되는 것—이제까지 해 오던 대로 관습에 따라서 하는 기계적 행위와 그때그
때의 현재 순간만을 고려한 변덕스런 행위—은 지금의 행위가 가져올 결과에 대
한 책임을 질 수 없다. 즉, Dewey의 반성적 사고는 욕구와 충동을 과학적이고 합
리적인 선택으로 바꾸어주는 것을 의미한다. 그는 본능과 충동을 지성적인 것으
로 바꾸기 위해 과학과 이성에 따를 것을 제안한다. 20세기 초 미국은 프래그머
티즘에 입각해 진보주의 운동이 한창인 시기였다. 당시 미국사회는 교육을 포함
한 사회 전반의 개혁에 과학적으로 접근하고자 했다. Dewey의 반성적 사고 역시
이런 맥락 속에서 이해할 수 있다.

Dewey는 문제해결을 위해 가설을 세우고 검증하는 것을 골자로 하는 반성적
사고 과정의 단계를 다음과 같이 제시한다(Dewey, 1933: 118-126; 노진호, 2002:
76-79 참조). 첫 번째 단계는 제안(suggestion) 단계로, 문제가 생겼을 때 이에 대해

과거 유사한 경험에서 얻은 여러 개의 제안이 떠오르는 단계를 말한다. 이때 하나가 아닌 여러 가지의 제안 사이에 서로 충돌하고 긴장이 생긴다. 즉, 제안들이 실행에 옮겨지는 데 방해가 될 때 사고과정이 시작된다. 두 번째, 지적 정리(intellectualiz ation) 단계로, 당면한 문제가 무엇인지를 분명히 하는 단계다. 세 번째, 가설(hypothesis) 단계로, 첫 번째 단계의 제안이 모호한 제안이었던 것에 비해 가설은 문제가 명료화됨에 따라 발전된 것이다. 네 번째, 추론(reasoning) 단계로 각 가설들의 타당성을 기존의 지식이나 과거의 경험에 비추어 합리적으로 검토하여 최선의 대안을 선택한다. 마지막 단계는 행동에 의한 가설의 검증(testing) 단계로, 가설이 예측된 결과를 일으킬 수 있는지 실제로 행동에 의해 검증하는 것이다.

Dewey에 의하면, 이러한 5단계는 정해진 순서에 따라 일어나는 것은 아니고 반성적 사고 과정을 세분해서 개관한 것이다. 단계 중 두세 단계가 중첩될 수도 있고, 어떤 단계는 빠르게 지나갈 수도 있다. Dewey가 말하는 반성적 사고의 특성은 행위에 대한 사고라는 점이다. 그런데 우리가 통상적으로 사고와 행위를 이원적으로 구분하는 식이 아니라, 행위와 긴밀하게 관련된 사고다. 이것은 전통 철학의 이원론을 극복하고자 하는 Dewey의 문제의식이 반영된 것이라고 할 수 있다. 그는 전통적 이원론에 따른 사고와 행동 간 괴리라는 문제점을 비판하고, 반성적 사고가 행동과 사고의 상호작용 속에 진행되는 것으로 봄으로써 이원론을 극복하고자 한다.

이에 노진호(2002: 89-93)는 Dewey의 반성적 사고를 인간의 내적인 정신작용과 외적인 행동을 분리시키지 않고 기능적으로 상호작용시키는 작용이라고 말한다. 반성적 탐구 속에서는 행동과 사고가 각각 분리되어 수행되는 것이 아니라 기능적으로 밀접한 유기적 관계 속에서 진행됨으로써 행동은 사고가 보다 명료하고 체계적으로 조직되도록 도와주며, 사고는 행동을 충동이나 관습에 따르는 것이 아니라 지적인 것으로 안내한다. 이러한 과정 속에서 Dewey의 반성적 사고는 행위와 이분되지 않고 괴리되지 않는다.

2. Schön의 행위 중의 반성

Schön의 문제의식은 인식론적 관심에서 시작된다. 그는 현대사회에 만연한 인식론은 실증주의에 기초한 것으로, 여기에서 전문적 지식은 과학적 이론과 테크닉을 실천의 문제에 도구적으로 적용하는 것으로 간주된다(1983: 30-31). 기술적 합리성 안에서는 보통 위계가 나타난다. 실천은 응용과학의 원리에 따른 것이고, 응용과학의 원리는 기초 학문 분야의 지식에 지도되는 것이다. 따라서 실천이 가장 낮은 지위에 속하며, 가장 높은 지위에 해당하는 것은 이론이요, 이론을 창출하는 연구 집단이라는 것이다. 그러나 Schön은 이런 이론과 실천 간의 위계가 타당하지 않으며, 이론과 실천은 이분되어 위계적 관계에 있지 않고, 실천 역시 중요한 전문가의 지식의 형식이라고 역설하고 있다.

Schön은 기술적 합리성은 목적과 수단, 연구와 실천, 앎과 행함 사이를 이분하기 때문에 이들 간에 괴리가 생긴다고 비판한다. 이 문제를 해결하기 위해 그는 대안적인 실천의 인식론을 제안하고, 이를 '행위 중의 반성(reflection-in-action)'으로 개념화한다(1983). 그리고 반성적 실천가로서의 전문가를 위해 행위 중의 반성이라는 실천적 인식론에 기초한 전문가 교육에 관해 논의한다(1987).

실천가의 실천 속에서 이루어지는 것을 중요한 지식의 형식으로 보는 Schön의 가정은 실천과는 거리가 있는 이론가 집단 중심의 연구와는 다른 노선의 연구 풍토를 낳을 수 있는 기반을 제공한다. 바로 이런 점에서 Schön의 반성론은 직접 교사를 대상으로 언급하고 있는 것이 아닌데도 불구하고, '반성'을 교사교육에 도입하는 것이 새로운 전기를 마련할 것이라는 점에서 크게 환영받고 있다.

예를 들어, Schön에게 영향을 받은 학자들은 반성하는 것(연구)과 가르치는 것(실천)을 구분하지 않는 교사들의 연구활동을 실천연구(action-research)로 보면서 '행위를 통해 반성적으로 사고한다(reflection-in-action)'는 신조어를 교육학자들 사이에 광범위하게 유행시켰다(성열관, 2005: 273).

Schön의 논의는 '행위 중의 앎(knowing-in-action)'으로 시작한다. 사람들은 일상 속에서 어떤 행위를 지속적으로 하다 보면 그 속에서 무엇이 적합하고 적합하지 않은지 알게 된다. 이것은 무언의 앎, 즉 암묵지에 해당하는 것으로, Schön은 이러한 앎을 '행위 중의 앎'이라고 한다. 이것은 의식적으로 숙고하지 않아도 가능하다. 그런데 행위 중의 앎을 통해 행위를 하는 데 놀람이 생길 수 있다. 놀람은 행위 중의 앎대로 했는데 예견한 대로 결과가 일어나지 않을 때 생긴다. 놀라게 되면 우리는 행위에 대해 숙고하게 된다. 즉, '행위 중의 반성'이 일어난다. 행위 중의 반성은 놀람의 경험에서 시작된다. 이때 반성은 행위가 진행되는 동안 일어나는 것으로 비판적 기능을 한다. 바로 이제까지 행위를 지배한 행위 중의 앎이 가정하고 있던 구조에 관해 묻는 것이다. 또, 행위 중의 반성은 즉석에서 실험을 한다(Schön, 1987: 29).

행위 중의 반성 과정을 세분해 보면, 첫째, 예기치 못한 상황에 놀라면서 의식적이 되며, 둘째, 비판적 기능을 하는 것으로 암묵지에 해당하는 행위 중의 앎이 가정하고 있는 것에 대해 문제를 제기하며, 셋째, 이것으로 끝나지 않고 행위 중의 반성은 현장에서 바로 실험을 한다.

이와 같은 행위 중의 반성을 할 때, 행위자는 실천 상황 속에서 연구자가 된다. 그는 이미 확립된 이론과 테크닉의 범주에 의존하지 않고, 새로운 상황에 대한 새로운 이론을 구성한다. 그의 연구는 기존의 목적에 대한 수단에 대해 숙고하는 것에 그치지 않는다. 그는 수단과 목적을 나누지 않고 그가 문제라고 제기한 상황 속에서 수단과 목적을 상호작용적으로 규정한다. 따라서 그는 사고와 행함을 나누지 않는다. 그의 실험은 일종의 행위이고, 실행은 그의 탐구를 형성한다. 따라서 불확실하고 처음 맞닥뜨리는 상황에서도 행위 중의 반성은 일어나며, 따라서 그것은 기술적 합리성이 갖는 이분법에 갇히지 않게 된다(Schön, 1983: 68).

이상에서 Schön의 반성의 의미는 이분법의 문제에 갇히지 않기 위해 사고와 행위의 상호작용을 강조하고, 반성을 행위에 대한 사고로 보는 점에서 Dewey의 반성론을 계승한 것으로 보인다.

또한 행위 중의 반성이 갖는 특징은 Schön이 교사가 학생에게 디자인하는 것을 가르치는 사례에서 '가르치는(teach)' 것과 구분해 '코치(coach)'라는 표현을 쓰는 것에서 잘 드러나는데, 그 과정을 요약해 보면 다음과 같다(1987: 101-103).

먼저 교사 Quist는 학생 Petra가 디자인에 관해 알고 있는 것, 디자인하는 것에 어려움을 느끼는 점 등을 확인한다. 그리고 이에 대해 직접 그려 보여 주거나 말해 주어 가르친다. 즉, 학생이 배울 필요가 있다고 생각되는 점을 모방해야 할 모델을 제시하면서 직접 시범을 보이거나, 디자인하는 것의 특징을 질문, 가르침, 충고, 비판 등을 동원해 기술한다. 코치에 따라 보여 주기와 말하기에 선호를 보인다. 어떤 코치는 학생들이 맹목적이고 기계적으로 따라 할까 봐 말하기를 선호하며, 또 디자인하는 것에 본래적인 것을 가르치는 데는 말이 한계가 있다고 생각하는 코치는 보여 주기를 선호할 것이다. 또 어떤 이는 보여 주기와 말하기를 적절하게 조화해서 코치한다. 코치하고자 하는 것이 무엇이건 간에 코치는 학생이 이해한 것과 문제를 내보이는 것에 대한 코치 자신의 중재를 테스트하고 자신의 전략의 효과성을 테스트하면서 의사소통 중에 실험을 한다. 이런 의미에서 코치는 '행위 중의 반성'을 하고 있다. 한편, 학생 Petra는 자신이 코치로부터 배워 이해한 것이 맞는지 다음 디자인할 때 적용해 보면서 코치가 시범을 보인 것과 말로 기술한 것을 해독하려고 한다. 이런 의미에서 학생도 '행위 중의 반성'을 한다.

여기에서 Schön이 특별히 '코치하다'라는 말을 사용한 것은 전문가의 지식은 기술적 합리성에 기초한 지식이 얻어지는 것과 다른 방식으로 얻어지는 것을 강조하기 위해서다. 즉, Schön의 행위 중의 반성의 의미는 직관적이고 기예적 (artistry)이며, 실천중심적이다.

실제로 Schön은 실천의 인식론에 기초한 전문가를 교육하기 위해 전통적으로 대학중심으로 이루어져 온 전문가 교육이 실천가를 양성하는 다양한 전문교육기관—건축이나 디자인을 가르치는 스튜디오, 음악, 무용을 가르치는 전문학교, 마라톤 코치 양성 기관 등—으로부터 배워야 한다고 제안한다(Schön, 1987: xii). 즉, 전문가 교육은 응용과학의 이론을 '가르치는 것(teaching)'과 행위 중의 반성에 내재된 기예를 '코치하는 것(coaching)'의 결합으로 이루어져야 한다는 것이다.

3. 비판이론에서의 반성

교사교육에서의 반성 개념에 기초를 제공하는 또 다른 전통은 비판이론, 그중에서도 특히 Habermas의 『인식과 관심』[3]의 영향을 받은 것으로 평가된다(Calderhead, 1987: 37).

비판이론은 1920년대 중반 시작된 프랑크푸르트 대학 내 사회연구소에서 시작된 현대사회의 전반적인 문명을 비판하는 이론을 말하며, 이들을 프랑크푸르트 학파라고도 한다. 이 학파의 중심 인물은 Horkheimer, Adorno, Fromm, Marcuse, Habermas 등이 포함된다(심윤종, 1987: 19). Horkheimer로부터 Habermas에 이르기까지 비판이론이 체계적이고 일관되게 정리되어 있지 않지만, 이들의 공통된 문제의식은 현대문명, 즉 현대 자본주의 사회의 모순을 지적하는 것이다.

Horkheimer는 실증주의, 경험과학, 자본주의 등에 의한 이성의 왜곡을 비판하고, 이러한 반쪽의 이성을 온전하게 만드는 것을 계몽의 과정이라고 한다. Adorno는 계몽의 과정에서 나타날 수 있는 물상화의 위험을 피하기 위하여 자기 자신에 대한 '계몽의 계몽'을 강조하였으며, 이를 통하여 계몽의 진리를 재획득하고자 하였다. Habermas는 이러한 계몽의 과정을 자기반성의 과정으로 이해하고, 담론 참여자의 동등성이 인정되는 의사소통의 관계형성이 오늘날 교육의 핵심적 과제라고 지적한다(이시용, 1997: 10에서 재인용).

Horkheimer에 의하면, 본래 이성은 인간 정신이나 사회 · 자연의 질서를 규율하는 객관적 힘을 표현하는 것으로 생각되었다. 그런데 오늘날 이성이라는 것의 관심은 주어진 규범에 대한 수단의 적합성이다. 따라서 규범 자체, 목적 자체가 문제되는 일은 없고, 기껏 자각된다고 해야 자기보존이라고 하는 주관적 관심에

---

3) 『인식과 관심』 초판은 1969년 발행되었으며 주요 내용은, ① 인식 비판의 위기, ② 실증주의, 실용주의, 역사주의 비판, ③ 인식과 관심의 통일로서의 비판 등 세 부분으로 구성되었으나, 1973년 증보판에는 '후기'를 첨가하였다. '후기' 부분에서 Habermas는 『인식과 관심』에 대한 오해 및 반대이론에 대해 해명하고 자신의 메타인식론 부분을 다시 밝히고 있다.

지나지 않는다. 이러한 주관적이고 형식적인 이성은 모든 것을 자체적 의미를 갖지 않는 수단으로 간주하게 되며, 그 자신(이성) 마저도 자율성을 갖지 않는 '도구'의 지위로 전락시켜 버린다(김종호, 1987: 77에서 재인용).

비판이론 2세대로 불리는 Habermas 역시 이상의 비판이론 1세대의 문제의식을 계승하면서, 더 나아가『인식과 관심』에서 현대사회를 지배하는 지식과 정치의사결정 간의 괴리 경향에 대해 문제제기를 하고, 이론의 실천적 모델을 제시하고자 한다. Habermas(1983: 머리말)는『인식과 관심』서문에서 '출발점을 되돌아보는 관점에서 지난 몇 세기 동안 실증주의 지배 하에 잊혀진 반성의 경험을 회복할 수 있을 것'이라고 언급하면서, 실증주의를 비판하고 실증주의가 간과한 인식에서의 주체의 역할, 즉 자기반성(self-reflection)의 정신을 회복하고자 한다.

Habermas(1983)는 인간의 역사적 발전과정을 인식론과 결부시켜 인간의 인식을 지배하는 관심을 세 가지로 구분한다. 첫째, 자연을 기술적으로 지배하고자 하는 기술적 관심, 둘째, 전승되어 내려오는 실천적인 삶의 내용 의미를 이해하는 실천적 관심, 셋째, 자연적인 제반 억압으로부터 해방하려는 해방적 관심이 그것이다. 이 세 유형의 관심에 각각 상응하는 유형의 과학이 경험분석적 과학, 역사해석적 과학, 그리고 비판적 과학이라고 본다.

경험분석적 과학은 자연의 지배에 대한 기술적 관심에 의해서, 그리고 역사해석적 과학은 상호이해에 대한 실천적 관심에 의해서 지배되고 있음을 분석함과 동시에 이들 과학이 인식적 토대가 되는 인식의 관심에 대한 반성(필자는 성찰로 표기)을 배제하고 인식 주체의 역할에 대한 반성을 고려하지 않음을 비판하고, 또한 인식 주체는 자신의 행동에 대한 인식이나 비판적 문제를 제기하지 않기 때문에 이들 과학은 그 자체의 의미를 갖는 사실만을 중시한다고 비판한다(이인석, 1987: 143-144). 경험분석적 과학과 역사해석적 과학 역시 해방적 요소를 공유하고 있다. 기술적 관심은 자연의 힘으로부터 인간을 해방시키고자 하며, 실천적 인식의 관심은 인간의 역사 내에서 자신에 대한 이해를 목적으로 하면서 동시에 정치적으로 강요받는 혹은 비성찰적 문화의 힘으로부터 인간을 해방시키고자 한다. Habermas는 도구적 인식과 실천적 인식에 결여되어 있는 이성의 자기반성적 인식을 되찾고자 하는 것이다.

이와 같은 Habermas의 반성은 인간의 발생에 관한 반성으로서 미래의 해방적 행동을 지양한다. 이러한 해방적 행동에서 인식과 관심의 통일이 이루어진다. 반성은 항상 인간의 자유로운 대화를 제한하는, 역사적으로 발생된 사회구조와 제도에 대한 역사적 반성이다. 따라서 그것은 동시대 내지는 전통과의 대화의 성격을 지니면서 또 다른 한편으로 반성의 작업을 통해서 대화의 부정적 구조를 발견하려고 한다(이인석, 1987: 145).

요컨대, 이상에서 살펴본 비판이론 전통에서 강조하는 반성은 이성의 자기반성(self-reflection)의 성격이 강하다. 또, 비판이론 전통에의 반성 개념은 비판적·해방적 성격을 갖는다. 비판의 주된 내용은 인간 존재를 결정하는 사회적·역사적 현실이다. 즉, 사회적·역사적 현실을 지배하는 이데올로기를 주된 반성의 대상으로 삼고, 이러한 것으로부터의 해방을 궁극적으로 지향한다.

이러한 비판이론 전통에 영향을 받은 반성 개념은 반성적 교사교육에서 주로 해방적이거나 윤리적인 의미로 사용된다. 즉, 반성적 교사교육에서 교사의 교수행동 전반에 영향을 주는 사회적·정치적 상황과 맥락, 거기에 내재된 이데올로기의 반성을 강조한다.

비판이론 전통에 기초한 반성의 의미가 반영된 교사교육에 관한 연구로는 Van Manen(1977), Zeichner(1983), Hatton & Smith(1995) 등을 들 수 있다. Van Manen(1977: 205-227)은 Habermas의 『인식과 관심』에 토대를 두고 학문전통을 경험적-분석적 전통, 해석학 현상학적 전통, 비판적-변증법적 전통으로 나눈다. 교육적 맥락에서 세 번째 수준의 반성은 개인의 실천을 제한하기도 하고 형성하는 기본적 가정, 규범과 규칙에 관한 반성을 뜻한다.

Zeichner(1983: 3)는 가치중립적인 교육이 없듯이 교사교육 역시 가치중립적일 수 없으며, 모든 교사교육은 그 교육을 하는 이와 하는 기관의 이데올로기를 반영할 수밖에 없음을 강조한다. 따라서 그는 이데올로기에 안에서 일상적인 사고와 실천에 내재된 도덕적·윤리적·정치적 그리고 도구적 가치에 대한 교사의 비판적 반성을 강조한다.

Hatton과 Smith(1995: 45)는 Sydney 대학교 반성적 교사교육 프로그램에 참여한 예비교사의 반성적 저널을 분석하여, 이것을 토대로 반성의 성격을 기술적(technical) 반성, 묘사적(descriptive) 반성, 대화적(dialogic) 반성, 비판적(critical) 반성, 그리고 이 네 종류를 맥락에 맞게 적용하는 단계(contextualization of multiple viewpoints) 다섯 가지로 구분한다. 이들은 이러한 반성의 위계를 인정하며, 초보자는 상대적으로 부분적이고 기술적인 유형의 반성을 하고 점차 발달한다고 본다. 여기에서 비판적 반성의 의미는 비판이론 전통에 기초한 반성의 의미에 가깝다.

IV. '반성' 개념에 관한 종합적 논의

이상에서 세 이론적 관점에서 반성의 의미를 살펴보았다. 요컨대, Dewey의 반성적 사고는 과학적 문제해결, 사고와 행위의 상호작용을 강조한다. Schön은 본격적으로 기술적 합리성에 대한 문제제기에서 반성 논의를 시작하고 있고, 이를 해결하기 위해 사고와 행위 간의 상호작용을 강조하며, 행위 중의 반성을 통해 전문가가 지녀야 할 전문성을 가질 수 있다고 논의한다. 비판이론에서 말하는 반성은 Dewey나 Schön의 반성 개념이 '사고로서의 반성'의 의미가 강한 것에 비해, '자기반성'과 해방적 성격이 강하다. 이것은 앞의 두 입장과 다르게 자기 자신을 둘러싼 상황에 대한 반성을 강조하는 것이 특징이다.

본 절에서는 각 전통에서의 반성 개념을 반성의 성격, 반성이 제기된 문제의식과 반성의 목적 면에서 비교 논의하고, 반성 개념의 교사교육에의 시사점을 정리해 볼 것이다.

1. 반성의 성격 면에서

Dewey의 '반성적 사고'와 Schön의 '행위 중의 반성'은 모두 '사고로서의 반성'의 의미가 강하다. Dewey는 반성을 사고와 동의어로 사용하며 보다 체계적인 논리적 사고 방법을 강조하기 위해 반성적 사고라고 한다. 또 반성적 사고의 가치는 충동과 본능을 지성적인 것으로 바꾸는 데 있다.

Schön의 반성론도 사고로서의 반성을 강조한다. 그의 책(1983) *The Reflective Practitioner: How Professionals think in action* 에서 명시되어 있듯이 그는 전문가들이 어떻게 행위 중에 사고하는지를 보여 주고 이것을 '행위 중의 반성'으로 개념화한 것이다.

Olson(1991) 역시 Schön의 행위 중의 반성론은 행위의 합리성을 행위와 함께 이루어지는 행위에 대한 사고에서 찾는 인지적 과정으로 평가한다(Bengtsson, 1995: 30에서 재인용).

둘 간의 이러한 공통점 이외에 Dewey의 반성적 사고와 Schön의 행위 중의 반성이 뜻하는 사고의 의미 간에는 약간의 차이를 보인다. Dewey는 자기 자신이 뜻하는 보다 철저하고 논리적인 사고를 나타내기 위해 반성이라는 말을 동어반복하고 있다. 즉, 그에게 반성은 논리적이고 체계적인 사고를 뜻하며 과학적이라는 의미와도 같다.

반면, Schön의 행위 중의 반성은 보다 직관적이고 비논리적이며 변증법적 성격이 강조되는 차이를 보인다. Dewey의 반성적 사고가 과학적 방법으로 본능과 충동에 대하여 과학과 이성의 승리를 의미한다면, Schön의 행위 중의 반성은 실천가가 실천상황에서 발휘하는 기예적이고 직관적인 인식에 기초한 반성의 의미가 강하다. 즉, Schön은 불확정적이고 처음 맞는 상황에서 패턴을 알아차리고 그 상황에 제대로 대처하는 능력을 전문가가 실천 속에서 얻은 지식으로 평가한다. Schön이 전문가의 행위 중의 반성의 특징을 보여 주는 데 있어서, '가르치다(teach)' 대신 '코치하다(coach)'라는 말을 사용하는 것도 이러한 점을 잘 보여 준다.

Schön의 이러한 행위 중의 반성의 특징을 Mackinnon은 '패턴을 알아채고 복잡성을 이해하는 데서 나타나는 비논리적 과정'이라고까지 말한다(Munby & Russell, 1989: 77에서 재인용).

Dewey와 Schön의 반성론이 사고로서의 반성을 강조한다면, Habermas의 비판이론 전통에 기초한 반성은 '자기반성'의 의미가 강하다. Habermas에 의하면, 그가 사용하는 반성은 독일 관념론적 전통까지 거슬러 올라가는 반성에 관한 언어 사용이다. 그가 실증주의의 도래로 종래의 인식 주체의 반성 능력이 상실되었다고 하는 것으로 보아, 그에게 반성은 인식 주체가 자기 인식 과정을 되돌아보는 과정, 즉 소박한 수준에서 되돌아보는 의미의 자기반성이요, 더 나아가 인식 조건에 대한 반성이요, 거기에 내재한 이데올로기에 대한 비판까지 포함한다.

이후 Habermas의 사상은 비판을 받기도 하는데, 그중에 '자기반성' 개념에 관한 것도 포함된다. 예를 들어, Bernstein(조태훈, 2001: 114에서 재인용)은 Habermas의 '자기반성' 개념 안에 논리적으로 다른 두 가지 개념이 혼용되어 있다고 비판한다. 즉, Habermas의 자기반성 의미는 한편으로는 Kant를 출발점으로 삼아 '인식비판'의 이념을 재생시켜 철저하게 하고자 한다. 이런 맥락에서 '자기반성'은 주관적 인식조건에 대한 반성을 의미한다. 즉, 이성의 활용 조건에 대한 이성의 자기반성을 뜻한다. 또 다른 한편, Habermas는 Marx, Freud를 출발점으로 주체가 담화, 행위구조 속에 은폐되어 있는 실체화된 권력에 의존해 있는 것으로부터 해방시킬 것을 목표로 한다. 이 맥락에서의 '자기반성'은 자기 형성의 과정에서 이데올로기적으로 현재의 실천, 세계관을 규정해 주는 결정 요소들을 의식하도록 하는 변증법을 가리킨다. 그러나 반성적 교사교육에서 비판이론 전통의 반성 개념으로부터 차용한 반성의 의미는 이와 같은 Habermas의 반성 개념에 대한 비판에서 다루어진 엄격한 구분 없이 사용되고 있다. 그러나 이것은 Dewey와 Schön의 사고로서의 반성의 의미와는 다르게 인식 주체에 대한 자기반성, 인식조건에 대한 반성의 의미가 강하다.

이상에서 반성 개념을 크게 '사고로서의 반성'과 '자기반성으로서의 반성'으로 나누어 살펴보았다. 전자와 후자는 많은 경우 다른 의미를 나타낸다. 특히 사고로서의 반성의 경우, 반성하고 있는 사람에 대하여 언급하지 않고도 반성 대상에 대해 사고할 수 있다는 특징을 갖는다. 반성 개념을 사고로서 이해할 경우, 반성의 본래 어원적 의미인 반성하는 주체 자신을 거슬러 되돌아보는 반성이 일어나지 않고 단지 대상에 대해 사고하는 것에 그칠 수 있는 문제가 있을 수 있다. 반성적 교사교육에서 사고로서의 반성을 통해 자기 자신의 직업 실천(교사의 경우 가르치는 일)에 관해 사고하는 과정에서 반성하는 자신에 대해 간접적으로 언급할 수 있다. 그러나 그것이 자기 자신을 되돌아봄으로써 자기발견에까지 도달하지 못하고 반성이 실천까지 연결되지 못한다면, 그것은 반성이 일어났다고 말할 수 없을 것이다.

이러한 문제점에 대해서 Bengtsson(1995: 28)은 영미권에서 주로 대두되고 있는 반성적 교사교육에서 '반성'의 의미가 반성하는 주체 이외의 것을 대상으로 할 수 있는 사고로서의 의미로 주로 부각되는 한계점을 지적하고, 이를 해결하기 위해서는 이와 달리 반성 주체를 향하는 '자기반성'으로서의 의미가 함께 강조되어야 함을 역설한다.

서경혜(2005: 326) 역시 반성적 교사교육에서 반성이 단지 사고로만 이해되는 문제점을 제기한다. 서경혜는 Schön의 행위 중의 반성론의 의미를 실천 기저의 암묵적 앎을 표면화하여 비판하고 재구성한 앎을 실천에 옮겨 검증하는 과정이라고 해석한다. 이때 새로운 앎은 실천을 변화시키고 실천을 통해 검증된 앎은 기존의 앎을 변화시키고 새로운 실천적 지식을 형성하게 된다. 그러나 반성이 사고만을 강조할 때 이러한 앎과 실천의 역동적인 상호작용은 사라지고 실천 없는 사고의 수동성만 남게 된다고 문제제기한다.

이러한 문제점을 극복하기 위해서는 이상에서 살펴본 Dewey와 Schön의 사고로서의 반성 개념이 나타내는 사고와 행위의 역동적 상호작용이 강조됨과 동시에 반성하는 주체를 되돌아보는 의미가 강한 비판이론 전통에 기초한 '자기반성'으로서의 반성의 의미가 보완되어야 할 것이다.

반성 개념을 협소한 의미의 사고로 이해하는 문제점 이외에 반성적 교사교육에서 반성 자체를 교사가 갖추어야 할 하나의 기술이나 도구로만 접근하는 문제점도 제기되고 있다(Richardson, 1990; Smyth, 1992; Fendler, 2003; 서경혜, 2005).

반성적 교사교육은 교사교육이 교육이론이나 원리를 교육실제에 그대로 적용하도록 교사에게 가르치기보다는 교사의 반성능력을 발달시킴으로써 교사가 교육현장에서 직면하는 복잡한 문제를 제대로 해결할 수 있는 전문가가 되게 하자는 것이다. 반성적 교사교육이 확산되면서 반성적 실천가로서의 교사를 양성하기 위한 프로그램이 활발하게 개발되고 있다. 그런데 이 과정에서 반성이 제기된 문제의식은 사라지고 역설적이게도 반성이 교사전문성 개발을 위해 교사가 배워야 할 또 하나의 기술이나 도구로 변하는 문제가 발생한다.

예를 들어, Korthagen 등(2007: 425)은 반성을 경험이나 문제 또는 존재하는 지식이나 통찰을 재구성하려고 시도하는 정신적인 과정으로 정의하고 ALACT 모델을 제안한다. ALACT는 행위(Action)-행위를 되돌아보기(Looking back on the Action)-본질적 양상의 인식(Awareness of essential aspects)-대안적 행위 구상(Creating alternative methods of action)-시도(Trial)의 5단계의 순환으로 이루어진 것이다.

그런데 이 모델에서 반성이 단계에 따른 과정으로 간주되고, 도구적인 용어로 형식화되는 문제점을 야기한다. 즉, 반성이 마치 훈련을 통해 단계를 밟아 가면 획득할 수 있는 하나의 기술처럼 이해되는 것이다. 결과적으로 반성을 통해 기술적 합리성으로 인한 문제를 극복하고자 한 바로 그 문제의식과 동일한 문제점을 야기하는 모순에 빠지게 된다.

이와 같이 반성이 대두된 문제의식은 사라지고 다시 반성을 교사가 습득해야 할 하나의 기술이나 도구로 접근하게 된 이유는 무엇인가? 가장 주된 이유는 오늘날 교육과 학문이 주로 경험적-분석적 경향을 띠고 있기 때문이다. 경험적-분석적 틀 속에서 실천의 문제는 자동적으로 도구적인 질문으로 환원된다. 사고로서의 반성의 의미는 교사교육에서 합리적이고 책임 있는 선택의 기초를 제공하는 것이 되었다. 반성적 교사교육을 통해 우리는 교사가 자신이 하는 일에 대해 사고할 수 있게 되기를 바란다. 그러나 Fendler(2003: 18)의 지적처럼 반성을 도구적 · 방법론적으로 접근하게 되면, 반성의 의미가 형식적인 방법론적 용어가 되고, 이렇게 되면 반성을 방해하는 사고습관으로 구체화된 방법론에 문제제기를 할 수 없게 된다.

이러한 문제점을 피하기 위해서도 이성의 도구화를 막고 반쪽짜리 이성을 온전하게 하기 위해 비판이론에서 제기하는 계몽의 계몽의 과정, Habermas식의 자기반성으로서의 반성의 의미가 강조되어야 할 것이다.

2. 반성의 문제의식과 반성의 목적 면에서

Dewey는 행위를 하는 데 있어서 시행착오에 따라서 행위를 수정하는 기계적인 방식에 대해 비판하며, 사려 깊게 탐구하는 사고활동을 강조하면서 반성적 사고를 강조한다. Dewey의 반성적 사고는 체계적인 과학적 사고를 뜻하는데, 이때 과학적이라는 말은 귀납적 방법에 따르는 경험과학을 뜻한다. 그가 말하는 반성적 사고과정의 단계는 문제해결을 위해 가설을 세우고 검증하는 것을 주요 골자로 하는데, 이것은 귀납적 추리에 근거한 경험과학적 특징을 잘 보여 준다.

또, Dewey는 사고논리의 역사적 단계를 다음과 같이 4단계 ① 관념이 정적인 것으로 취급되는 고정적 관념의 단계 ② 관념을 상호 비교함으로써 결론을 도출하는 논의 단계 ③ 여러 관념을 관련시키는 공통의 근거에 관심을 갖는 연역적 추론의 단계 ④ 경험과학의 귀납적 추리의 단계로 질적 전환을 보인다고 말한다(노진호, 2002: 67-70에서 재인용). Dewey는 앞의 세 단계 사고논리는 고정된 궁극적 진리를 상정하는 데 문제가 있으며, 새로운 지식을 발견해 가는 네 번째 단계를 옹호한다. 앞의 세 단계와 구별해 네 번째 단계가 보이는 특징은 관념과 사실이 구분되지 않는다는 점이다. 그는 관념을 그 자체로 가치 있는 것이 아니라 사실과의 관련 속에서 실험적 조작을 통해 검증될 경우에 한해 가치 있는 것으로 간주한다. 즉, Dewey가 가치 있게 평가하는 '과학적'이라는 것은 경험과학으로서의 과학임을 알 수 있다. Dewey에게 반성의 목적은 관습대로 해 오던 기계적 행위나 충동적 행위를 지성적 행위로 바꾸기 위함이다. 그에게 반성적 사고는 그 자체가 문제해결의 과정이요, 경험의 재구성 과정이다.

Schön의 문제의식은 실증주의적 인식론에서의 기술적 합리성으로 요약된다. Schön은 기술적 합리성은 목적과 수단, 연구와 실천, 앎과 행함 사이를 이분하기 때문에 이들 간에 괴리가 생긴다고 비판한다. 그가 논의하는 행위 중의 반성은 행위 중에 행위에 관해 반성함으로써 얻어지는 실천적 지식으로 행위를 개선할 수 있다고 가정한다. 따라서 Schön에게 행위 중의 반성의 목적 및 결과는 기술적 합리성을 극복하고 전문가로서 성장하는 것에 강조점을 둔다. 그에 의하면, 행위 중의 반성에서 행위와 반성은 분리되지 않으며, 행위 중의 반성을 통해 실천가는 전문성을 발달시킬 수 있게 된다. Schön에게 행위 중의 반성의 목적은 기술적 합리성의 문제점을 극복하기 위함이다. Schön은 행위와 사고 간의 이원적 괴리 문제를 해결하기 위해 행위와 사고 간의 유기적 상호작용을 강조한다. 행위와 사고 간의 괴리 문제를 극복하고 행위 중에 행위에 대한 반성을 하고 행위 현장에서 검증함으로써 행위를 개선할 수 있는 실천적 지식을 갖게 된다. 결과적으로 보면 Schön의 행위 중의 반성은 전문가가 실천하는 데 필요한 전문성을 갖게 해 준다.

비판이론 전통의 반성 개념이 제기된 문제의식은 위 두 입장이 반성하는 개인에 초점을 둔 것과는 다르게, 개인을 둘러싸고 있는 맥락, 즉 사회적·문화적·정치적 현실의 변혁에 초점을 둔다. 여기에서 반성의 목적은 개인을 둘러싼 사회적·문화적·정치적 상황에 대한 반성을 강조하는 것이 특징이다. 따라서 비판이론에 기초한 반성은 교사교육에서 교수가 일어나는 맥락을 깨닫는 과정, 기존에 당연시했던 교사 자신의 실천에 영향을 주는 사회적·이데올로기적 영향이나 한계를 깨닫는 것 그리고 이러한 영향력을 통제할 수 있게 되는 과정을 목적으로 한다. 즉, 비판이론 전통의 반성은 주체의 인식과 행위의 조건들에 대하여 철학적으로 반성하는 자기반성으로, 인식하는 주체를 억압하는 일체의 것을 비판하고 그것으로부터 해방된 사회로 변혁하는 것을 목적으로 한다.

이상의 차이를 요약해 보는 데 Serafini의 분석이 도움이 될 것이다. Serafini(Procee, 2006: 238-239에서 재인용)는 반성 개념의 공통된 특징을 '기술적 합리성에 대한 비판'으로 요약하고 각각의 전통에서 상이하게 이해하는 반성의 의미를 반성의 목적, 반성의 과정, 반성에서의 핵심사항 영역으로 나누고 각 영역별로 양극이 있는 연속체로 설명하고 있다. 연속체의 양극은 왼쪽 극이 '전문 직업 관련 이슈'이고, 오른쪽 극은 '사회비판적 이슈'에 해당한다. 반성의 목적 영역만 보면, 왼쪽 극이 기술적 숙달에 해당하고 중간 부분 개인적 성장을 거쳐 오른쪽 극은 사회변혁에 해당한다.

지나친 단순화에서 생길 수 있는 문제점이 있기는 하지만 이 틀에 비추어 볼 때, Dewey와 Schön의 반성 모델에서 반성의 목적은 연속체의 중간 영역에 해당하는 개인의 성장에 가깝고, 반면 비판이론에서의 반성의 목적은 사회변혁에 가깝다고 할 수 있다.

3. 반성 개념의 교사교육에의 시사점

Dewey의 반성적 사고는 자신의 행위에 대해 숙고하는 것으로 행위가 충동적이고 맹목적이며 관습적인 것에서 벗어나게 한다. 이러한 의미가 교사교육에 시사하는 바는 교사의 교수 행위가 기계적·관습적 행위가 아니라 교사자신의 문제해결 과정이자 탐구 과정임을 강조한다. 반성적 사고를 통해 교사는 자신의 교수 실천을 분석하고 개선할 수 있다. 이러한 반성 의미에 기초한 반성적 교사교육은 교사를 교원양성기관에서 완결된 형태로 만들어진 이론적 지식과 기술을 습득해야 할 대상으로 보지 않고, 탐구자로서 바라볼 수 있게 한다. Dewey의 문제의식을 교사교육과 관련지어 논의하면 다음과 같다. 교사의 반성적 사고는 실제 가르치는 행위 속에서 일어나며, 교수 행위에 대해 사고하고 더 나은 교수를 위해 체계적으로 사고하는 것이다. 교사교육에서 반성적 사고를 강조하는 것은 교사교육의 과정 역시 사고하는 방법을 익히는 과정이 되어야지, 이미 완결된 사고의 결과물을 전달하고 전달받는 과정이 돼서는 안 된다는 것을 시사한다.

Schön의 행위 중의 반성 역시 실천 기저의 암묵적 앎을 표면화하고 비판하고 재구성한 앎을 실천에 옮겨 검증하는 과정이라는 점에서 교사를 연구자, 실험가, 이론 창출자로서 바라보게 한다. Schön의 논의에 따르면, 교사는 행위 중의 반성을 통해 새로운 앎을 갖게 되고, 이것이 교수 실천을 변화시킨다. 또, 실천을 통해 검증된 앎은 기존의 앎을 변화시키고 새로운 실천적 지식이 된다. 이러한 가정이 교사교육에 시사하는 점은 교사교육 부분에서 오랫동안 문제점으로 지적되어 온 이론과 실천가의 괴리를 극복할 수 있다는 것이다. 또, 실천가의 실천 속에서 나온 지식이므로 교육 현장에 적합한 이론이라는 강점을 갖는다. Schön의 문제의식을 교사교육과 관련해 이야기하면 다음과 같다. 기존의 교사교육 접근에서는 연구와 개발은 대학에서 하고 교사는 연구되고 개발된 이론을 실행하고 적용하는 자다. 그런데 교사가 교실에서 하는 실천에 이론이 잘 맞지 않게 된다. 그의 주장에 따르면, 교실에서 벌어지는 복잡성, 불안정성, 불확실성, 독특성 등에 관한한 교사들이 실제로 가르치는 중에 자신의 행위를 반성하는 데서 나오는 실천적 지식이 더욱 타당하다는 것이다. 이에 반성적 실천 개념은 반성적 수업이라는 개념으로 오늘날 수업연구의 패러다임을 전환하는 추진력이 되고 있다.

이와 같이 사고로서의 반성 의미가 주로 교사의 수업개선, 교사의 성장과 전문성 개발에 시사하는 바가 크다면, 비판이론 전통의 자기반성은 교사가 가르치는 맥락에 대한 반성을 강조하는 점에 시사점이 있다. 여기에서 맥락은 개인, 개인의 실천 행위를 둘러싼 사회 · 문화 · 정치적 환경 전체를 의미한다. 이런 맥락은 너무 광범위하고 깊숙이 우리 생활에 관련되어 있어서 그 영향력을 인식하기 힘들다. 교사의 경우, 맥락은 교사 개인, 교사의 교수 실천, 수업, 학교 등에 영향을 주는 사회 · 문화 · 정치적 환경이다. 실제로 우리는 이런 맥락의 영향으로부터 자유로운 객관적인 수업을 상상하기 힘들다. 따라서 아무리 개인 고유의 경험과 실천이라고 하더라도 그것을 둘러싼 맥락을 고려하는 것이 중요하다. 비판이론은 바로 이런 관점에서 인식 주체와 인식 행위를 둘러싼 맥락, 맥락에 내재한 이데올로기에 대한 비판적 반성을 강조한다. 이런 관점에서라면, 반성적 실천과 교사교육에서 유행하는 반성 개념 자체까지도 특정 문화적 영향력의 결과인지를 반성해 볼 필요가 생긴다.

최근 비판이론에 기초한 반성의 의미를 강조하는 관점에서 Cole(1997)은 반성적 교사교육 관련 연구의 시각이 교사 개인에 초점을 두던 것으로부터 교사가 일하는 맥락으로 옮겨 가야 한다고 주장한다. Cole에 의하면, 교사의 주요 맥락인 학교는 교사들에게 무력감, 분노, 적대감을 야기한다. 이런 감정은 제도적으로 대규모 학급, 비합리적 교육과정, 학교 밖 다른 전문가의 요구, 자원과 지원의 부족, 외부 간섭 등으로부터 생긴다. 따라서 교사 개인에 대한 연구가 이제는 교사로 하여금 자신의 실천을 반성할 수 있게 하기 위해서는 어떤 조건이 필요한지,

즉 어떻게 해야 반성적인 맥락이 되게 할 것인지를 강조하자고 역설한다 (Markham, 1999: 61에서 재인용). 이와 같은 연구 경향은 반성적 교사교육의 문제 의식을 더욱 적극적으로 반영할 수 있을 것으로 기대된다.

V. 맺는말

반성적 교사교육은 교사들로 하여금 반성을 통해 자신의 교육 실천 행위를 끊임없이 되돌아보고 탐구하는 '반성적 실천가'가 되는 것을 목적으로 한다.

이러한 반성적 교사교육의 필요성 및 의의는 기존의 교사교육과는 다르게 교사를 바라보고 교사교육에 접근하는 점이다. 교사교육이 현장과 괴리를 보이는 점, 수동적이고 기계적인 교사교육의 문제점을 극복하기 위해서는 교사와 교사교육에 관한 관점 자체를 바꾸어야 한다. 교사를 전문가의 이론을 따르는 수동적존재가 아니라 스스로 사고하고 반성을 통해 탐구자, 지식 창조자, 전문가가 되게하자는 점이 반성적 교사교육의 의의라고 생각한다. 또, 교사교육은 학생이라는타자에 대하여 어떻게 교육할 것인지를 가르치는 것이 아니라 교사가 될 자기 자신에 대한 자기교육과 자기개발로부터 시작되어야 한다(정윤경, 2002: 101). 반성적 교사교육은 바로 자기성찰을 통한 자기이해와 자기성장을 강조한다는 데 의의가 있다.

반성적 교사교육은 '반성'의 의미에 따라 그 성격과 목적이 분명해진다. 이상에서 살펴본 바에 따르면, 반성의 성격은 '사고로서의 반성'의 의미와 '자기반성으로서의 반성'으로 대별해 볼 수 있다. 사고로서의 반성의 의미는 교사교육이 이론적 지식과 기술의 습득과정이 아니라 교사 자신의 탐구과정이 되게 함으로써현장에 적합한 실천적 지식을 갖춘 전문성을 강조한다. 한편, 자기반성으로서의반성의 의미는 사회비판적 이슈와 관련해서 교수 실천을 둘러싼 맥락에 내재한이데올로기 비판의 성격이 강하다. 반성의 의미가 단일하지 않기 때문에, 반성 의미에 기초한 반성적 교사교육의 성격 역시 다음과 같이 여러 면에서 이해된다.

즉, 반성적 교사교육은 교사에게 첫째, 수업과 학급경영 면에 기술적 능력 (technical competence)을 길러 주고, 둘째, 교사 자신의 실천을 분석할 수 있게 하며, 셋째, 교수 행위의 윤리적 · 도덕적 결과를 인식할 수 있게 하고, 넷째, 다양한 지적 · 인종적 · 신체적 · 사회적 특성을 지닌 학생들의 요구에 민감할 수 있게 하는(Zeichner & Liston, 1987: 7) 것으로 이해된다. 또, 이러한 반성적 교사교육은 자신의 전문가로서의 성장뿐만 아니라 교사가 가르치는 장인 교육환경의 발달에도 기여할 수 있을 것으로 기대된다(Calderhead, 1987: 38-39).

반성적 교사교육의 목적 역시 반성의 의미 이해에 따라 강조점이 다르다고 할 수 있다. 현재 반성적 교사교육에 관한 논의를 종합해 볼 때, 반성적 교사교육의 목적은 한편으로는 수업개선과 교사 개인의 전문성 발달 측면에서, 다른 한편으로는 교육 현실에 대한 비판 및 변혁이라는 측면에서 볼 수 있다.

반성적 교사교육의 문제점으로는 현재 반성 개념이 다양한 전통의 의미가 혼재하여 개념적으로 명료화하기 힘든 점, 실천이 따르지 않는 사고로만 이해되는 점, 그리고 주된 문제점으로 반성적 교사교육의 의미가 교사에게 반성이라는 기술을 가르치는 식으로 축소되어 오히려 반성하는 방법을 익히는 식으로 반성적 교사교육이 기술화되고 도구화되는 점을 들 수 있다. 이러한 문제점을 극복하기 위해서는 반성적 교사교육을 기존 교사교육에 대한 대안적 패러다임으로 간주하고, '어떻게 반성적 교사를 양성할 수 있을까?' 하는 도구적이고 방법적인 질문으로 반성적 교사교육 프로그램을 개발하는 식으로 접근하는 것을 지양해야 할 것이다.

대신 반성적 교사교육을 보다 반성적으로 접근할 필요가 있다고 생각된다. 반성적 교사교육을 보다 반성적으로 접근하기 위해서는 먼저 우리의 관심을 '어떻게 반성적 교사로 기를 것인가?' 하는 방법적인 것에만 국한하지 말고, 교사교육에서 "'왜, 무엇을 위해' 반성을 요청하는가?" 하는 식으로 물어야 할 것이다. 즉, Richardson(1990: 14)이 지적한 것처럼, 반성적 교사교육에 관해 기술적 합리성이라는 관심에 기초한 질문 이상의 것을 물을 수 있어야 한다. 그래야 교사교육에서 반성적 실천이 지닌 본래의 의도와 장점을 살릴 수 있을 것이다.

또한 반성의 의미가 모호한 점, 반성 개념이 협소한 사고의 의미와 동일하게 이해되는 문제점을 인식, 수용할 필요가 있다. 먼저 의미의 불명료함을 명확하게 하고 교사교육의 교과과정에 맞추고 싶은 충동을 자제할 필요가 있다. 이상에서 보았듯이 반성 개념에는 본래 상이한 전통에서의 의미가 혼재되어 있기 때문이다. 이를 해결할 수 있는 방법은 쉽게 하나의 통일된 의미를 도출하려고 하기보다는 사고로서의 반성 개념과 자기반성으로서의 반성 개념 모두를 강조할 필요가 있다. 현재 영미권을 중심으로 주로 사고로서 이해되는 점에 보완하여 자기반성으로서의 반성 개념이 함께 강조된다면 반성 개념이 도구화하는 문제점 역시 극복할 수 있을 것이다. 또, 반성 개념 자체를 고정된 의미로 확정하기보다는 계속 성장해 가는 것으로 볼 필요가 있다고 생각된다. 이렇게 할 때, 반성적 교사교육은 확정된 반성적 교사교육의 의미에 따라 반성적 사고 향상을 위한 전략 개발이라는 식으로 전개되어 결국 반성이라는 기술을 가르치는 교사교육으로 변질되는 모순을 면할 수 있을 것이다.

교사교육 분야에서 '반성'에 관한 논의는 앞으로 계속될 것으로 보인다. 남은 과제는 '왜 교사교육에 반성이 필요한가?' 하는 질문을 함으로써 반성적 교사교육이라는 자기 자신에 대한 재귀적 반성을 계속하여 그 본래의 의미가 발휘될 수 있도록 실행하는 것이다. 뿐만 아니라, 현 교사교육의 문제점을 극복하고자 하는 다른 접근 역시 시도함으로써 반성의 개념을 교사교육과 교수 실천을 개선할 수 있는 방향으로 형성해 가는 것이다. 즉, 반성 개념은 가르침의 실천과정에서 지속적으로 성장하면서 그 의미의 외연이 확대될 수 있을 것이다.

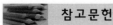 **참고문헌**

김민남(1999). 교사교육론과 실천. 교육철학, 17: 19-37.
김종호(1987). 호르크하이머와 이성의 도구화. 프랑크푸르트학파. 서울: 청람.

노진호(2002). 존듀이의 교육이론: 반성적 사고와 교육. 서울: 문음사.

박은혜(1996). 반성적 사고와 유아 교사교육. 유아교육연구, 16(1): 175-192.

서경혜(2005). 반성적 교사교육의 허와 실. 한국교원교육 연구, 22(3): 307-332.

성열관(2005). 반성적 교사교육을 위한 교육과정 실천연구. 교육과정연구, 23(1): 261-282.

손은정(2003). 반성적 사고와 전문가 교육. 학생생활연구, 28: 31-54.

심윤종(1987). 프랑크푸르트학파와 비판이론. 프랑크푸르트학파. 서울: 청람.

이시용(1997). 비판이론에 관한 고찰. 교육논총(인천교대 초등교육연구소), 14(1): 1-10.

이인석(1987). 하버마스의 사회인식론. 프랑크푸르트학파. 서울: 청람.

이종일(2004). 교사교육 이론의 변천. 교사교육: 반성과 설계. 서울: 교육과학사.

정윤경(2002). 발도르프학교의 교사교육. 교육철학, 27집: 91-108.

조태훈(2001). 하버마스의 '인식관심설'의 기본지향. 국민윤리연구, 48(1): 103-120.

Bengtsson, J. (1995). What is Reflection? On reflection in the teaching profession & teacher education. *Teachers and Teaching: Theory and Practice, 1*(1): 23-32.

Calderhead, J. (1987). Reflective Teaching and Teacher Education. *Teaching and Teacher Education, 5*(1): 43-51.

Dewey, J. (1933). *How We Think.* Boston: D.C. Heath & Company.

Dewey, J. (1924). *Democracy & Education.* NewYork: Macmillan Company.

Dewey, J. (1990). 민주주의와 교육(*Democracy & Education*). 이홍우 역. 서울: 교육과학사.

Fendler, L. (2003). Teacher Reflection in a Hall of Mirrors: Historical Influence and Political Reverberations. *Educational Research, 32*(3): 16-25.

Giroux, H. (2003). 교사는 지성인이다(*Teachers as Intellectuals*). 이경숙 역. 서울: 아침이슬.

Harbermas, J. (1983). 인식과 관심. 강영계 역. 서울: 고려원.

Hatton, N., & Smith, D. (1995). Reflection in Teacher Education: Towards Definition and Implementation. *Teaching & Teacher Education, 11*(1): 33-49.

Korthagen, F. et al. (2007). 반성적 교사교육(*Linking Practice & Theory*). 조덕주 외 역. 서울: 학지사.

Markham, M. (1999). Through the looking glass: Reflective Teaching through a Lacanian Lens. *Curriculum Inquiry, 29*(1): 55-76.

Munby, H., & Russell, T. (1989). Educating The Reflective Teacher: an essay review of two books by Donald Schön. *Journal of Curriculum Studies, 21*(1): 71-80.

Procee, H. (2006). Reflection in Education: A Kantian Epistemology. *Educational Theory, 56*(3): 237-253.

Richardson, V. (1990). The Evolution of Reflective Teaching & Teacher Education. In Clift Renee (Ed.), *Encouraging Reflective Practice in Education.* New York: Teachers college Press.

Schön, D. (1983). The *Reflective Practitioner: How Professionals think in Action.* New York: Basic Books.

Schön, D. (1987). *Educating The Reflective Practitioner.* San Francisco: Jossey -Bass.

Smyth, J. (1992). Teachers' Work and The Politics of Reflection. *America Educational Research Journal, 29*(2): 80-111.

Van Manen, M. (1977). Linking Ways of knowing with ways of being practical. *Curriculum Inquiry, 6*: 205-228.

Zeichner, K. (1983). Alternative Paradigms of Teacher Education. *Journal of Teacher Education, 34*(3):3-9.

Zeichner, K., & Liston, P. D. (1987). Teaching Student Teachers To Reflect. *Harvard Educational Review, 57*(1): 23-48.

제2장

반성적 교사교육에 대한 비판적 고찰

이 글은 반성적 교사교육 자체를 반성해 보려는 것이다. 반성적 교사교육은 그 대안적 가능성으로 인해 환호받았지만, 반성적 교사교육 또한 여러 가지 문제점을 야기하기도 한다. 이 글에서 필자가 초점을 두는 비판은 '반성' 개념을 핵심으로 하는 반성적 교사교육이 실제로 교사로 하여금 기술적 숙달에 그치지 않고, 교사를 주체적인 존재로 성장하게 하는지에 관한 것이다.

Ⅱ절에서는 교사교육 분야에서 반성 개념이 급속하게 영향력을 행사하게 된 데 직접적인 기여를 한 Schön의 반성론을 살펴볼 것이다. Ⅲ절에서는 교사교육 분야에서 반성 개념이 주목받은 배경을 살펴볼 것이다. 반성 개념은 교사교육에서 이론과 실천의 괴리 문제를 극복할 수 있다는 점과 교사의 전문성 발달에 기여한다는 점에서 환영받았다. Ⅳ절 반성론에 대한 비판적 논의는 Foucault의 계보학적 방법론에 의한 권력 개념 분석과 주체의 계보학에 기초할 것이다. Foucault의 권력 개념은 각 제도 영역 고유의 담론 속에서, 또 담론을 통해서 행사된다고 한다. 또한 Foucault의 권력 관계 분석은 주체와 권력 간의 메커니즘을 다루고 있다. 이러한 그의 관점은 교사교육에서 반성 담론이 유행하게 된 사회적 관계를 분석할 수 있는 점을 시사하고, 교사교육에서 '반성'의 의미를 전혀 다른 방식으로 읽을 수 있게 해 준다. 특히 Foucault

의 관점으로 반성론 읽기를 시도하는 이유는 그가 우리에게 무엇을 해야 한다거나 더 좋은 사회에 대한 전망을 직접적으로 제시하지 않지만, 우리의 사고를 지배하고 있는 이념을 전복함으로써, 문제점을 드러내 보인다는 점에서 급진적인 비판성을 갖는다고 생각하기 때문이다.

I. 서 론

최근 교사교육 분야에서 '반성' '반성적 실천'을 강조하는 반성적 교사교육이 대안적인 교사교육의 접근으로 자리 잡고 있다. 물론 반성이나 반성적 실천이란 새로운 개념은 아니다. 반성은 생각하는 동물인 인간의 특징의 하나이며, 또, 반성적 실천이란 어떤 의미에서 교육을 하는 데에 이미 내재되어 있는 것이기 때문이다. 일찍이 Dewey 역시 교육에서 반성적 사고를 강조하지만, 교사교육과 관련해서 반성의 중요성이 부각된 것은 Schön 이후라고 할 수 있다.

Schön은 현대사회의 기술적 합리성을 문제점으로 제시하고, 그것을 해결하기 위해 '반성'을 중심으로 하는 실천의 인식론을 대안으로 제시한다. Schön은 특히 전문가의 실천과 지식을 문제 삼고 있으며, 그가 말하는 전문가의 실천에는 교사의 가르침이라는 실천이 포함되어 있다. 따라서 교사교육과 반성 개념이 직접 관련되어 부각된 것은 1983, 1987년 Schön의 저작 이후라고 할 수 있을 것이다. Schön에 의하면, 교사의 일이란 과학적인 원리나 기술로만 해결되지 않는 복잡하고 불확실한 것들로 가득하다. 동일한 내용을 동일한 방법으로 가르치는 경우에도 학급마다 아이들의 반응이 다르다. 따라서 교사는 가르칠 때 늘 해 오던 대로 했는데 평소와 달리 수업이 잘 되지 않는 문제 상황을 맞닥뜨릴 수 있다. 이때 교사는 가르치는 실천 자체를 반성함으로써 현장에 적합한 실천적 지식을 얻게 된다. Schön은 이것을 '반성적 실천'이라고 부르며, 오늘날 전문가는 기술적 실천가에서 반성적 실천가로 전환되어야 함을 역설한다. Schön의 '반성적 실천'이라는 개념은 '반성적 수업'이라는 뜻으로 사용되고 수업연구의 새로운 원동력으로 간주되면서, 교사교육 분야에서 '반성' '반성적 실천가'는 기술적 숙련가로서의 교사 대신 반성적 실천가로서의 교사를 길러 낼 수 있다는 점에서 대안적인 접근으로 이해되고 있다.

반성적 교사교육은 이러한 반성 개념을 교사교육 분야에 적용한 것이다. 80년대 이후 북미와 앵글로 색슨 계열 유럽을 중심으로 '반성' 개념은 교사교육과 교사의 전문성을 논하는 데 있어서 핵심 개념으로 인식되고 있고, 반성 중심의 교사교육은 전통적인 교사교육의 대안적 패러다임으로 주목받고 있다. 이러한 관심의 증대에 따라 반성 능력을 향상하기 위한 프로그램 개발도 한창이다. 미국 Wisconsin 대학 교사교육 프로그램, 네덜란드 Urecht 대학 ALACT 프로그램, 미국 Sydney 대학 교사교육 프로그램 등이 그 예다(Calderhead, 1987; Zeichner & Liston, 1987; Richardson, 1990; Hatton & Smith, 1995; Korthagen et al., 2007).

우리나라의 경우에도 '반성'은 대안적인 교사교육을 주도할 수 있는 핵심적인 가치로 평가되면서 교사교육과 반성을 관련짓는 연구가 활발하게 이루어지고 있는 추세다(길병휘 외, 2004; 박은혜, 1996; 서경혜, 2005; 성열관, 2005, 손은정, 2003). 반성적 교사교육에서 반성을 지원하기 위한 도구로 반성적 저널과 내러티브가 많이 이용되고 있는데, 우리나라 교사교육에서도 이러한 방법을 통한 교사의 반성 능력 향상에 관심이 높아 가고 있다(소경희, 2003; 이혁규 · 심영택 · 이경화, 2003). 이와 같이 반성적 교사교육에 대한 긍정적 평가와 수용적 관점의 연구는 증가하였지만, 반성적 교사교육에 관한 비판적 분석은 서경혜(2005)의 연구를 제외하고는 전무한 실정이다.

Schön은 기술적 숙달에 초점을 두는 대신 교사자신의 실천을 반성함으로써 가르침에 필요한 실천적 지식을 획득해가는 반성적 실천가로서 교사 양성을 주장한다. 이것은 현재 교사교육의 문제점을 극복할 수 있는 가능성을 시사한다. 그런데 반성을 강조하는 교사교육이 실제로 대안으로서 타당한지, 반성적 교사교육 자체는 문제점은 없는지 반성해 볼 필요가 있다고 생각한다. 이러한 연구 필요성에서 본 절은 '반성적 교사교육' 자체를 비판적으로 살펴보고자 한다. 즉, '반성'

개념을 핵심으로 하는 반성적 교사교육이 교사로 하여금 기술적 숙달에 그치지 않고, 교사를 주체적인 존재로 성장하게 하는지에 초점을 맞추어 살펴볼 것이다. 이를 위해 Ⅱ절에서는 교사교육 분야에서 반성 개념이 급속하게 영향력을 행사하게 된 데 직접적인 기여를 한 Schön의 반성론을 살펴볼 것이다. Ⅲ절에서는 교사교육 분야에서 반성 개념이 주목받는 배경을 살펴볼 것이다. 반성 개념은 교사교육에서 이론과 실천의 괴리 문제를 극복할 수 있다는 점과 교사의 전문성 발달에 기여한다는 점에서 환영받고 있다. Ⅳ절 반성론에 대한 비판적 논의에서는 Foucault의 지식-권력 개념과 주체의 계보학에 기초할 것이다. 지식-권력 개념은 인식론적 문제가 결국 정치학적 문제로 연결됨을 시사한다. Foucault에 의하면, 권력은 각 제도 영역 고유의 담론 속에서, 또 담론을 통해서 행사된다. 또한 Foucault의 권력 관계 분석은 주체와 권력 간의 메커니즘을 다루고 있다. 이러한 그의 관점은 교사교육에서 반성 담론이 유행하게 된 사회적 배경을 읽을 수 있게 하며, '반성'의 정치학적 맥락을 검토하게 한다. Foucault는 우리에게 무엇을 해야 한다거나 더 좋은 사회에 대한 전망을 직접 제시하지 않는다. 그러나 우리의 사고를 지배하고 있는 이념을 전복함으로써, 문제점을 드러내 보인다는 점에서 급진적인 비판성을 갖는다고 생각한다.

II. Schön의 반성론

1. 기술적 합리성의 문제점

Schön의 문제의식은 인식론적 관심에서 시작된다. 그는 현대사회에 만연한 인식론이 실증주의에 기반한 것이며, 실증주의의 인식론은 실천에 중요한 암묵적 지식의 중요성을 만족스럽게 다루지 못한다고 비판한다. 이러한 문제점을 해결하기 위해 그는 대안적인 실천의 인식론을 주장한다. 먼저 그는 대안적 인식론을 '행위 중의 반성(reflection-in-action)' 개념을 중심으로 제안하고(1983), 실천 속에 내재한 전문적 지식을 갖춘 반성적 실천가로서의 전문가 교육에 관해 논의한다 (1987).

Schön이 지적하는 기술적 합리성의 문제점은 전문가가 지녀야 할 전문적 지식을 제대로 설명하지 못하는 점이다. 기술적 합리성의 인식론 하에서 전문적 지식은 주로 과학적 이론과 기술을 문제에 도구적으로 적용하는 것으로 간주된다 (Schön, 1983: 30). 이와 같이 '적용(application)'을 전문적 지식의 특징으로 보게 되면, 적용의 수준에 따라 지식이 위계화된다. 먼저 기초학문이 있고, 기초학문의 적용은 응용학문을 낳는다. 그리고 응용학문의 원리가 구체적 실천으로 나타난다. 이렇게 보면 실천이 가장 낮은 지위에 속하며, 가장 높은 지위에 해당하는 것은 이론이요, 이론을 창출하는 연구집단이 된다. 이와 같이 전문지식을 이론적 지식의 실제 문제에의 적용으로 보는 기술적 합리성 패러다임은 전문지식의 위계화를 가져왔다.

기술적 합리성에 기초하여 생긴 지식의 위계화는 전문가를 교육하는 전문적 지식과 현장의 실천가에게 요구되는 실제적 능력 간에 괴리가 생기는 문제점을 야기한다(Schön, 1987: 10). 즉, 연구(이론)와 실천이 괴리되는 문제점은 오늘날 쉽게 발견된다. 예를 들어, 현장의 교사들이 대학에서 배운 이론적 지식의 쓸모없음을 지적하거나, 학교 현장에 필요한 실천적 지식의 필요성을 역설하는 것은 Schön이 지적하는 대학에서 가르치는 이론과 실천 현장에 필요한 전문적 지식 간의 괴리를 잘 보여 준다.

이와 다르게 실천가의 실천 속에서 그것을 반성함으로써 얻어지는 것을 중요한 지식의 형식으로 보는 Schön의 가정은 실천과 거리가 있는 이론가 집단 중심의 연구와는 다른 노선의 연구 풍토를 낳을 수 있는 기반을 제공한다. 바로 이런 점에서 Schön의 반성론은 직접 교사를 대상으로 언급하고 있는 것이 아닌데도 불구하고, '반성'을 교사교육에 도입하는 것이 새로운 전기를 마련할 것이라는 점에서 크게 환영받고 있다(정윤경, 2007: 172).

요컨대, 그의 반성론은 현대사회의 주된 인식론인 실증주의 인식론이 중시하는 기술적 합리성은 전문가가 지녀야 할 전문적 지식을 제대로 설명할 수 없다는 문제를 제기한다. 따라서 그는 사례연구를 통해 전문가들의 실천 속에서 전문가로서의 지식이 어떻게 획득되는지 탐구함으로써, 실증주의의 문제점을 극복할 수 있는 대안적 인식론으로 '실천의 인식론(epistemology of practice)'을 제시한다. 이러한 그의 논의에 가정되어 있는 것은 전문가가 지녀야 할 전문적 지식은 대학에서 배우는 이론적 경향의 지식과는 다르게 구성되는 것으로, 전문가들의 실천 속에서 얻게 되는 것임을 가정한다. 그리고 이러한 과정에서 바로 '반성'이 전문적 지식을 획득하게 하는 핵심이라는 것이다.

2. 대안적 인식론: 전문가에게 필요한 실천적 지식은 어떻게 획득되는가?

Schön은 전문가에게 필요한 전문적 지식이 있는데, 이것을 설명하는 데 기술적 합리성이 한계가 있음을 지적한다. 따라서 전문가의 실천 속에서 얻어지는 실천적 지식을 설명하기 위해 실천의 인식론을 요청한다. 그렇다면, 그가 말하는 전문가에게 필요한 '실천적 지식'은 어떻게 획득되는가?

Schön은 우리가 어떻게 행위 해야 하는가에 해당하는 내용을 '사용이론(theory-in-use)'으로 설명한다(Argyris & Schön, 1974: Gilroy, 1993: 128에서 재인용). 여기에서 그는 전문가의 실천 속에서 볼 수 있는 전문적 지식은 말로 나타내기 어려운 특성을 갖는다고 한다. 예를 들어, 디자이너가 실제로 디자인하는 것을 보면 그들에게는 특별한 전문적 지식이 있음을 알 수 있다. 즉, 그는 디자인에 대한 이해와 기술을 바탕으로 어떻게 행위해야 하는지에 해당하는 '사용이론'을 알고 있다. 그런데 이런 사용이론은 말로 나타내기 어렵다는 난점을 갖는다.

Argyris와 Schön은 "우리가 암묵적으로라도 사용이론을 알고 있어도 그것을 말로 나타내기 어렵고, 또 사용이론에 따라 행동하는 것이 다소 어렵더라도 사용이론은 엄연히 존재하는 것이다."라고 주장한다(Newman, 1999: 67에서 재인용).

Schön은 이러한 사용이론의 특성을 『메논』에서 보여 주는 학습의 패러독스와 같다고 말한다. 그는 『메논』의 패러독스 부분을 인용하고 이어서 디자인하는 것을 처음 배우는 학생의 어려움을 다음과 같이 적고 있다(1987: 83).

메논처럼, 디자인을 배우고자 하는 학생은 자신이 배우고자 하는 무엇인
가를 추구한다. 그렇지만 그는 처음에는 자신이 추구하는 것이 무엇인지 모
른다. 무엇을 추구한다는 것은 추구하는 대상이 무엇인지 안다는 것을 의미
하는데 학생은 처음에는 그것이 무엇인지 알지 못한다. 교사 역시 패러독스
에 빠져 있다. 교사는 학생이 알고자 하는 것을 학생에게 말해 줄 수 없다.
설령 그것에 해당하는 말을 갖고 있어도 학생이 교사의 말을 처음에는 이해
할 수 없기 때문이다.

요컨대, Schön이 말하는 학습의 패러독스는 다음과 같이 정리된다. 즉, '우리
는 어떻게 기존의 사용이론을 변화시킬 수 있는가?', 다시 말해 '변화된 것, 즉 학
습된 것이 무엇인지 말로 진술할 수 없다면, 어떻게 새로운 사용이론을 학습할 수
있는가?' 이에 대한 Schön의 답은 '우리는 우리의 암묵적인 틀을 표면화하고, 비
판하는 것'이다(Rein & Schön, 1977: Newman, 1999: 67에서 재인용). 즉, Schön은
'행위 중의 반성(reflection-in-action)'이 새로운 사용이론을 학습하게 되는 것을
설명할 수 있다고 본다.

Schön(1987: 28-29)은 '행위 중의 반성'을 다음과 같이 설명한다. 사람들은 이
미 어떻게 해야 하는지 알고 있는 일을 일상적이고 자연스럽게 한다. 이런 행위는
실천가의 '행위 중의 앎(knowing-in-action)'을 드러낸다. 행위 중의 앎이란 우리
가 반복적인 실천을 통해 이미 무엇을 어떻게 해야 하는지에 대해 알고 있는 것이
다. 행위 중의 앎은 우리가 그것에 대해 의식적으로 사고하지 않고도 자연스럽게
행위하고, 인식하고, 결정하며, 조정할 수 있게 한다. 행위 중의 앎은 행위 속에
녹아있는 암묵적 앎이다. 실천가는 행위가 예상된 결과를 가져오면 이 암묵적 앎
에 대해 다시 생각하지 않는다. 그런데 실천가의 일상화된 행위가 예상하지 못한
결과를 가져올 수 있다. 이때 실천가는 그 결과에 놀라게 된다. 이러한 '놀람'은
행위가 수반된 반성으로 이끈다. 즉, 암묵적으로 알고 있던대로 했는데 예견한 대

로 결과가 일어나지 않을 때, 반성이 일어난다. 이것이 그가 말하는 '행위 중의 반성'이다. 행위 중의 반성은 놀람의 경험에서 시작되어 행위가 진행되는 동안 일어나며, 비판적 기능을 하며, 바로 이제까지 행위를 지배한 행위 중의 앎이 가정하고 있던 구조에 관해 묻는다. 즉, 행위 중의 반성은 실천가의 행위 중의 앎에 문제제기를 한다. 여기에서 끝나지 않고 행위 중의 반성은 즉석 실험(on-the-spot experiment)을 한다. 실천가는 새로운 잠정적인 앎을 검증하는 것이다. 이 행위가 예상된 결과를 가져오면 잠정적인 앎은 새로운 실천적인 앎이 되고, 그렇지 않으면 또 놀람이 생기고 반성을 요구하게 된다.

이상에서 본 Schön의 반성 개념은 행위가 지속되는 동안 일어나는 것을 강조하고 행위와의 상호작용을 강조하면서, 기술적 합리성의 문제점인 사고와 행위, 수단과 목적, 이론과 실천 간의 괴리를 극복할 수 있다는 점을 강조한다.

Munby와 Russell(1989: 73) 역시 반성 개념이 보통 행위에 대해 숙고하는 것을 시사하지만, Schön의 반성 개념의 핵심은 '행위 도중'(in-action)에 일어난다는 점이라고 말한다. 물론 Schön은 행위에 대해 되돌아보는 행위 후의 반성(reflection-on-action)에 대해서도 언급한다. 그러나 Schön은 행위가 수반된(action-present), 즉 행위 속에서 일어나는 '행위 중의 반성' 개념을 강조한다.

그렇다면 행위를 하는 중에 반성이 가능한가? Schön은 행위 중에는 사고할 수 없기 때문에 '행위 중의 반성'은 모순적인 용어라는 Arendt(1971)의 비판에 대해 사고와 행위에 대한 이분법적 사고에서 나온 논리라고 반박한다(Schön, 1983: 278에서 재인용). 우리가 사고와 행위를 이분할 때, 사고는 행위를 위한 준비이고 행위는 사고의 실행이 된다. 즉 사고와 행위가 동시에 일어날 수 없는 것이다. Schön은 이런 주장이 사고와 행위를 이분하는 결과라고 비판하면서, 행위와 반성의 상호작용을 강조하는 행위 중의 반성 개념을 역설한다. 이때 행위 중의 반성은 행위와 반성이 동시에 일어난다는 의미라기보다는, 행위와 반성의 상호작용을 강조하는 것이다.

그는 행위가 수반된 반성, 즉 행위가 지속되는 동안의 시간은 사례마다 다양할 수 있다고 말한다. 예를 들어, 의사가 환자를 진료하는 것, 변호사가 소송사건을 준비하는 것, 교사가 어려운 학생에 대처하는 것이 진행되는 시간은 각각 다를 수 있음을 말한다(Schön, 1983: 278). 이러한 점에서 볼 때, 그가 말하는 행위 중의 반성이란 행위하면서 동시에 반성한다는 의미라기보다는 행위에 대해 지속적으로 반성한다는 의미로서, 행위와 반성의 상호작용을 강조하는 점이라고 할 수 있다.

Schön은 숙련된 실천가가 초심자는 갖지 못한 암묵적 지식을 갖고 있으며, 초심자는 그것을 학습할 수 있다는 것을 보여 준다. 앞에서 제기한 학습의 패러독스, 즉 '우리가 변화된 것(학습된 것)을 말로 나타낼 수 없으면서 어떻게 기존의 사용이론을 변화시킬 수 있는가?' 하는 문제를 해결했다고 주장한다. 그러면 패러독스라고 불린 문제가 어떻게 해결되는가? Schön에 의하면 교사와 학생은 모두 '의미의 일치(congruence of meaning)'에 도달함으로써 학습의 패러독스가 해결된다.

건축 디자인을 가르치는 교사 Quist와 학생 Petra의 사례(자세한 설명은 Schön, 1987: 101-103; 정윤경, 2007: 173 참조)에 나타난 Schön은 논의를 요약하면 다음과 같다. 첫째, 전문적 실천가에게 중요한 지식의 형태는 말로 나타내기 어려운 암묵적 특성의 것이며, 이런 지식을 학습하는 데는 패러독스가 있다. 둘째, 이러한 학습의 패러독스는 『메논』에서 제기된 학습의 패러독스와 같다. 마지막으로 Schön에 의하면, 교사와 학생이 처음에는 일치하지 못하다가 둘 모두 행위 중의 반성을 통해 의미의 일치에 도달하게 된다. 그는 숙련된 실천가와 학습자가 의미의 일치에 도달함으로써, 학습의 패러독스는 해결된다고 주장한다. 따라서 Schön은 이론과 실천 간의 괴리를 보인 실증주의적 인식론의 문제점이 해결된다고 한다. 여기에서 Schön이 특별히 '가르치다'는 말 대신에 '코치하다'라는 말을 사용한 것은 전문가의 지식은 기술적 합리성에 기초한 지식이 얻어지는 것과 다른 방식으로 얻어진다는 것을 강조하기 위해서다.

3. 반성적 실천가-연구자로서의 교사

Schön의 반성론에 의하면, 행위 중의 반성을 할 때 행위자는 실천 상황 속에서 연구자가 된다. 그는 이미 확립된 이론과 테크닉의 범주에 의존하지 않고, 새로운 상황에 대한 새로운 이론을 구성한다. 그의 연구는 기존의 목적에 대한 수단에 대해 숙고하는 것에 그치지 않는다. 그는 수단과 목적을 나누지 않고 그가 문제라고 제기한 상황 속에서 수단과 목적을 상호작용적으로 규정한다. 따라서 그는 사고와 행함을 나누지 않는다. 그의 실험은 일종의 행위이고, 실행은 그의 탐구를 형성한다. 따라서 불확실하고 처음 맞닥뜨리는 상황에서도 행위 중의 반성은 일어나며, 따라서 그것은 기술적 합리성이 갖는 이분법에 갇히지 않게 된다(1983: 68). 실제로 교육 현장은 복잡성, 불안정성, 불확실성, 독특성 등을 특징으로 하며, 이런 상황에서 전문가의 문제해결은 이론적 지식을 적용함으로써 가능한 것이 아니다. 이런 상황에서 반성을 통해 실천적 지식을 얻은 교사는 이론적 지식에 맹목적으로 의존하지 않는다. 전문적 실천가의 모습을 다음과 같이 설명할 수 있다.

Schön(1983)에 의하면, 반성은 전문적 실천가의 실천 중에서 문제를 보는 틀에 대한 비판과 재구성 및 실험을 하는 것을 특징으로 한다. 전문적 실천가는 자신의 실천이 예상하지 못한 결과를 가져왔을 때, 기술적 실천가가 하듯이 이를 예외적인 것으로 간주하거나 자신의 전문성을 의심할까 혹은 자신의 무능을 나타내는 것이 아닐까 하는 두려움에 덮여 버리지 않고, 새로운 학습의 기회로 받아들인다. 전문적 실천가는 자신의 실천 기저의 암묵적 앎을 표면화해서 비판적으로 성찰한다. 이때 전문적 실천가는 기술적 실천가가 문제에 적절한 지식과 기술을 적용했는가에 초점을 두는 데 반해, 문제상황을 어떻게 이해했고 그로부터 어떤 문제를 도출했는가 하는 기존의 문제제기의 관점을 비판적으로 성찰한다. 그리하여 문제상황을 다른 관점에서 보고 새로운 관점에서 문제를 도출한다(서경혜, 2005: 315).

반성을 핵심으로 하는 반성적 교사교육의 장점은 교사를 수동적인 존재가 아니라 전문가로 성장할 수 있게 한다는 점이다. 반성적 교사교육은 교사교육에 대한 기술적 합리성 관점과 행동주의 접근을 비판한다. 반성적 교사교육은 과학적 지식의 적용자나 교과지식의 전달자가 아니라, 자신의 실천 속에서 반성을 통해 실천 기저의 암묵적 앎을 표면화하고 비판하며 재구성하여 이를 실천에 옮겨 검증을 통해 지식을 구성하는 자를 기르고자 한다. 따라서 반성적 교사교육은 교사 스스로 자신의 실천을 비판적으로 성찰할 수 있고, 자신의 실천을 탐구할 수 있으며, 자신의 실천으로부터 실천적 지식을 구성할 수 있는 역량을 키워 주는 교육을 지향한다.

반성적 교사교육 프로그램을 실시했던 네덜란드 Urecht 대학 SOL(네덜란드어로 '교사교육기관'의 줄임말)은 반성적 교사의 핵심적 특성을 다음과 같이 제시한다(Korthagen et al., 2007: 234-241). 반성적 교사는, 첫째, 상황과 문제를 의식적으로 구조화할 수 있다. 둘째, 경험한 일을 구조화할 때 특정한 표준적 질문을 한다. 셋째, 자신이 무엇을 학습하기를 원하는지에 대해 쉽게 답한다. 넷째, 다른 사람과의 대인관계에서 자신이 어떻게 하고 있는지를 적절하게 기술하고 분석할 수 있다. 이외에도 교사의 반성을 촉진하기 위한 교사교육 프로그램들이 개발되고 있는데, 이들은 모두 반성을 통해 더 좋은 수업을 할 수 있는 전문성을 성장시킬 수 있다고 본다.

교사가 전문성을 갖기 위해서는 수동적인 존재가 아니라 주체적인 존재가 되는 것이 중요하다. Schön이 지적한 것처럼, 기술적 합리성이 지배적인 현재 교사교육의 문제점은 교사를 수동적인 존재로 만든다. 반면, Schön이 제안하는 반성적 실천가로서 교사는 기술적 합리성 패러다임 속에서 대학의 교수나 연구자의 이론적 지식을 적용하는 자에 국한하지 않고, 실천이 벌어지는 상황을 소재로 교사 자신이 연구자가 되어 반성을 통해 더 나은 가르침이라는 실천의 전문가로 성장해 갈 수 있을 것이다.

III. Schön의 반성 개념과 교사교육

Schön의 반성론이 교사교육 분야에 주는 매력은 무엇인가? 첫째, Schön의 반성 개념은 인식론적 측면에서 실천의 인식론을 제시함으로써, 교사교육에서의 이론과 실천의 관계를 주목하게 하고 교사교육에서 보다 실천적인 지식을 탐구하게 하는 데 기여한다. 오늘날 교사교육이 지나치게 이론적이고, 교실 현장의 실천과 괴리된다는 것은 교사교육에 대한 지배적인 비판이다.

이런 비판은 우리나라뿐만 아니라 잉글랜드, 웨일스, 호주 등 서구의 교사교육에도 해당된다. 이와 같이 교사교육이 이론적 경향이 강하고 이론과 실천 간에 괴리가 생긴다는 비판에 직면하여, 이론과 실천 간의 괴리를 극복할 수 있는 대안적 인식론이라는 Schön의 논의는 대안으로서 가능성을 갖는다. 이런 관점에서 Booth와 Kinlock(1990)은 Schön의 반성론은 교수의 기초인 이론과 교실 현장의 실천을 연결하는 데 유용하다고 평가한다(Newman, 1999: 57에서 재인용).

둘째, Schön의 반성론은 교직의 전문성 확립과 교사의 전문성 발달에 기여할 것이라는 점에서 환영받는다. 그의 논의는 실천가의 실천을 반성하는 것을 통해 얻는 실천적 지식을 강조하는 것으로, 교사교육에서 실천적 지식의 중요성을 시사한다. 또한 그는 이론가 집단의 연구와 실천 간의 괴리를 지적하면서 실천가가 행위 중의 반성을 통해 얻게 되는 지식을 높게 평가한다.

가르치는 일의 이론적 기초가 부족한 점 때문에 교직의 전문성이 의심받는다고 생각하는 이들은 Schön의 논의가 교사에게 필요한 지식의 이론적 토대를 제공할 수 있다고 생각한다. 예를 들어, Hargreaves(1993)는 Schön의 인식론적 측면은 교사의 실천적 지식을 확인하고 존중한다는 점에서 교사의 전문성의 기초를 확립하는 데 시사하는 바가 크다고 평가한다(Newman, 1999: 56에서 재인용).

이와 같이 '행위 중의 반성'과 '반성적 실천가로서의 교사' 개념은 교사의 실천적 지식의 이론적 토대를 제공하고, 교사의 전문성 발달에 기여할 수 있을 것이라는 기대에서 환영받고 있다. Schön의 반성 개념은 행위 중의 반성을 통해 교사 스스로 연구자가 되고, 현장에 필요한 실천적 이론을 창출할 수 있게 하는 것을 장려한다.

필자 역시 교사는 단순한 기능을 숙달하는 것을 넘어 스스로 연구자가 되고, 자율적이며 주체적인 존재가 되어야 한다고 생각한다. 따라서 기술적 합리성 하에서 생기는 연구와 실천 간의 괴리를 지적하면서 실천가가 연구자가 되어 자신의 실천을 반성함으로써 전문적 지식을 얻게 되고 전문성을 향상할 수 있다고 말하는 Schön의 논의는 일단 매력적으로 보인다.

IV. Schön의 반성론에 관한 비판

반성적 교사교육의 핵심인 '반성' 개념에 대한 비판적 고찰은 우리나라에서는 아직 본격적으로 이루어지고 있지 않으나, 외국의 경우 이미 여러 관점에서 시도되고 있다. 그 비판을 대별해 보면, 가장 일반적인 비판은, 첫째, '반성' 개념이 다양하게 사용되고 불명료하다는 것이다. 둘째, 반성론에 대한 인식론적 측면에서의 비판이다. Gilroy(1993)와 Newman(1999)은 주로 Schön의 논의가 그가 제기한 인식론의 문제점을 극복하지 못하며, 대안적 인식론으로서 견고하지 못한 점에 초점을 맞추어 비판한다. 셋째, 반성적 교사교육이 실제로 교사의 역할을 개선하지 못한 점에 초점을 맞춘 비판이 있다. 예를 들어, Zeichner(1996)는 반성적 실천이 교사의 역할을 개선하는 데 기여하지 못하고 있다고 비판한다(Fendler, 2003: 16에서 재인용). 그는 반성적 실천이 교사의 연구보다는 교수의 연구를 더 높게 평가하는 풍토, 가르치는 데 있어서 테크닉과 학급경영을 강조하는 점, 교수의 사회적 · 제도적 맥락을 고려하지 못하는 점, 교사동료들 간의 반성과정보다는 개인의 반성을 강조하는 경향 때문에 반성 본래의 목적을 실현하지 못한다고 비판한다. 마지막으로 반성 개념에 대한 도구적 · 기술적 접근의 문제점 비판을 들 수 있다. 즉, 반성 개념이 도구화되어 하나의 기술처럼 간주되는 점이 비판된다 (Fendler, 2003; 서경혜, 2005).

이 절에서는 반성적 교사교육이 반성의 장점으로 간주되는 점을 실제로 달성하고 있는가에 초점을 맞추어 비판적으로 실펴볼 것이다. 즉, 반성론이 교사를 수동적 존재가 아닌 주체적 존재로 성장할 수 있도록 교사에게 힘을 실어 줄 수 있는 논의인가? 하는 점에 관한 논의를 할 것이다. 이러한 논의를 위해 Foucault의 관점[1]에서 Schön의 반성론 읽기를 시도할 것이다. Foucault의 지식-권력 개념에

---

1) Foucault의 관점이라고는 하지만 Foucault의 사상 전체를 뜻하는 것은 아니다. 본고의 목적은 Foucault 의 사상을 전체적으로 조망하는 것이 아니다. 또한 그의 사상은 전기-중기-후기로 구별되는 특징을 보

의하면, 인식론적 문제는 결국 정치학적 문제로 연결될 수밖에 없다. 따라서 Foucault의 지식-권력 중심의 인식론, 주체의 계보학이 보여 주는 권력과 주체 간의 메커니즘에 근거해서 반성의 정치학적 맥락을 검토해 볼 것이다.

1. 반성적 교사교육에 대한 기대와 어긋난 결과

교사의 전문성 개발을 강조하는 분위기 속에서 Schön의 반성론이 교사교육 분야에서 환영받고 있다. 필자 역시 수동적인 존재로서의 교사를 길러 내는 교사교육은 달라져야 한다고 생각한다. 교사는 지식의 전달자가 아니다. 대학에서 배운 이론을 적용하는 자도 아니다. 교사는 실제로 학생들을 만나 교육을 하는 자로서 교육 현장의 전문가여야 한다. 이러한 전문성을 갖기 위해서는 교사가 주체적이 되어야 하고 힘을 갖추어야 한다. 교사는 전문가(대학의 교수)에게서 배운 지식을 단순히 적용하는 자가 아니라, 자신의 실천을 반성함으로써 얻게 되는 실천적 지식을 통해 교육 현장의 전문가가 될 수 있다는 Schön의 논의는 일단 기존 교사교육의 문제점을 극복하고 교사를 주체적이 되도록 힘을 실어 줄 수 있다고 생각된다. 그런데 교육 개혁을 위해 먼저 교사 개혁이 이루어져야 하고, 이를 위해 교사의 질과 전문성이 중요하다는 식의 논의 속에서 강조되는 반성적 교사교육 담론과 교사의 반성을 발달시키기 위해 개발된 교사교육 프로그램은 기대와는 상반된 결과를 야기하기도 한다.

교육의 변화를 위해 교사의 변화가 시급하다는 점에 깊이 공감한다. 그런데 교사 개혁을 위해 교사의 질을 문제 삼으면서 교사의 전문성을 강화해야 하고 교사를 평가해야 한다는 논의 속에서 어느새 교사는 다시 개혁의 주체라기보다는 개

인다고 평가되는데, 필자가 그러한 그의 사상체계 전반을 이해하지도 못할 뿐만 아니라 전적으로 수용하는 입장에 있지도 않다. 그가 보여 주는 지식은 사회적 담론에 의해 구성되며 권력과 불가분의 관계에 있을 수밖에 없다는 분석, 그리고 그러한 권력 개념과 주체 간의 메커니즘 분석에는 많은 시사점이 있다고 본다. 하지만 객관적 진리, 보편타당한 진리, 선험적 주체의 합리성 같은 전통적 인식론이 의거해 온 모든 기초를 부정하는 그의 급진적인 관점을 교육학이 전적으로 수용하는 것은 불가능할 것이다.

혁의 대상이 돼 버린 느낌이다(정윤경, 2006: 190). Zeichner(1996) 역시 "교사의 발달이라는 환상이 아주 미묘한 방식으로 교사의 복종적인 위치를 지속시킨다."고 지적한 바 있다(Fendler, 2003: 23에서 재인용).

반성적 교사교육은 교사를 전문가에게 배운 이론을 그대로 적용하는 수동적 존재가 아니라 자신의 행위 중의 반성을 통해 교사 자신이 연구자요, 지식 창조자가 됨으로써 전문성을 갖게 하는 데 의의가 있다. 반성적 교사교육에 관한 관심이 증대되면서 반성적 실천가로서의 교사를 양성하기 위한 반성적 교사교육 프로그램 연구도 활발하게 이루어지고 있다. 그런데 이와 관련된 연구를 보면, 반성이 마치 교사가 배워야 할 또 하나의 기술처럼 간주되는 문제점을 갖는다. 그로 인해, 반성적 교사교육은 본래 의도와는 다르게 반성이라는 기술을 배우는 식이 되고 만다. Fendler(2003: 23)는 이러한 문제점을 "'반성적 실천가'라는 수사가 교사에게 힘을 길러 주는 데 초점을 두면서, 오히려 역설적으로 교사를 전문가의 권위에서 나오는 지도 없이는 반성조차 할 수 없게 만들어 버린다."고 비판한다.

2. Foucault의 지식-권력 개념과 Schön의 반성론

Schön이 실천의 반성론을 제기한 것은 기술적 합리성이 갖는 이원론의 문제 때문이었다. 그러면 그의 대안적 인식론은 이원론을 극복하고 있는가? Gilroy(1993), Newman(1999)의 비판은 주로 Schön의 논의가 그가 제기한 인식론의 문제점을 극복하지 못함을 지적한다. 오히려 Schön의 논의는 분명하게 이분된 두 항이 대립되어 나타난다. 이에 대해 Fenstermacher(1988: 45)는 Schön의 논의는 '학문 대 실천' '기술적 합리성 대 반성적 실천'이라는 이분법적 대립항을 제시한다고 비판한다. 그러나 이러한 이분법은 문제가 있다. 학문은 실천에 영향을 미치며 이 영향은 유익하고 매우 특별하기 때문이다. 이상의 인식론적 측면에서의 비판은 그의 논의가 이원론의 문제를 제기하면서도 여전히 이원론을 극복하지 못하는 점을 비판한다. 그런데 Foucault의 지식에 관한 관점은 서구 근대 인식론 자체를 전면적으로 부정한다.

모더니티의 자유-인문주의적 패러다임에 기초한 지식관은 지식을 권력과는 별개로, 심지어 대립되는 것으로 이해한다. 지식은 권력에 의해 방해되거나 왜곡되지 않는 진실을 편견없이 추구하는 데 필수적이라고 생각한다. 이러한 생각은 교육에서 교사의 학문적 자유와 직업적 자율성, 교육과정에서의 균형 등으로 표현된다. …… 이러한 지식에 관한 담론이 주는 메시지는 결국 "진리는 해방과 진보의 토대로서, 실재 세계를 믿을 만하게 반영하고 재현하는 지식으로부터 얻어지며, 그러한 지식은 권력의 부재 속에서만 가능하다."는 점이다(Usher & Edwards, 1994: 85).

Foucault는 이와 같은 전통적 인식론의 입장을 부정하고, 지식은 사물과 관계없이 언어적 실천을 통해 사회적으로 구성된 것이라는 입장을 역설한다. 따라서 그는 '지식-권력'이란 표현을 사용하면서, 지식은 권력을 창출하고, 권력은 지식을 통해 행사된다는 것을 보여 준다. 이를 위해 Foucault는 한 시대의 특정 담론의 형성과 시대 변화에 따른 지식의 고고학과 계보학적 방법을 사용한다.

그의 방법론은 흔히 고고학과 계보학으로 나뉜다. 『감시와 처벌』(1975)을 기준으로 이후를 계보학의 시기로 보고, 이전의 저작인 『말과 사물』 『임상의학의 탄생』을 고고학의 시기로 보기도 한다. 그러나 두 방법론이 별개의 것은 아니다. 둘 간의 관계를 이정우(2007: 130-131)는 정역학과 동역학의 관계로 설명한다. 정역학은 하나의 역학적 체계에서 그 체계의 평형을 지탱해 주는 힘들의 구조를 탐구하는 반면, 동역학은 그 힘들의 체계가 변환될 때 그 변환의 원인을 규명하고자하며 힘들의 변환을 설명하고자 하는 것이다. …… 계보학은 담론들의 형성과 변환을 가능하게 해 주는 지층을 단순히 기술하는 것이 아니라 그 지층 내부에서 벌어지는 힘들의 역학관계를 통해 그러한 변환을 설명하고자 하는 것이다.

Foucault는 한 시대의 두드러진 담론과 실천을 권력 관계의 산물로 보며, 권력들 간의 역학관계에 주목한다. 특히 그의 계보학적 방법은 특정 담론 형성의 과정을 지배하는 체계와 규칙을 발견하고자 한다. 그리고 그러한 체계와 규칙은 과학적 타당성보다는 권력의 전략과 관련되어 있음을 드러내 보임으로써 권력과 지식의 상관성을 폭로한다. 이 접근은 특정 시대의 유행하는 담론과 실천이 우리가 일반적으로 생각하듯이 합리적이고 이전에 비해 발달된 방식이 아니라는 점을 강조한다.

또, Foucault의 인식론에 나타나는 특징은 그가 역사적 시대마다 그 시대의 다양한 영역의 담론을 일정한 방향으로 질서 지우는 시대 고유의 무의식적 조건이 있다고 주장하는 것이다. 그는 이러한 역사적 선험성을 에피스테메(episteme)라 한다. 즉, 에피스테메는 역사적 시대마다 우리의 사물인식을 일정한 방향으로 틀 지어 주는 인식 이전의 무의식적 조건이다. 유사성의 에피스테메가 르네상스 이전의 담론을 규정하고, 17~18세기 고전주의 시대에는 표상의 에피스테메, 19세기부터 오늘날에 이르는 현대는 인간중심적 에피스테메에 의하여 모든 담론이 형성되었다. 또, Foucault는 시대별 에피스테메 사이에는 단절과 차이가 있을 뿐이라고 말한다. 따라서 특정 시대의 지식이 이전 시대의 지식보다 더 낮거나 진리에 가까운 것이 아니다(전경갑, 1997: 97에서 재인용).

이러한 Foucault의 역사적 구조주의는 역사적 시대마다 인간의 사물 인식을 일정한 방향으로 질서 지우는 인식 이전의 무의식적 구조를 강조한다. 그리고 이때 구조는 마음의 구조가 아니라 사회적 배경과 긴밀하게 연결된 것이다(Best & Kellner, 1991: 전경갑, 1997: 102에서 재인용).

이상에서 살펴본 Foucault의 지식-권력 개념에 의하면, 진리와 지식은 권력 밖에 존재하는 어떤 것이 아니라, 선택과 배제의 권력관계 안에서 구성된다. 즉, 특정시대의 담론은 어떤 불변의 진리나 지식을 나타내는 것이 아니라, 지식을 만들어 내는 규칙의 체계다. 따라서 모든 담론은 권력을 행사할 뿐만 아니라 권력 또한 지적 담론을 통해 스스로를 정당화한다. 이러한 그의 인식론은 결국 지식에 관한 인식론적 문제는 단순히 인식론의 문제가 아니라 그 자체가 정치적 문제로 연결될 수밖에 없음을 시사한다. 또한 지식이 담론적 실천을 통해 구성된다는 주장은 지식 그 자체의 진위보다 중요하게 지식을 형성하게 된 사회문화적 배경을 비판적으로 읽어 낼 수 있어야 함을 시사한다.

Erlandson(2005: 667)은 Schön의 반성론 비판이 주로 인식론에 초점을 맞추었던 것을 본격적으로 정치학적 논의로 옮기고 있는 점에서 탁월하다. 그는 Schön의 논의가 '통제 매트릭스'라고 하는 이원론의 문제가 있다고 비판한다. 즉, 내적인 것(예컨대 정신)이 외적인 것(신체로 나타나는 행동)을 통제한다는 것이다. 그러나 그는 반성론의 인식론상의 이원론 비판에 그치지 않고, 반성하는 교사가 반성을 통해 실천적 지식을 획득하는 것이 『감시와 처벌』에서 Foucault가 언급한 것처럼 경제적 관계에서는 효율성이 증대되나 한편 정치적 관계에서 그 힘을 감소시키는 결과가 나온다는 점을 제기한다.

Foucault의 관점에서 보자면, 반성하는 교사는 자기 자신을 계몽주의 전통인 빛의 메타포에 따라 통제의 대상으로 해석하고 있다. 즉, 교사는 자신의 신체를 투명하고 지적으로 조종할 수 있는 대상으로 바라본다. 이것은 자신을 보다 전문적이고 반성적이 되게 한다. 그런데 이렇게 함으로써 경제적 관점에서 보다 효율적이지만, 동시에 정치적 관점에서 보다 순종하는 자가 되게 한다. 즉, 행위 중의 반성을 통해 전문가의 실천적 지식을 획득한 교사는 경제적인 효율성 면에서는 교사의 힘(전문성)이 증가되어 유능한 교사라고 평가될 수 있으나, 한편으로 정치적 관계에서 볼 때에는 더욱 순종적이 되게 함으로써 힘을 감소시킬 수 있다고 볼 수 있다(Erlandson, 2005: 668).

Schön은 전문가에게 필요한 실천적 지식의 중요성과 그것의 획득 방법으로 '행위 중의 반성'을 주장한다. 그가 말하는 전문가에게 있는 지식은 말로 나타내기 어렵다는 특성을 갖는다. 그가 『메논』의 패러독스를 인용하는 것도 이러한 말로 나타내기 어렵다는 점을 잘 보여 준다. 또, 기술적 합리성에서 강조되는 지식과는 다르게 Schön이 강조하는 실천적 지식은 행위가 수반된(action-present), 즉 행위 중에 일어나며, 행위에 대해 지속적으로 반성한다는 의미로서, 행위와 반성의 상호작용을 강조한다. Schön은 건축 스튜디오에서의 교사가 학생에게 가르치는 장면을 설명하면서, 행위 중의 반성을 통해 얻게 된 실천적 지식이 말로 나타내기 어려운 점을 설명하며, 하지만 교사의 행위 속에 분명히 있고, 이것이 의미의 일치를 통해 학생에게 학습된다고 주장한다.

Van Manen 역시 반성적 실천의 인식론을 탐구하는데, 그는 Schön이 말하는 실천의 인식론과는 다른 입장을 나타낸다. Van Manen은 숙련된 교사가 가르치는 동안 초임 교사보다 오히려 덜 반성(reflection)하는 점에 주목한다. 숙련된 교사는 교수 상황에서 언제 무엇을 어떻게 해야 할 것인지에 대한 인식이 이미 신체에 체득되어 있기 때문에 초임교사보다 덜 반성한다는 것이다. 따라서 그는 교수 상황에서 필요한 실천적 지식을 '요령(tact)'이라고 말한다. 그리고 이러한 교수학적 요령은 명제적 진술이나 인지적 이론으로 번역될 수 없는 지식의 형태로 이루어진 행위 자체라고 본다(1995: 45). 즉, 그는 교수하는 데 필요한 실천적 지식은 지식이나 머리 부분에 해당하기보다는 자기 자신을 발견할 수 있는 실존적 상황에 해당하는 것이라고 본다. 다시 말해 가르침(teaching)을 활성화시키는 실천적이고 적극적인 지식은 가르치는 사람의 구체적인 존재에 보다 현상학적으로 관련된 것일 뿐만 아니라 그 사람이 살아가는 사회적 · 물질적 세계에 관련된 것이다.

 Schön은 전문가의 행위에 나타난 전문적 지식이 말로 나타내기 어렵지만, 이것을 보일 수 있는 대안적 인식론이 가능하다고 보았고, 그것을 '행위 중의 반성'으로 개념화한 것이다. 그러나 인식론적 측면에 대한 비판에서 보여지는 바, Schön은 실천의 인식론을 대안으로 제시하는 데 성공하지 못한다. 오히려 그가 말하는 전문가에게 나타나는 전문적인 실천적 지식은 Van Manen이 지적하는 것처럼, 전문가의 신체적 행위 안에 녹아들어가 구현된 것이라고 보는 것이 타당할 것이다. 이러한 행위 중의 반성을 통해 교사의 신체적 행위 속에 녹아 들어간 것을 Schön은 전문가에게 필요한 실천적 지식으로 보는데, Foucault는 이것을 전혀 다른 방식으로 읽고자 한다. 즉, 반성을 통해 교사의 행위 속에 구현된 실천적 지식이 교사를 경제적 관계에서 보면 더 유능하게(효율적으로) 만들지만, 정치적 관계에서는 더욱 복종적이 되게 만든다는 것이다.

3. Foucault의 주체의 계보학과 반성의 정치학적 맥락

 '왜 권력을 연구하는가?' 하는 질문에 Foucault는 다음과 같이 답한다(1983a: 208).

> 지난 20년 동안 내가 해 온 작업은 권력의 현상들을 분석하거나 그 분석
> 의 기초를 정교화하는 데 있지 않았다. 오히려 나의 목적은 문화에 있어서
> 인간이 주체로 되는 수단인 상이한 방식들의 역사를 창조하는 것이었다.
> 나의 작업은 인간을 주체로 변형시키는 대상화의 세 가지 방식을 다루어
> 왔다.……

Foucault는 자신의 연구 주제는 '권력'이 아니라 '주체'라고 분명하게 말하고 있다. 그의 계보학적 연구는 근대 권력 개념을 분석하고, 권력 관계 안에서 주체의 탄생과 권력 관계와 주체 간의 긴장을 보여 준다. 즉, 근대 들어 어떻게 인간이 주체가 되고, 그러한 주체가 사회역사적 조건 속에서 어떤 메커니즘을 거치는지를 보여 주고 있다.

『감시와 처벌』에서 Foucault는 계보학적 방법으로 형벌제도의 역사를 살펴봄으로써, 신체에 가해지는 권력관계를 드러내 보이고 근대 지식-권력 관계에 따라 주체가 어떻게 훈육되는가를 보여 준다. Foucault에게 '권력이란 무엇인가?' 하는 질문은 중요하지 않다. 대신 '권력은 어떻게 행사되고, 그러한 권력행사의 효과는 무엇인가?' 하는 것이 중요하다.

Foucault에게 권력은 일정한 장소에 자리 잡을 수 있는 존재가 아니라, 장소의 체계들을 변화시키는 힘들의 운동이자 효과다. 그리고 지식과 권력은 별도로 고찰할 수 있는 것이 아니다. 지식 속에는 반드시 권력이 작동하고 있고 권력은 그 작동을 위해 지식이라는 형태를 요구한다(이정우, 1993: 97, 98). 그의 권력 개념에 의하면 권력은 일상적 삶의 모든 영역에 편재하며, 각 제도 영역마다 그 영역 고유의 담론적 실천을 통해 행사된다. 『감시와 처벌』에서 Foucault는 18세기 계몽사상의 확산과 함께 도입된 형벌제도가 덜 잔인한 방식으로 완화된 것은 휴머니즘의 실현이 아니라, 처벌 효과를 극대화하려는 것이었다고 읽고 있다. 형벌제도에 대한 Foucault의 이러한 전복적인 읽기는 주체의 계보학에 대해서도 갖는 의미가 분명해진다. 그가 분석한 권력 관계가 작용하는 지점은 바로 인간의 신체다. 인간의 신체는 신체를 파헤치고 재구성하는 권력 관계에 놓이게 된다.

Foucault(2003)는 길들여진 몸을 만드는 여러 가지 기법과 전술을 통틀어 규율(discipline)이라고 한다. 그리고 이러한 규율은 17, 18세기를 거치면서 지배의 일반적인 양식이 된다. 규율은 개체를 통제하고 관리하며 훈련시키고 조직화하는 기술을 통해 작용한다. 규율사회는 신체를 길들이고 감시하는 사회로서 신체를 처벌의 표적으로 삼는 것이 아니라 신체를 길들임으로써 그 효율성을 증대시킨다. 이러한 형태는 고전주의 시대를 전후하여 작업장, 병원, 학교 등에서 실행된다. 규율의 역사적 시기는 신체의 능력 신장이나 신체에 대한 구속의 강화를 지향할 뿐만 아니라 하나의 메커니즘 속에서 신체가 유용하면 유용할수록 더욱 신체를 복종적으로 만드는, 혹은 그 반대로 복종하면 복종할수록 더욱 유용하게 하는 그러한 관계의 성립을 지향하는, 신체에 관한 하나의 기준이 생겨나는 시기다. 이리하여 규율은 복종되고 훈련된 신체, 즉 '순종하는 신체'를 만들어 낸다. 규율은 유용성이라는 경제적 관계에서 보았을 때 신체의 힘을 증가시키고, 복종이라는 정치적 관계에서 보면 동일한 그 힘을 감소시킨다. 간단히 말해, 규율은 신체와 힘을 분리시킨다(Foucault, 2003: 216-217).

다시 말해, 권력 행사에 있어서 이성의 시대라 불리는 18세기가 새로운 까닭은 '길들여진 몸'을 만들기 위해, 즉 몸의 유순함과 유용성을 증가시키기 위해 전 사회적 차원에서 아주 새로운 형태의 기법들이 전면적으로 도입되었다는 데 있다. 이 시기에는 몸뿐만이 아니라 그 미세한 운동이나 자세까지도 권력의 대상이 되었고, 그 목적은 몸이 갖는 효율성을 최대한 진작시키는 데 있다(윤평중, 1999: 172). Foucault에 의하면, 우리는 권력을 사회관계 안에서 자신의 의지를 강요하는 능력이나, 또는 다른 사람의 의지를 결정하는 억압적인 것으로 볼 수 없다. 오히려 권력은 생산적인 테크닉과 메커니즘으로서의 권력 관계의 관점에서 봐야 한다(Masschelein, 2004: 358에서 재인용). 이와 같이 Foucault에게 권력은 어떤 실체나 대상이 아니라 사람들 간의 관계이다.

이러한 권력 관계가 정의하는 점은 그것이 타인에게 직접적이고 즉각적으로 작용하지 않는 행위의 방식이라는 점이다(Foucault, 1983a: 220).

Foucault(1983a, 220-221)는 '지휘하다(conduct)'[2]라는 단어의 모호한 성격이

권력 관계의 특수성에 접근할 수 있는 좋은 방편이라고 설명한다. '지휘하다'는 다른 자들을 (정도가 다른 엄격한 강제의 메커니즘에 따라) '이끌다'는 의미를 뜻하며, 동시에 다소 열려진 가능성의 영역 안에서의 행위 방식이기 때문이다.

요컨대, 그의 권력 관계로서의 권력 개념은 다른 사람의 행위에 대한 행위 방식이다. 더 정확히 말하면 다른 사람의 행위를 지배하고 통치하는 행위 방식이다. 그런데 이때 지배와 통치는 직접적이고 가시적인 방식이 아니라, 간접적이고 미시적인 방식으로 작용한다.

Foucault는 권력관계가 단순히 사람들의 행위를 단순히 연결하는 것이 아니라 '지배(government)'의 문제라고 본다. ...... '지배'라는 말은 16세기에 가졌던 매우 광범위한 의미로 허용되어야 한다. 지배는 정치구조나 국가 운영에 국한되는 것이 아니다. 이것은 개인이나 집단의 행동을 지시할 수 있는 방식을 지칭하기도 한다. 아이들, 영혼, 공동체, 가족, 병자 등의 지배라는 말이 가능하다. 이것은 합법적으로 구성된 정치적 혹은 경제적 종속 형식들을 포괄할 뿐만 아니라, 다른 자들의 행위 가능성에 대해 작용하도록 운명지어진 바 다소 고려되고 계산된 행위 방식을 포괄한다. 이런 의미에서 '지배한다'는 것은 다른 사람들 행위의 가능한 영역을 구조 짓는 것이다(1983a: 221).

이상에서 Foucault가 말하는, 주체를 길들여 담론적 실천과 분석의 대상으로 대상화하는 힘으로서의 권력의 성격을 살펴보았다. 이외에 Foucault는 후기 들어서 인간이 '스스로를 주체로 변화시키게 만드는' 권력에도 주목한다(Foucault, 1983a; 208).[3] Foucault는 권력이 행사되기 위한 전제 조건으로 자유를 들고 있다

---

2) Foucault는 지휘하다(conduire)라는 프랑스어 동사에 대한 이중적 의미를 유회한다. 이끌다, 몰다라는 뜻을 지닌 이 말은 한편으로 '행위하다'와 또 한편으로 '지휘하다'라는 뜻을 동시에 내포한다(역자의 주)(Foucault, 1983a: 221).

3) 흔히 Foucault의 연구를 세 시기로 구분한다. 고고학의 시기, 계보학의 시기, 그리고 『성의 역사』 2권 이후의 시기인 후기로 나누어 볼 수 있다. 그런데 Foucault의 후기 철학에서 중요한 사건은 주체화다. 고고학의 시기에 주체는 언표적 장 속에 자리를 잡음으로써만 가능했고, 계보학의 시기에는 주체는 지식-권력의 망이 형성하는 함수체계 내에 대입되는 함수값 이상의 지위를 부여받지 못했다면, 후기에 들어서 Foucault는 주체의 주체화에 초점을 둔다(이정우, 2007: 146).

(1983a; 221). 즉, 권력은 자유로운 주체에 대해서만 행사된다는 것이다. 이와 같이 권력과 주체의 계보학에 의하면, 권력 관계에서 개인은 주체가 되는 과정을 거친다. 19세기 인간과학이 발달하고 그 지식의 결과는 인간을 주체화하고 동시에 종속시킨다. 'subject'라는 단어가 '주체'와 '지배를 받는'이라는 상반된 의미를 모두 갖고 있는 것과 같이, 그의 분석에 의하면 개인은 권력 관계가 행사되는 속에서 주체가 되는 과정을 거치면서 동시에 나의 행위를 다른 사람으로부터 지배받는 종속의 과정을 겪게 된다.

Butler(1997)는 Foucault가 말한 주체화의 과정을 복종(subjection/subordination)의 과정과 주체 형성의 과정이 동시에 일어난다고 설명한다(Masschelein & Quaghebeur, 2005: 54에서 재인용). 즉, Foucault가 보여 주는 권력과 주체의 계보학에 따르면, 근대 권력은 개인을 주체로 형성하면서 동시에 개인이 권력 관계 속에서 훈육되는 것을 밝히고 있다.

이상에서 살펴본 권력과 주체에 관한 계보학적 분석은 교사교육에서 반성 담론과 실천이 유행하는 것은 그것이 기존의 것에 대한 문제점을 극복할 수 있는 대안이어서가 아니라 권력 관계의 산물일 수 있음을 시사함으로써, 반성 담론에 대한 긍정적인 평가를 뒤집어 볼 수 있게 한다. 즉, Foucault식으로 말하면 '반성'은 자기 자신에 대한 규율이요, 자기지배의 테크놀로지다. 그런데 이것이 문제가 되는 것은 반성이라는 실천 안에 이미 사회적 권력관계가 내장되어 있기 때문이다. 이렇게 되면, 위에서 살펴본 교사의 행위 중의 반성은 아주 미묘한 방식으로 교사라는 주체의 행위를 지휘하고 지배하게 됨을 의미한다.

Fendler(2003: 21)는 Foucault의 지배관리체계(governmentality)로서의 권력 개념 분석이 '반성'의 정치학에 대해 생각해 보는 데 유용하다고 논한다.

Foucault는 타자 지배의 테크놀로지와 자기 지배의 테크놀로지 사이의 연결을 '지배관리체계(governmentality)'라고 설명한다(1997: 37). Foucault는 자신이 만든 이 신조어 '지배관리체계'를 '지배적 합리성(governmental rationality)' 또는 '지배의 기술(art of government)'이라는 용어와 혼용해서 사용한다. 그는 지배관리체계가 자신을 지배하는 문제, 어떻게 지배되느냐의 문제, 어떤 사람을 지배할 것인지의 문제, 누가 지배받는 것을 받아들이는지의 문제, 최선의 지배자는 어떻게 되는지 등에 관련된 문제를 포괄한다고 설명한다(1991: 87). 즉, 이것은 'government'와 'mentality'의 합성어로 사람들이 타자와 자신의 행위를 지휘하고 지배하는 데 있어서의 합리성이요, 테크놀로지를 의미한다. Fendler(2003)가 Foucault의 관점에서 반성을 문제 삼는 이유는 '반성하는 자아'와 근대 들어 이미 규범이 되어 버린 자기규율, 자기지배라고 하는 '규범적인 기대' 사이의 관계 때문이다. 즉, '반성을 하는 주체'와 '반성의 대상'을 정확하게 구분하기 어렵게 되었다는 것이다.

요컨대, 이상의 분석에 의하면 교사의 반성은 교사를 훈육하고 길들이는 테크놀로지로서 기능할 수 있다. 왜냐하면 교사의 사고방식은 규율과 규범화라는 사회적 실천에 지배를 받고 사회적 실천에 의해 생산되기 때문이다. Foucault(1975)는 교사교육에서의 반성에 관해 다음과 같이 언급한다(Fendler, 2003: 21-22에서 재인용). 반성에 관한 연구가 문제가 되고, 교사교육에서 이것을 특별한 지위를 갖는 것으로 간주하게 되면 위험할 수 있다. 반성이 경계 넘기와 사회재건이라고 하는 가능성을 제공할 수 있다. 하지만 이 가능성이 보장되지는 않는다. 왜냐하면 반성의 과정—동료 리뷰를 포함해서 사고방식과 이해의 범주—은 이미 반성의 과정이 비판하고자 하는 사회적 실천과 사회적 관계에 의해 주조되고 훈육되기 때문이다. 따라서 Foucault의 관점으로 교사교육에서의 반성을 보게 되면, 반성이 교사를 주체적이게 만들 것이라는 기대와는 상반되게 오히려 교사를 아주 미묘한 방식으로 길들이는 신체규율이 될 수 있다. 반성은 교사교육 분야에서 기여한 점이 많다. 또한 현재의 교사교육이 변화되어야 할 문제점을 정확하게 지적하는 점에서 높게 평가되어야 한다고 생각한다. 그러나 이상의 논의에 따르면, 반성적 교사교육은 그 기대만큼 실제로 교사를 주체적 존재로 만들고 교사에게 힘을 실어 주는 데 기여하지 못한다.

Smyth(1992: 85-85)는 이러한 분석을 실증이라도 하듯이, 교사교육에서의 반성 개념이 기대와는 달리 교사에게 힘을 실어 주지 않고, 오히려 상반된 결과를 감추는 정치적 수사에 불과할 수 있다는 것을 실례를 들어 보여 준다. 그는 '왜 반성적 접근이 유행하게 되었는가?' 물으면서 '반성' 개념이 대두되고 유행하게 된 조

건을 추적한다. 그에 의하면, 1980년대 교사교육에서 반성적 접근이 기존의
CBTE(능력중심의 교사교육)에 대한 대항으로 유행하기 시작한 것은 이율이 떨어
지고 자본축적이 쇠퇴하는 자본주의의 현상에 대해 신자유주의자들이 소유적이
고 경쟁적인 개인주의를 강조하는 시기와 동시에 일어난다. 따라서 그는 교수
(teaching)와 교사교육에서 반성의 의미를 강조하는 반성적 접근이 두드러지는 경
향을 보다 넓게 제도적 맥락과 서구 자본주의 시스템 속에서 읽을 필요성을 제기
한다. 그가 예로 든 호주 교육 정책은 1983년부터 전통적인 중앙집권의 형태에서
지방의 참여적 경영의 형태로 변화된다. 중앙집권적 권한이 이양되어 단위학교
가 경영에 책임을 갖는 형태로 변하게 된다. 그러나 외관상 중앙집권적 권위를 지
닌 오랜 시스템에서 과학적 경영주의가 사라진 것처럼 보이지만 실제로는 집중
화된 권력의 사회적 관계는 변함없이 확고하게 남아 있다는 것이 그의 주장이다.
'권한 이양' '선택과 자유시장'이라는 메커니즘을 통해 겉으로는 학교경영에 대
해 탈집중화 형태를 나타내지만 보다 통제가 강화되고 있다는 것이다.

Smyth(1992: 88)에 의하면, 교사교육에서 '반성'이란 용어가 사용되는 방식 역
시 겉으로 보기에 교육에 대한 정부의 권한 이양을 나타내면서 실제로는 더 많은
통제를 하고 있는 것과 같은 방식으로 작동한다는 것이다. 다시 말해, 교사교육에
서의 '반성'은 교실 영역에 직접 개입하지 않으면서 보수주의적 교육 담론의 장
이 활발해지는 데 기여하게 된다. Whitty 등(1987) 역시 교사교육에 대해 보다 통
제하려고 하는 보수적인 정부가 교사교육에서 '반성'을 장려하고 있다고 밝힌다
(Newman, 1999: 59에서 재인용).

V. 맺는말

이상에서 Schön의 반성론을 비판적으로 살펴본 바, 반성 담론이 교사교육에서
환영받고 유행하게 된 것은 반성적 교사교육이 기존의 교사교육에 비해 더 나은
것이어서가 아니라, 반성담론의 유행 자체가 역사적 산물일 수 있다는 것을 알 수

있다. 또한, 반성과 반성적 실천가로서의 교사라는 개념은 교사가 주체가 되게 하고 교사에게 힘을 갖게 할 것이라는 기대와는 달리, 교사를 더욱더 순종적이고 예속적이게 할 수 있고, 따라서 반성 개념은 교사에 대한 더 많은 통제를 가리기 위한 정치적 수사로 이용될 수 있다는 점도 살펴보았다.

그렇다면, 반성은 교사에게 불필요한가? 반성적 교사교육을 그만두어야 하는가? 현재의 교사교육이 교사를 수동적 존재로 길러 낸다는 문제점은 심각한 문제로 달라져야 한다고 생각한다. 그리고 이러한 문제해결을 위해서 반성은 계속되어야 할 것이다. 반성은 교사에게뿐만 아니라 모든 인간에게 계속되어야 한다고 생각한다. 또한 반성 개념에 기초한 교사의 적극적인 참여 속에 이루어지는 실행연구도 장려되어야 할 것이다.

다만, 이때 반성은 위에서 살펴본 위험들, 즉 반성이 본래 의도와 상반되게 인간을 종속시키는 효과를 가질 수 있다는 점, 따라서 교사에 대한 통제를 가리는 정치적 수사로 이용될 수 있다는 점까지도 읽어 낼 수 있는 반성이 될 수 있어야 할 것이다. 이를 위해서는 반성의 의미를 닫힌 개념이 아니라 열린 개념으로 열어 두고 지속적으로 그 의미를 심화할 필요가 있다. Foucault의 분석에 의해 반성 담론의 위험을 알아차리는 것 역시 반성의 의미를 심화하는 데 중요한 역할을 할 수 있다고 생각된다. 반성은 교사교육에서 그 자체가 목적이라기보다는 더 좋은 가르침을 할 수 있는 교사가 되기 위한 고민에서 비롯된 것이다. 더 좋은 가르침을 위해 무엇이 가치 있는 것이고, 왜 그러한지에 대한 질문을 허용한다면 반성은 교사교육에 많은 장점을 줄 수 있을 것이다.

Foucault의 권력과 주체 개념의 분석은 비관적으로 보일 수 있다. 또한 직접적인 대안을 제시하지 않는 점에서도 만족스럽지 못할 수 있다. 이러한 점 때문에 교육학계에서 Foucault를 긍정적으로 수용한 연구가 활발하지 못한 것 같다. 그러나 그의 주장은 반성이 나쁘다고 말하는 것은 아니다. Foucault(1983b: 231-232)는 "나의 요점은 모든 것이 나쁘다는 것이 아니라, 모든 것이 위험하다는 것이다. 이것은 나쁘다는 말과 꼭 일치하는 것은 아니다. 모든 것이 위험하다면, 우리는 무엇인가를 해야 한다. 그래서 나의 입장은 무관심을 유도하는 것이 아니라, 과도

할 수 있는 비관주의적 행동주의를 유도한다."고 말한다. 이러한 Foucault에 따르면, 그의 계보학적 분석은 오늘날 기존 교사교육의 대안처럼 간주되는 반성적 교사교육을 전혀 다른 방식으로 읽음으로써 그것이 빠질 수 있는 위험을 볼 수 있게 한다는 점에서 그 자체가 반성의 의미를 비판하게 하고, 반성의 의미를 심화할 수 있는 반성의 계기를 제공한다고 볼 수 있다.

참고문헌

길병휘 외(2004). 교사교육: 반성과 실천. 서울: 교육과학사.

박은혜(1996). 반성적 사고와 유아 교사교육. 유아교육연구, 16(1): 175-192.

서경혜(2005). 반성적 교사교육의 허와 실. 한국교원교육 연구, 22(3): 307-332.

성열관(2005). 반성적 교사교육을 위한 교육과정 실천연구. 교육과정연구, 23(1): 261-282.

소경희(2003). '교사 전문성'의 재개념화 방향 탐색을 위한 기초 연구. 교육과정연구, 21(4): 77-96.

손은정(2003). 반성적 사고와 전문가 교육. 학생생활연구, 28집: 31-54.

윤평중(1999). 푸코: 주체의 계보학과 윤리학. 주체개념의 비판. 서울: 서울대학교 출판부.

이정우(1993). 미셀 푸코에 있어 신체와 권력. 문화과학, 4호: 95-113.

이정우(2007). 계보학과 권력의 개념. 담론의 질서. 서울: 서강대학교 출판부.

이진향(2002). 교사의 수업개선을 위한 반성적 사고의 의미 고찰. 한국교원교육연구, 19(3): 1-12.

이혁규, 심영택, 이경화(2003). 초등 예비교사의 실습 체험에 대한 내러티브 연구. 교육인류학연구, 6(1): 141-196.

전경갑(1997). 푸코의 역사적 구조주의와 지식이론. 교육사회학연구, 7(4): 95-108.

정윤경(2006). 교사교육과 영성. 교육철학, 36집: 171-196.

정윤경(2007). 반성적 교사교육에서 '반성'의 의미. 교육의 이론과 실천, 12(2): 165-188.

Calderhead, J. (1987). Reflective Teaching and Teacher Education. *Teaching and Teacher Education, 5* (1): 43-51.

Erlandson, P. (2005). The Body Disciplined: Rewriting teaching competence and the doctrine of reflection. *Journal of Philosophy and Education, 39* (4): 661-670.

Fendler, L. (2003). Teacher Reflection in a Hall of Mirrors: Historical Influence and Political Reverberations. *Educational Research, 32* (3): 16-25.

Fenstermarcher, G. D. (1998). The pleace of science and epistemology in schön's conception of reflective practice? In P. Grimmet & G. L. Erickson (Eds.), *Reflection in teacher education*. NY: Teachers College Press.

Foucault, M. (2003). 감시와 처벌. 오생근 역. 서울: 나남.

Foucault, M. (1983a). The Subject and Power. In H. Dreyfus & P. Rabinow (Eds.), *Michel Foucault: Beyond Structuralism and Hermeneutics*.

Foucault, M. (1983b). On the Genealogy of Ethics: An Overview of Work in Progress. In H. Dreyfus & P. Rabinow(Eds.). *Michel Foucault: Beyond Structuralism and Hermeneutics*.

Foucault, M. (1991). Governmentality. In Bruchell, Gordon, & Miller (Eds.). *The Foucault Effect*. Chicago: The Univ. of Chicago Press.

Foucault, M. et al. (1997). 자기의 테크놀로지(*Technologies of the Self*). 이희원 역. 서울: 동문선.

Gilroy, P. (1993). Reflection on Schön: an epistemological critique and a practical alternative. In Gilroy, Peter & Smith, Michael (Eds.), *International Analyses of Teacher Education*. Great Briton: Abingdon, Oxfordshire Publishing Company.

Hatton, N., & Smith, D. (1995). Reflection in Teacher Education: Towards Definition and Implementation. *Teaching & Teacher Education, 11* (1): 33-49.

Korthagen, F. et al. (2007). 반성적 교사교육(*Linking Practice & Theory*). 조덕주 외 역. 서울: 학지사.

Masschelein, J. (2004). How to Conceive of Critical Educational Today? *Journal of Philosophy and Education, 38* (3): 351-367.

Masschelein, J., & Quaghebeur, K. (2005). Participation for Better or for Worse? *Journal of Philosophy and Education, 39* (1): 51-65.

Munby, H., & Russell, T. (1989). Educating The Reflective Teacher: An essay review of two books by Donald Schön. *Journal of Curriculum Studies, 21* (1): 71-80.

Newman, S. (1999). *Philosophy and Teacher Education: A Reinterpretation of*

Donald A. Schön's epistemology of reflective practice. Great Briton: Ashgate Publishing Company.

Richardson, V. (1990). The Evolution of Reflective Teaching & Teacher Education. In Clift Renee (Eds.), *Encouraging Reflective Practice in Education.* New York: Teachers College Press.

Schön, D. (1983). *The Reflective Practitioner: How Professionals think in Action.* New York: Basic Books.

Schön, D. (1987). *Educating The Reflective Practitioner.* San Francisco: Jossey-Bass.

Smyth, J. (1992). Teachers' Work and The Politics of Reflection. *America Educational Research Journal, 29* (2): 80-111.

Usher, R., & Edwards, R. (1994). *Postmodernism and Education.* London & New York: Routledge.

Van Manen, M. (1995). On the Epistemology of Reflective Practice. *Teachers & Teaching: Theory & Practice, 1* (1): 33-49.

Zeichner, K., & Liston, P. D. (1987). Teaching Student Teachers To Reflect. *Harvard Educational Review, 57* (1): 23-48.

제**2**부

영성과 교사교육

제3장

발도르프학교의 교사교육

이 글은 발도르프(Waldorf)학교 교사교육이 어떻게 이루어지는가를 살펴보기 위한 것이다. 발도르프학교 설립자 Steiner는 교육을 예술로, 교사를 영혼의 예술가로 간주한다. 발도르프교육은 인간을 신체, 영혼, 정신의 통합체로 바라보고, 교육도 머리만의 발달이 아니라 손발의 발달과 감정의 발달을 중시하며 전인교육을 추구한다. 이러한 발도르프교육의 핵심은 발도르프학교 교사에 있다고 생각한다. 영혼의 예술가로서 교사는 어떻게 교육될까?

Ⅱ절에서는 발도르프학교의 교사관과 교사의 역할을 살펴보고, Ⅲ절에서는 발도르프학교 교사 양성을 위한 교사교육 과정을 살펴볼 것이다. Ⅳ절에서는 발도르프 교사교육과정의 특징과 우리나라 교사교육에의 시사점을 논의할 것이다.

I. 서 론

교사교육은 교사가 되고자 하는 사람을 교직에 입문시키는 과정으로, 그 과정은 교사가 되어 교육을 실천하는 데 필요한 지식과 기능, 그리고 교직에 필요한 태도와 자질, 즉 교사로서의 열정과 교육에의 헌신을 길러 줄 수 있어야 한다. 이러한 교사교육이 되기 위해서는 교사가 되고자 하는 사람들이 자신의 내면적인 성장과 끊임없는 자기개발을 통해 교사 자신이 먼저 교육의 본질을 체득하고 교육에 임할 수 있는 자기교육의 과정으로서의 교사교육이 이루어져야 할 것이다. 교직은 단순한 직업 이상의 것으로 성직자에게 요구되는 인격의 힘이나 윤리적 자질과 동시에 전문가적 능력도 필요한 것으로 간주된다. 더욱이 소명을 갖는 교사가 되기 위해서는 교직에 대한 열정과 헌신이 있어야 한다. 이에 오천석(1972: 33-34)은 교육은 혼과 혼의 대화요, 인격과 인격의 부딪힘이요, 정성과 정성의 호응이요, 열정과 열정의 만남이기에, 교사가 교육을 통해 학생들을 변화시키고 감동시키고 움직이려면, 교사 자신이 먼저 변화하고 감동하고 움직여야 한다고 강조한다.

교직은 과학적인 실천과 함께 예술적인 감성도 필요한 직업이다. 그런데 오늘날 교사 양성을 위한 교·사대 교육과정은 이론 중심의 교과들로 구성되어 있으며, 교사들은 제도화된 자격이나 관료화된 학교체제 속에서 관리되고, 일정의 이론적인 교직 관련 교과를 이수하면 교사자격증을 받는 방식으로 양성되고 있다. 또 자격증을 가지고 교단에 선 교사들은 전문가로서 자율적이고 창의적인 수업을 하지 못하는 실정에 있다. 이런 상황에서 창의적이고 자율적인 예술가로서의 교사상, 그러한 교사 양성을 위하여 예술적인 활동을 중심으로 하는 교사교육의 과정을 상상하는 것은 쉽지 않은 일이다. 그런데 발도르프(waldorf)학교[1]

---

1) 발도르프학교는 1919년 독일 슈투트가르트에서 '자유 발도르프학교(Freie Waldorf Schule)'라는 이름으로 시작된 사립 종합학교다. 이 학교는 발도르프-아스토리아 담배공장의 소유주 Emil Molt가 인지

에서는 교육을 예술로 간주하고, 실제로 교육이 예술활동처럼 이루어지고 있다. 따라서 교사를 '영혼의 예술가'로 간주하고 교육을 마치 구도의 과정처럼 행할 것을 가정한다. 발도르프학교는 오늘날 그 교육적 가능성을 인정받고 있다.[2] 발도르프학교를 포함해서 그 교육의 성과를 인정받고 있는 오늘날 대부분의 학교교육의 성과는 교사 개개인의 헌신에서 이루어진다고 해도 과언이 아니다. 그렇다면 어떻게 소명을 가지고 가르치는 데에 헌신하는 교사를 양성할 수 있을까?

이런 문제의식을 가지고 이 장은 일반적인 교사양성 과정과 다르게 이루어지는 발도르프학교 교사교육 과정의 모습과 특징을 살펴보고자 한다. 발도르프학교 교육 성과의 원천은 여러 가지 요인에 의한 것이겠지만 무엇보다 '교사'에 있다고 생각한다. 따라서 발도르프학교 교사 양성을 위한 교사교육의 모습과 특징을 살펴보려는 것이다. 이를 위해 II절에서는 발도르프학교의 교사관과 교사의 역할을 살펴보고, III절에서는 교사 양성을 위한 교사교육 과정을 살펴볼 것이다. IV절에서는 교사교육과정의 특징과 우리나라 교사교육에의 시사점을 논의할 것이다.

II. 발도르프학교 교사

1. 영혼의 예술가로서 교사

Steiner가 새로운 학교를 시도한 목적은 바로 인간교육(Menschenbildung)에 있었다. 따라서 Steiner는 다음과 같이 자유로운 정신생활로서의 교육을 강조하고,

---

학(Anthroposophy)의 창시자인 Rudolf Steiner에게 교육을 맡아 달라고 하면서 시작된다. 공장의 이름을 따 '발도르프'라 했고, 교육은 사회의 다른 '경제 영역'이나 '법적 제도 영역'으로부터 자유로워야 함을 강조하기 위해 '자유 발도르프학교'라고 한다. 오늘날 학교에 따라서는 슈타이너학교라고 불리기도 한다.

2) 2000년 현재 세계적으로 804개의 학교가 있다. 지역별 분포는 유럽(589개), 북미(104개), 유럽과 북미 이외 지역(111개)이다. http://www.waldorf.or.kr(한국 슈타이너 교육예술협회).

발도르프학교 이념으로 '자유'를 역설한다(Saßmannshausen, 1996: 4에서 재인용).

> 오늘날 가장 중요한 것은 학교는 온전히 자유로운 정신의 삶에 근거해야
> 한다는 것이다. 가르치고 교육되어야 하는 것은 오로지 '성장과정 중에 있
> 는 인간(werdender Mensch)'에 대한 인식과 각 개인의 소질에 대한 인식
> 으로부터 출발해야 하며, 가르침과 수업의 기본 바탕은 참된 인간학을 근
> 거로 해야 한다. 기존의 사회질서를 위하여 인간은 무엇을 알아야 하며 무
> 엇을 할 수 있어야 하는가를 묻지 말고, 그 인간에게 어떤 소질이 있으며 무
> 엇이 그 속에서 개발될 수 있을 것인가를 물어야 한다. 이렇게 될 때 자라나
> 는 세대로부터 항상 새로운 힘이 사회질서에 공급될 수 있고, 또 이 질서 속
> 으로 들어오는 인간이 만들어 내는 것이 그 질서 속에 새롭게 살아 있게 될
> 것이다.

Steiner에게 있어서 '자유'의 문제는 인간본질에 관한 문제로서, 개별적인 인간의 내적 활동과 깊이 관련되어 있다. 예를 들어, 개인이 가지고 있는 내적 능력이 크면 클수록, 그 사람의 자유는 확대된다고 말할 수 있다. 내적 능력이란 물리적으로 보이는 형태의 능력이 아닌 내면의 능력으로, Steiner는 이것을 영혼의 세 가지 활동—의지, 감정, 사고—으로 표현한다.

이와 같은 의미에서의 '자유'를 추구하는 교육은 개인의 능력을 충분히 그리고 풍부하게 고양시키고 개발할 수 있는 교육을 말한다. 이때 교육은 신체적으로나 정신적으로 자기에게 장애가 되는 것을 의식적으로 극복하고 자기의 역량을 키워 나가는 형태가 된다. 발도르프학교에서 교육을 예술처럼 하는 것은 예술가를 길러 내기 위한 것이 아니라, 교육을 통해 삶의 여정 속에서 끊임없는 자기창조의 과정을 밟아 갈 수 있는 창의적이고 자유로운 인간을 교육하기 위함이다. 인간이 자유롭기 위해서는 자기 바깥의 세계에 관해 아는 것뿐만 아니라, 내면의 자기 자신을 알아야 한다. 내면의 활동인 의지, 감정, 사고활동을 개발함으로써 창조적으로 자신의 삶을 의식적으로 이끌어 갈 수 있다.

발도르프의 교사교육 역시 이러한 Steiner의 교육관에 기초하고 있다. Steiner 는 이와 같이 교육의 과정을 예술로 파악하고 '교육예술(Erziehungskunst)'이라 고 한다. 예술로서의 교육을 하기 위해 먼저 교사교육의 개선이 필요했고, 예술 가로서의 교사관에 따른 발도르프학교만의 독특한 교사교육을 진행하였다.

Steiner가 교육을 예술이라고 하는 이유는 예술이 가지고 있는 중요한 특징인 부분에서도 전체를 느낄 수 있다는 통합성 때문이다. 환원과학의 특성이 부분을 전체로 환원해서 전체를 설명하는 것이라면, 예술은 부분과 전체가 유기적인 관 계에 있어서 환원을 통하지 않더라도 부분에서 전체를 볼 수 있는 특징을 갖는 다. Steiner는 교육에서 이러한 유기적 통합성을 찾는다. 교육이 통합성을 갖는 다는 것은 통합된 인간에 대한 교육, 즉 전인교육을 의미한다. 또, Steiner가 말 하는 예술의 특성은 '정신적인 것이 감각지각 가능한 세계로 나타나는 것'이라 고 한다(1977: 128). 예술가는 물리적으로 지각할 수 있는 것에 정신이 드러나 있 는 형태를 부여하는 사람이다. Steiner는 이러한 예술의 정신성에 기초해 교육에 서 정신성, 영성(靈性)을 회복하려는 것이다(정윤경, 1998: 94).

교육이 예술적이기 위해서는 먼저 교사 자신이 풍부한 예술성을 가지고 자기 자신을 예술가로서 자각하는 일이 요구된다. Steiner는 교사, 특히 아동기 교육 을 담당하는 교사를 '영혼의 예술가(Seelenkünstler)'라고 부른다(廣瀨俊雄, 1990: 166에서 재인용). 영혼의 예술가가 되기 위해 교사는 예술적인 것을 기쁘게 사랑 할 수 있고 예술적인 활동을 할 수 있어야 한다. 그러나 이것만으로 충분한 것이 아니라, 열정(enthusiasm)이 필요하다. 따라서 예술로서의 교육을 할 수 있으려 면 무엇보다 교사가 영혼의 예술가로서 자각해야 하며, 그러한 자각을 위해 교 사 자신에게 열정이 필요한 것이다.

'어떻게 하면 교사가 열정을 가질 수 있을까?' Steiner는 이에 대해 교사는, 첫 째, 인간·아동 본성에 대한 인식, 둘째, 세계 본질에 관한 인식을 해야 한다고 답한다. 교사가 인간본성에 관한 인식과 세계본질에 관한 인식을 할 수 있으려 면, 교사는 인간과 세계에 대한 친밀한 관계와 생생하게 살아 있는 관계를 맺어 야 한다. 이러한 관계는 바로 인지학적 방법을 통해 가능하다고 역설한다. 발도르프학교 교육의 이론적 토대가 인지학이듯, 발도르프학교 교사교육 역시 인지학 위에 기초하고 있다.

인간(교사 자신뿐만 아니라 학생)의 본질에 대해 탐구하고 세계와 살아 있는 관계를 맺을 때 교사는 살아 있는 수업을 할 수 있다. 살아 있는 수업은 교사가 학생을 세심하고 민감하게 이해하고 자신의 체화된 지식에서 출발할 때 가능하다. 이때 비로소 지식은 죽은 지식이 아니라 살아 있는 지식으로 가르쳐질 수 있고, 학생에게 지식이 전달되는 것이 아니라 학생 안에 창조적 힘이 깨어날 수 있을 것이다.

발도르프학교에서 교사는 학교를 살아 숨 쉬는 유기체로 만들어 주는 역할을 한다. 교사가 하루 수업을 시작하기 전 학생들 한 명 한 명에 대해 명상하는 것으로 하루를 시작하고, 또 하루를 마감하면서 아이들의 모습을 마음속으로 그려 보는 것을 이상적인 교사의 모습으로 간주한다.

오전 중에 이루어지는 주기집중 수업[4]에서 교사는 자유롭게 가르친다. 발도르프학교에는 정해진 교육과정이 없다. 해마다 가르치는 교사가 교육과정을 구성해야 한다. 물론 발도르프학교 교육과정을 위한 기본적인 방침이 있지만, 그것은 말 그대로 기본적인 방침일 뿐 교육과정을 선정하고 가르치는 방법을 결정하는 것은 전적으로 교사에게 달려 있다. 발도르프학교에서 교육과정을 결정하는 데 있어서 초기 발도르프학교 개교 당시 다루어졌던 교육과정이 토대가 되기도 한다. 하지만 교과에 상관없이 교사는 그림을 그리고 노래하며 놀이를 하고 리코더를 부는 예술적 활동을 모든 수업에 활용한다. 발도르프학교 교사들은 지식과 앎이 단지 머리에 국한된 것이 아니며, 감정과 의지가 통합된 지식이 학생들에게 능력을 일깨울 수 있다고 생각하기 때문이다.

---

4) 발도르프학교에서 리듬을 고려하여 일정 주기 동안 집중해서 가르치는 방식의 수업이다. 3~6주를 하나의 블록으로 하고 그 기간 동안 매일 두 시간가량 같은 과목을 가르친다. 주로 오전 8시에서 10시까지 블록수업이 이루어진다. 하나의 블록 동안은 같은 과목을 택해 그 과목만 가르치고, 그러고 나서 다음 번에 다른 과목을 택해 같은 식으로 운영하는 방법이다. '주기집중 수업(Epochen Unterricht)', 또는 '시기'를 뜻하는 독일어 Epoch 원어를 그대로 옮겨 '에포크 수업'이라고 하기도 한다. 영어권 발도르프학교에서는 main lesson이라는 용어를 사용하기도 한다.

발도르프학교 교사들은 의지, 감정, 사고가 통합적으로 발달할 수 있도록 교육하기 위해서는 자율성, 유연성, 창의성이 교육과정의 주된 지침이 되어야 한다고 생각한다(Easton, 1995: 211). 교육과정을 실행하는 사람은 교사다. 국가 수준에서 교육과정이 정해지는 우리나라의 경우에도 그것을 가르칠 때에는 교사가 지역사회와 학교, 그리고 아이들의 수준에 맞게 재구성할 것이 요구된다. 그런데 발도르프학교의 경우, 교육과정을 구성하는 것에서부터 그것을 실제 수업에서 가르치는 모든 과정이 전적으로 교사의 자율성과 창의성에 달려 있다고 할수 있다. 때문에 교사에게는 예술가로서의 자질과 능력이 필수적이다.

발도르프학교에서는 1학년에서 8학년까지 한 담임교사가 가르치는 8년 담임제를 택하고 있다. 8년 담임제를 통해서 교사는 아동의 7~14세에 해당하는 시기의 발달 단계에 맞추어 교육을 진행할 수 있는 장점이 있다. 1학년에서 8학년까지 교사와 학생은 함께 성장해 간다. 이 시기 동안 교사는 학생의 친구이자 성장의 과정에 선 동반자 관계에 있다. 지속적인 관계로 인한 긴밀한 유대 형성이 교사와 학생 모두의 영혼의 성장에 도움을 주는 것이다. 학년이 올라감에 따라 교사는 해마다 다른 학년, 다른 교과내용을 가르쳐야 하고, 또 교과를 주기집중 수업으로 가르쳐야 한다. 이를 위해서 발도르프 교사들에게 계속적인 자기교육은 필수적이다. 교사들이 지적으로 또 인격적으로 성숙해 가는 자기교육에 기꺼이 참여하는 것이 바로 발도르프 교육의 성공 비결이라고 할 수 있다.

한편 발도르프학교 교사는 영혼의 예술가로서의 예술활동을 하듯 교육에 임하지만, 동시에 학교 경영 과정에도 관여하고 있다. 이것은 주로 개개인의 교사들이 모여 그룹을 이룬 교사회의를 통해 이루어진다.

2. 교사회의

모든 발도르프학교는 실질적으로 교사에 의해 운영된다. 하지만 각각의 발도르프학교 운영은 개개 학교 고유의 방식으로 이루어지고 있다. 많은 학교경영자나 정책입안자들은 학교 정책을 결정하는 데 교사들을 참여시키고 교사들 간의 상호작용이나 협력관계를 증대시키려고 한다. 하지만 이러한 목적을 실현한 학교는 많지 않다. 오늘날 대부분의 학교가 보여주는 위계적인 구조, 교사들 간에 공유하는 교육철학의 부재, 지역교육청의 학교간섭 등이 이것을 방해하고 있다.

그런데 발도르프학교는 교사들의 합의에 의한 자치로 유지되고 형성된다. 교사들은 교수-학습 과정만 담당하는 것이 아니라, 학교 전반적인 경영에도 참여한다. 교장이 따로 없으며, 모든 교사는 원칙상 동등한 권리를 갖고 활동한다. 따라서 발도르프학교는 정책결정 과정의 핵심에 교사들의 협력을 두고 있으며, 이것은 일주일에 한 번씩 열리는 '교사회의'를 통해 실현된다.

이와 같이 학교를 교사들의 자치에 의해 공화제식으로 운영하는 것은 Steiner의 의도였다. 그는 "실제의 교사 공화제에서 우리는 대학 행정 위원회로부터 내려온 규정을 무조건 거부하는 것이 아니라 우리의 행동에 대해 완전한 책임을 지도록 하는 기회를 우리 스스로 받아들여야 한다. 모든 이들은 완전히 책임을 져야 한다."고 역설하면서(Lindenberg, 2000: 250에서 재인용), 교사들이 학교운영과 교육에 대해 권리와 책임을 갖게 하였다.

이것은 발도르프학교가 자유학교로서, 모든 것이 규정되고 의사전달이 일방적으로 이루어지는 위계적인 구조보다는 오히려 자유와 자기책임이 있는 곳에서 창의적이고 자유로운 교육을 행할 수 있다고 생각했기 때문이다. 즉, 발도르프학교 교사회의는 발도르프학교 교육 이념인 자유를 추구하는 교육을 행하기 위해 교사들이 교육과 학교운영에 대해 권리와 책임을 지는 장으로서의 역할을 하는 것이다.

교사회의는 세 부분으로 나뉘어서 운영된다. '교육협의회' '행정-조직 협의회' '내무 또는 학교운영협의회' 등이다. 교육협의회에서는 학생들에 대한 교육학적-심리학적 보고와 교사 자신의 전공 영역에 대한 연구발표 및 논의가 이루어짐으로써 교사 상호 간의 정보교환과 교사들의 자체적인 현직교육의 기능을 하고 있다. 행정협의회는 학사일정과 계획에 대한 것을 다룬다. 내무 또는 학교운영협의회는 학교운영상의 문제들을 다룬다. 교사회의에서는 일반적으로 동료 간에 대표를 선출하여 평의회를 선출한다. 그들은 일정 기간 동안 학교의 모든 관리 사항을 논의하고 각종 협의회를 주재하며, 학부모-교사 연대 회의 등에 대표자로 파견된다(정혜영, 1996: 170).

교사회의는 다수결에 의해서가 아니라 합의(또는 통일된 소신)에 따라 의사결정을 한다. 이런 방법은 어렵고 시간이 많이 걸리지만 장점이 난점을 능가하기 때문에 이 방법을 사용한다. 따라서 교사들은 때로는 전체 그룹을 위해 자기 자신의 견해나 입장을 바꾸기도 한다. 여기에서는 모든 개개인이 동등한 책임을 갖고 있으며 특별히 리더는 없다. 이것은 그룹으로서의 모든 개개인의 교사가 똑같은 책임과 책무성을 갖는다는 것을 의미한다(Michell, 1988: 40).

교사들의 회의는 크게 매일 아침에 하는 회의와 일주일에 한 번 하는 회의 두 가지가 있다. 아침회의는 수업이 시작되기 전에 5분 정도 하고, 목요일 저녁 시간의 교사회의는 4시 45분에 시작해서 7시에 마치기로 되어 있지만 대부분 밤 10시쯤 되어서야 끝난다. 한 학기마다 바뀌는 사회자가 수요일 저녁에 교사회의의 주요 안건과 차례를 미리 다른 교사들에게 전한다. 행정상의 업무에 대한 내용은 특별한 경우를 제외하고는 보통 10분 안에 마친다. 행정상의 일에 대해 공감대를 형성하고, 대체로 원칙이 정해지면 누가 책임을 맡을 것인지를 결정하는 것으로 마무리한다. 그리고 학생들에 관해 관찰한 것을 이야기한다. 학년별로 아이들의 특징이나 다른 교사들의 도움이 필요한 학생들에 관한 정보를 교환한 후, 공부를 한다. 교사들은 함께 읽고 학습할 책을 정해서 읽고 소모임으로 나누어 토론한다. 이 외에도 교사모임에서는 합창이나 오이리트미(eurythmy)[5]를 함께 한다(한주미, 2000: 121-122). 또 교사들은 자신의 개인적인 면을 이야기할 기회를 갖기도 한다. 짧게는 하루를 되돌아보는 시간을 갖는다거나, 자신의 삶의 한 부분(예를 들어 '당신은 9세 때 무엇을 하였습니까?'라는 질문을 하면서)을 이야기하기도 한다. 교사들은 전직교육에서만 교육받는 것이 아니라, 이러한 과정을 현직에서도 자기교육의 기회로 활용한다. 대개 이와 같이 이루어지는 교사회의

5) eu(좋은)＋rhythm(리듬)에 해당하는 용어인데, 우리말에 해당하는 것이 없어서 독일어 원어의 발음을 그대로 따라 '오이리트미'라고 한다.

프로그램의 예를 들어 보면 다음과 같다(Finser, 1992: 8).

> 오이리트미(30~40분)/ 교수와 아이들 관찰에 관한 토론(30~40분)/ 지난
> 교사모임 요약하기(5분)/ 보고(30분)—여기에는 교사들, 학부모—교사회의,
> 이사회, 학교위원회 등이 발표를 한다./ 보고에 대한 질문(15~20분)/ 공지
> 사항 및 모임을 마무리하는 시 낭송

교사회의를 통한 주기적 교사모임은 학교를 살아 있는 유기체로 만드는 역할을 한다. 교사회의의 목적은 규칙을 만드는 데 있는 것이 아니라, 모든 교사들이 경험을 공유하며 좋은 의지를 가지고 학교생활을 하며 서로 간의 경쟁이나 갈등 상태를 줄이는 데 있다. 교사회의는 각자의 경험을 공유하게 함으로써 교사들에게 현직에서 재교육을 하는 역할을 하며, 교사들이 내적 생명력을 회복하여 소진하는 것을 막아 주는 원동력이 된다.

하지만 회의, 대화를 통해 문제를 해결해 가는 것은 쉽지 않다. 다수결이 아닌 합의점을 찾기 위해 물리적인 시간이 많이 걸리는 어려움 이외에 더욱 어려운 것은 교사 자신이 스스로 달라져야 하기 때문이다. 그러나 교사회의를 통해 교사들은 공동으로 방법을 모색하고 문제를 해결해 가는 것을 배우며, 이런 방법이 제대로 이루어졌을 때 시간이 지나면서 교사들 간에는 서로 신뢰하는 공동체가 형성될 수 있다는 장점이 나타난다.

Ⅲ. 발도르프학교의 교사교육

1. 교육과정

발도르프학교는 전적인 교사의 자유에 의해 교육과 수업이 이루어지기 때문에 교사교육 역시 자유로운 교사교육이 요구된다. 따라서 발도르프 교사교육은

국가의 교사 양성체제와는 별도로 자체적으로 이루어진다. 나라마다 발도르프 교사 양성을 위한 기관이 있다.[6]

발도르프학교 교사교육을 받기 위해서는 다른 사범대학과 마찬가지로 고등학교 졸업장이나 이에 상응하는 자격증이 요구된다. 그리고 입학신청서와 교사교육기관의 장(長)과의 면접이 필수적으로 필요하다. 발도르프 교사교육 과정은 학교마다 다르지만 대개 2~3년 과정으로 이루어진다. 구체적인 교육과정은 다음과 같다(Richards, 1980: 83; http://www.emerson.org.uk).

처음 1년 과정은 발도르프교육에 대한 철학적 기초과정으로 인간의식의 발달단계, Steiner의 인지학, 명상하는 방법, 서구 사상에서의 윤회와 카르마, 다양한 예술활동, 1주간의 발도르프학교 관찰로 이루어진다. 2학년 과정은 아동발달과 발도르프학교 교육과정에 관한 심화학습, 교사를 위한 음악과 미술, 산수, 과학, 언어 등의 교수를 위한 발도르프교육 방법에 관해 집중적으로 학습한다. 7주간의 발도르프학교 관찰(우리의 교생실습에 해당)이 포함된다. 3학년 과정에서는 자기 특정 분야(유치원 과정, 또는 1~8학년 과정, 또는 고등학교 과정)를 결정하며, 연구하고 그 결과를 졸업논문으로 쓰게 된다. 특히 3학년 과정은 현장 중심의 교육활동과 교사의 자기개발이 중심이 된다. 3학년 과정에도 역시 11~13주간의 발도르프학교 실습이 포함된다.

이때 교생이라는 입장보다는 신임교사로서 활동하는 편에 가깝다. 수업진행, 학부모상담, 아동상담, 학교행정업무, 교사의 의무수행(의무 노동)들을 모두 해

---

6) 유럽에 있는 발도르프 교사교육기관으로는 '발도르프학교 연합의 교육학 세미나(Das Pädagogische Seminar des Bundes der Waldorfschulen in 7000 Stuttgart 1, Haussmann str. 44)'가 있다. 1년의 교육과정은 대학과정을 마치거나 이에 상응하는 전문 교육을 이수한 사람이 참가할 수 있으며, 두 번째의 2년 교육과정은 높은 수준의 학업을 수료하고 작업활동의 경험이 있는 사람이 참가할 수 있다. 세 번째는 초급 세미나식의 교사교육과정이다. 이외에도 발도르프 교사가 되기 위한 4년 교육과정으로 일반 대학 입학 조건과 같은 곳(Das Institut für Waldorfpädagogik Annener Berg Witten/Rhur)도 있다(Lindenberg, 2000: 297).

미국의 경우에도 발도르프 교사교육기관은 주정부가 인정하는 학위를 주는 곳(예를 들어, Sacramento Rudolf Steiner College나 The Waldorf Institute of Mercy College of Detroit 등)과 학위는 주지 않고 자체의 교사교육을 담당하는 곳이 있다(Richards, 1980: 83).

야 한다(한주미, 2000: 159). 또 매 학년 세미나 시간에는 발도르프학교 현직 교사를 모셔다가 그들의 경험을 듣거나 실습을 하며 궁금했던 것을 토의하는 과정을 갖는다. 이상의 전일제 교사교육 과정 프로그램 외에도 교사를 하면서 계속적인 자기교육을 위한 과정도 있다. 이 과정은 주말과 방학을 이용한 워크숍을 통해 이루어진다. 이 프로그램 역시 오이리트미, 명상하기, 인형 만들기와 인형극, 아동발달과 이야기, 농장 일하기 등 다양한 예술활동과 수공활동 등으로 구성된다.

교사교육 과정에 예술활동과 수공활동이 많은 부분을 차지하는 것은 발도르프학교 교육이 그러한 과정을 중심으로 이루어지기 때문이다. Steiner는 교사 자신의 상상적이고 직관적인 의식이 발달해야 아동의 감정을 일깨울 수 있는 교육을 할 수 있다고 말한다. 따라서 발도르프학교 교사교육은 교사 자신의 예술적 감성을 발달시킬 수 있는 과정으로 구성되는 것이다.

발도르프학교 교사교육 과정에 참여하는 사람들 중에는 공립학교의 교사나, 교육학 관련 교수들, 또 자신의 자녀 교육에 관심이 있는 학부모들도 있다. 이들 중에는 직접 발도르프학교에 관여하게 되면서 발도르프학교 교사가 된 경우도 있다.

Lindenberg(2000: 321)는 일반 공립학교의 교사교육과 비교해서 발도르프학교 교사교육은 다음의 세 영역에서 결실을 맺고 있으며, 뚜렷한 목표를 추구하고 있다고 말한다. 첫째, 심리학적·생리학적 인간학은 아이들을 분명하게 파악할 수 있게 해 주며, 둘째, 수업에서 행해지는 주제를 인간학적으로 깊이 있게 다룰 수 있으며, 셋째, 조각하기, 그리기, 연주하기, 오이리트미와 말하기 연습 같은 예술적 훈련은 아이들이 예술적인 것을 익히게 할 뿐만 아니라 심리학적으로 배운 것을 인지할 수 있게 한다는 점이다.

2. 교사교육 이후의 진로와 학비

교사교육을 마친 후에는 우리의 교사자격증에 해당하는 '발도르프 증명서

(Waldorf Diploma)'를 받게 된다. 그러나 이것은 발도르프학교 교사가 될 자격을 가졌다는 것이지 이것이 발도르프학교 교사직을 보장하는 것은 아니다. 또 발도르프증명서는 발도르프학교 이외의 학교에서 교사직을 하는 데 필요한 자격을 증명하지는 않는다.

그러나 계속적으로 발도르프학교 교육에 대한 관심이 커지고, 실제로 발도르프학교 수도 증가하면서 발도르프교사에 대한 수요가 증가하고 있으며, 따라서 발도르프 교사교육을 마친 졸업자들이 교사가 될 기회가 많아졌다(http://www.waldorfeducation.org).

발도르프 증명서 외에도 발도르프학교에서 교사가 되기 위해서는 대학에서 전공한 것이 유용하다. 발도르프학교에서 가르치는 데에는 전문적인 교과 지식이 필요하기 때문이다. 미국의 경우 주에 따라서 주가 발급하는 교사자격증을 요구하기도 하고, 발도르프 유치원 교사가 되는 데에는 주가 발급한 유아기 교사자격증을 요구하기도 한다(http://www.rudolfsteinercollege.edu, San Francisco Waldorf Teacher Training). 그러나 발도르프학교 교사가 되는 데에 중요한 것은 자격증이 아니라, 발도르프학교에서 가르칠 만한 자질과 교사로서 헌신할 만한 준비가 되어 있느냐다. 발도르프학교에서는 주로 이것을 심사한 후 교사를 채용하고 있다.

따라서 발도르프학교 졸업생이라든가 발도르프학교 학부모라든가 해서 발도르프교육에 대한 이해가 있는 사람의 경우 예외로 먼저 교사가 되고 현직 교사교육(in-service teacher training)을 받기도 한다(Easton, 1995: 204). 다른 직업에서 일정 정도 경험을 한 사람들이 교사가 되는 경우도 있는데, 교사교육을 받는 학생들의 이전의 경력을 보면 목수, 사진작가, 비서, 의사, 편집자, 음악가, 화학자, 예술가, 학교 교사 등 다양하다. 교사교육을 받기 위해 등록한 학생들의 수는 학교마다 다르지만, 등록한 학생들의 연령대 역시 대개 21~60세에 걸쳐 있을 정도로 다양하다.

학비는 학교마다 다르지만, 영국 Emerson 대학의 경우 대략 3년 과정 중 1학년 수업료는 5천600백 파운드(2016년 기준, 한화 970만 원 정도), 2, 3학년은 각 5천

200백 파운드이다. 이것을 부담하기 위한 방법으로 장·단기 융자, 일하면서 공부하는 방법, 나중에 상환하는 방식 등이 활용 가능하다고 한다(http://www.emerson.org.uk(Emerson College Teacher Training).

Ⅳ. 발도르프학교 교사교육의 특징

1. 자기교육 과정으로서의 교사교육

발도르프학교 교사교육의 가장 큰 특징은 교사교육 과정 자체가 자신이 누구인가하는 물음, 교사로서의 삶을 사는 자기 자신에 대한 자기교육 과정이요, 자기개발의 과정이라는 점이다. Freire(2000: 71)도 가르치는 일은 교사의 입장에서 보면 끊임없는 준비와 자기개발을 요구하는 작업이라고 말한다.

오늘날처럼 사범대학의 교사교육과정이 소위 강단 교육학자들이 만들어 놓은 갖가지 지식과 기술로만 채워져 있는 교육론을 학습하는 것일 경우, 이론과 교육 현장의 괴리, 교사와 학생 간의 간극은 커져만 갈 것이라는 비판을 받는다. 이 경우 대부분 교사교육의 과정은 교사를 가르치는 자로서 고정시켜 놓고, 가르치고자 하는 내용과 방법을 익혀 학생들을 가르치는 자로서 교육시키는 것을 이론적으로 가정하고 있다.

그러나 교육의 과정은 교사가 학생에게 필요한 지식을 전달하거나 학생의 잠재력을 계발시켜 주는 것일 뿐만 아니라, 교사 자신의 자기수련이며 자기개발인 자기교육의 과정이기도 하다. 동시에 교사는 자기 자신에 대한 믿음을 갖고 있어야 한다. 때문에 발도르프학교 교사교육 과정에 명상을 통한 자기 삶 돌아보기, 자신의 이야기하기 과정이 포함된 점은 시사하는 바가 크다고 하겠다.

교사교육은 학생이라는 타자에 대하여 어떻게 교육할 것인지를 가르치는 것이 아니라 교사가 될 자기 자신에 대한 자기교육과 자기개발로부터 시작되어야 하는 것이다. 또, 자신의 내면적인 성장과 끊임없는 자기개발을 통한 교사교육

이야말로 교직사회에서 쉽게 발견되는 교사의 소진을 막아 줄 수 있는 교사교육의 새로운 모델이 될 것이다.

Steiner는 무엇보다도 현대 문명의 생각과 관념이 얼마나 무기력하고, 교사교육과 교육철학 전반에 물질주의적 사고방식이 강하게 퍼져 있는지를 깨닫는 것이 필요하다고 역설한다(Blunt, 1995: 116에서 재인용).

교사는 먼저 자기 자신을 돌아볼 줄 알아야 한다. 자신이 바로 이 시대의 산물이며, 오랫동안(초등학교 교육에서 대학의 교사교육에 이르기까지) 물질주의적 사고에만 길들여져 왔다는 것을 알아야 한다. 그리고 나서 교사는 자신의 영혼과 정신에 어린 시절을 회복해야 하고, 어린이가 어떤 존재인지를 분명하게 재발견해야 한다. 이것을 위해 교사 자신의 내적인 깨달음과 성장이 교사교육에서 중요한 교육내용으로 다루어져야 할 것이다. 그리고 죽어 있는 지식에 의지와 감정이 살아나도록, 살아 있는 지식으로 만들 수 있는 예술가적 자질이 교사교육을 통해 길러져야 할 것이다.

2. 활동 중심의 교육과정: 예술활동과 수공활동

인격의 발달, 지혜, 영감, 열정, 자유로운 인식능력의 발달은 발도르프학교 교사교육의 중요한 목적이다. 발도르프교육은 교사들뿐만 아니라 학생에게도 사고, 감정, 의지가 서로서로 긴밀하게 연계될 것을 강조한다. 이러한 것을 훈련하는 데 효과적인 것이 예술활동이라고 Steiner는 생각한다. 때문에 발도르프학교 교사교육 과정에는 발도르프학교 교육에서와 마찬가지로 예술활동이 핵심이 된다.

Steiner는 예술의 정신성에 기초해 교육에서 정신성, 영성(靈性)을 회복하려고 한다. 그러나 발도르프학교 교육에서는 정신적인 요소가 구체적이고 실제적인 면과 항상 연계된다. 이론을 실제와 관련시키고 사고과정은 손으로 하는 활동, 더 나아가서는 몸 전체의 활동과 직접적으로 관련된다는 것을 체득하기 위해 교사 자신의 교육에서 역시 수공활동이 중시된다. 실제로 무언가 활동에 자발적으로 참여하는 예술활동과 수공활동을 해 보는 경험은 교사교육에 어떤 교육의 결과를 가져오는가?

예술활동과 수공활동이 갖는 힘은 직관적인 연계를 강화해 준다는 것이다. 이때 감각은 직관으로 가는 통로가 된다. 손으로 만져 봄으로써 사람들은 세상과 대화를 하는 것이다. 색과 굴곡, 금속, 유리, 진흙, 직물과 나무 등이 갖는 힘은 신(神)의 의복이다. 즉, 이러한 것들을 지혜롭게 만지고 다루는 것을 배우는 것이 전인 교육이다(Richards, 1980: 81).

드로잉, 바느질, 조각하기 등은 신(神)적인 것의 외형이고 몸짓이기 때문에 신적인 것을 드러낸다고 간주된다. 이런 이유에서 자연에서 얻을 수 있는 것들을 이용해서 손가락을 움직이고 팔다리를 움직여 충분하게 경험하게 하는 것이 발도르프학교에서는 중요한 교육내용이다. 따라서 발도르프학교 교사교육에서도 예술활동과 수공활동 중심의 교육과정이 주를 이루는 것이다. 예술적인 활동 중 발도르프학교에서만 볼 수 있는 것이 오이리트미다. 이것은 발도르프학교 전 학년에 걸쳐 배우는 필수 교과이고, 교사교육과정에서도 필수적으로 가르치는 내용이다.

예술활동과 수공활동을 통해 교사교육에서 강조하는 것은 교사 자신이 상상력을 지니고 단련하는 것을 강조한다. 상상력은 자기 자신의 창의성과 자기주도성을 신뢰할 때 가능하다. 그러나 Steiner는 상상력이 거짓이나 환상으로 빠질 수 있는 문제점도 인식하였다. 때문에 그는 교사들이 자유롭게 사고할 수 있고, 용기 있고 독자적이면서도 진리의 정신을 겸비할 것을 강조하였다. 이것을 Steiner는 초기 발도르프학교 개교를 준비하면서 교사들에게 다음과 같은 말로 강조한다(Steiner, 1966: 190)

> 상상력을 고취시켜라(Imbue thyself with the power of Imagination).
> 진리를 향할 수 있는 용기를 지녀라(Have Courage for the Truth).
> 영혼의 책임감을 단련하여라(Sharpen thy feeling for responsibility of Soul).

상상력을 지니고 진리감각과 책임감이 있을 때, 교사는 주어진 내용을 잘 가르치기만 하면 되는 식의 교사가 아니라, 가르칠 내용을 자기 자신의 말로 재구성해 가르치고 그 결과에 대해 책임질 수 있는 교사가 될 것이다. 이렇게 될 때, 교사가 지녀야 할 자율성과 전문성이 갖추어질 수 있다고 생각된다.

3. 학교 현장과 연계된 교육과정

오늘날 일반적인 교사교육은 교·사대에서 전문 지식과 특정한 방법론적·교육학적 지식을 교육받은 이들이 얼마 동안 현장 실습을 받은 뒤 교사가 될 수 있다고 가정한다. 그러나 대학에서 배운 지식은 대개 실제 학교 현장에서 아이들을 가르치기에는 지나치게 추상적이고 일반적이다. 이러한 점에서 결과된 것이지만, 우리나라 교사교육과 관련해서 제기되는 문제들 중 빈번하게 지적되는 것이 교사교육의 내용이 학교 현장과 괴리되었다는 점이다. 현재 우리나라 사범대학의 교육과정은 대체로 교양과정, 교직과정, 전공과정으로 구성되어 있다. 이때 교직과정에서 배우는 교육학 관련 교과들은 대개 이론적인 내용으로 구성되어 있다.[7] 이에 정영근(1997: 14)은 교사에게 필요한 교육학적 지식이란 단순히 이론적 지식에만 국한되는 것이 아니라, 변화하는 학습과 교육상황에서 합당한 판단을 내리고 책임 있게 실행에 옮길 수 있게 하는 실천적 지식을 포괄해야 하는 것이며 따라서 교육학이 교사들의 직업적 실천을 의미 있게 지원하는 학문으로서의 정체성을 회복해야 한다고 한다.

반면, 발도르프 교사교육은 철저하게 발도르프학교 현장과 연계되어 이루어지고 있다. 학교 현장과 긴밀하게 연계된 교사교육을 구체적으로 보면, 첫째, 발

---

7) 본장 내용이 교육학의 학문적 성격에 관한 논의를 하는 것은 아니지만, 교사교육에서 가르치는 교육학이 이론적인 경향이 강하다는 데에는 교직을 이수한 사람들이나, 교육학을 공부하는 사람들 역시 공감하는 것 같다. '…… 이제까지 한국의 교육학계에서는 교육학을 순수한 이론적 차원에서 다루려는 학문적 경향이 지배적이었다. 교육학은 교육현상을 이론적으로 이해하는 학문이며, 또한 객관성의 확보와 보편성을 지향하는 여타의 이론적 학문과 동일한 성격을 가질 수 있고, 가져야 한다는 주장이 그것이다.' 김안중(1997: 정영근, 1997: 14에서 재인용).

도르프학교 교육의 기초가 되는 Steiner의 인지학적 인간학을 배운 교사들은 아동들을 세심하게 관찰하는 데서 교육을 시작하며, 교육 내용과 방법을 결정하는 데 있어서도 그 아동을 먼저 고려하고 있다. 장차 교사가 될 예비교사에게 가르치는 교직과목으로서의 심리학이나 생리학이 역시 추상적인 이론에 머무르지 않고 가르치는 아동에 대한 이해로 직결되고 있다.

둘째, 예술활동과 수공활동을 통해 언어, 음악, 색과 형태가 작용하는 세계를 탐구하며 교사가 될 학생들은 세계를 더 잘 다루게 된다. 이것을 통해 창의적이고 자율적인 수업을 할 수 있는 교사가 되는 것이다. 즉, 자기교육의 과정을 통해 장차 교사가 될 학생들은 자신이 무엇을 해야 할지 생각하고 실천할 수 있게 된다. 이런 점에서 '예비교사교육의 과정은 앞으로 그들이 만날 아이들과 경험할 수 있는 것들을 먼저 경험하고 생각해 볼 수 있는 것이어야 한다.'고 강조된다(한주미, 2000: 159).

교사교육 과정이 글로 배우고 암기하는 식으로 이루어지면서 교육의 과정이 그런 모습에서 벗어나기를 기대하는 것은 이치에 맞지 않는 일인 것 같다. 이론에 치우쳐 있고 경험을 무시한 채 언어주의만을 고집하는 것은 일반적인 교사양성의 문제점이 아닐 수 없다.

셋째, 교사교육 과정에는 발도르프학교에 참여하는 실습과정이 비중 있게 포함되어 있다. 우리의 교사교육이 4주간의 실습으로 이루어지는 것과는 달리, 1학년 과정에서 1주간의 실습(주로 관찰), 2학년 2학기 중의 3주간의 실습, 2학년 3학기의 3주간의 실습, 그리고 3학년 2학기에 11~13주간의 실습이 있다. 실습기간이 길다 보니, 당연히 우리의 4주간의 실습을 통해 얻는 것에 비하면 훨씬 학교현장과 가르치는 학생들에 대한 구체적인 관찰과 연구가 가능하다.

발도르프학교에 직접 참여하는 실습 이외에도 세미나 시간에는 발도르프학교 현직 교사를 모셔와 그들의 경험을 듣거나 실습을 하며 궁금했던 것을 토의하는 시간을 갖는다. 또 직접 모의 수업을 준비하여 직접 해 보기도 한다. 이와 같이 발도르프 교사양성 과정은 현장과 연계되어, 교사교육을 마치고 발도르프학교 교사가 되도록 철저하게 준비시키고 있다.

V. 맺는말

이상에서 자기교육의 과정으로서의 교사교육, 예술활동과 수공활동 중심의 교사교육 과정, 학교 연장과 연계된 교사교육의 특징을 보이는 발도르프학교 교사교육을 살펴보았다. 이러한 특징을 갖는 발도르프 교사교육이 우리나라 일반적인 교사교육에서도 결실을 맺을 수 있을까?

오늘날 발도르프학교 운동의 확산을 막는 것은 재정문제나 의지의 부족이라기보다는 사실상 교사확보의 문제라고 한다. 그만큼 교사양성의 과정이 쉽지 않다는 것이다. 사정이 이러한데, 일반 교사교육이 발도르프 교사교육의 모델을 따르는 것이 현실적으로 쉽지 않다고 생각된다. 더욱이 이론적 토대인 인지학 없이는 발도르프 교사교육이 사실상 불가능하며, 사회·문화적 맥락이 다른 인지학을 한국적으로 수용하는 데에도 많은 어려움이 있을 것이다.

이 장의 문제의식 역시 외국의 한 교사교육을 우리 교사교육의 모델로 삼자는 데서 출발한 것은 아니다. 이미 사범대학의 교사교육에 관해서는 많은 문제가 제기되었고, 해결책 모색을 위해 교사교육을 위한 교육과정 개선 방안 모색을 위한 연구와 제도 개혁이 시도되어 왔다. 그러나 여전히 현재 교사교육에는 많은 문제점이 있다. 이에 제도개혁의 차원에서 지식 위주의 교육내용을 첨삭하고, 새로운 교수방법론을 도입하는 식으로는 교사교육과 관련한 현존하는 문제를 해결할 수 없을 것이며, 교사교육에 관한 보다 근본적인 인식의 전환이 필요하다고 생각한다.

이 장에서 살펴본 발도르프학교 교사교육의 특징이 교사교육을 새롭게 바라볼 수 있게 하는 계기가 될 수 있다고 생각하며, 우리 교사교육에 함의하는 것을 정리해 보면 다음과 같다. 첫째, 발도르프학교 교사는 끊임없는 자기교육의 과정을 통해, 지식의 전문가에 국한되지 않고 소명을 가지고 사람을 가르치는 일에 헌신하는 교사가 되어 간다. 교사가 된 이후 교사회의를 통해 자기 자신을 바꾸어 나가는 것은 현직에서 계속교육의 기회로 활용된다. 물론 이외에도 재교육의 기회를 마련하여 교직에서 오는 소진을 막기 위한 장치들이 있다. 학교 바깥에서 이루어지는 각종 워크숍, 인지학회 관련한 오이리트미 코스, 크고 작은 교사들의 공부모임 등을 통해 자발적으로 계속적인 자기교육의 과정을 밟아 나간다. 즉, 교사 자신의 내적인 깨달음과 성장을 가능하게 하는 교사교육이 이루어지고 있다고 할 수 있다. 그런데 우리의 교사교육은 이러한 부분을 간과하고 있다. 우리는 주로 학생들을 어떻게 가르칠 것인가에 초점을 맞추고 있으며, 교사 자신이 어떻게 스스로를 교육할 것인가에 대해서는 거의 관심을 보이지 않는다.[8] 따라서 가르치는 사람 자신의 내면에 대한 성찰의 기회가 주어지지 않는다.

둘째, 활동 중심의 교사교육 과정을 통해 교사들은 가르칠 교과에 대한 지식과 가르치는 방법에 대한 지식과 기술적인 면만을 배우지 않는다. 활동 중심의 교육과정을 통해 다양한 체험을 함으로써, 장차 교사가 될 사람들은 학생들에게 의지와 감정이 통합된 능력을 일깨울 수 있는 예술가로서의 교사가 될 수 있을 것이다. 바람직한 교사상을 단순한 지식의 전달자로 보지 않으면서, 교과목에 대한 지식과 교수방법을 이론적으로 가르치는 식으로 교사교육을 하는 것은 논리적으로도 맞지 않는 일이다. 오늘날 교육 문제로 제기되는 지식편중의 교육을 탈피하기 위해서는 교사가 먼저 지식편중이 아닌 다양한 예술활동과 수공활동의 체험을 통해 교육받는 것이 선결되어야 한다. 이와 관련해서 윤팔중(1981: 117)은 교사양성을 위한 교육기관의 교육과정은 그 학교의 특성을 나타낼 뿐만 아니라, 자신이 배운 바대로 가르칠 것을 전제하기 때문에 하급학교의 특성을 나타낸다고 말한다. 따라서 인간교육을 할 수 있는 교육기관의 교육과정은 '어린이의 세계에서만 볼 수 있는 영롱한 영혼의 세계와 자신의 신명이 실존적으로 만나는 데서 무한한 보람을 누릴 수 있음을 발견할 수 있도록 그에 필요한 다양한 체험을 할 수 있는 내용이 포함되어야 한다.'고 역설한다.

---

8) 고병헌(2000)은 우리나라 교사교육은 주로 학생들을 어떻게 가르칠 것인가(爲人之學)에 초점을 맞추고, 교사 자신을 스스로 어떻게 교육할 것인가(爲己之學)에 대해서는 관심을 보이지 않는다고 비판하고, 자신의 삶을 늘 새롭게 할 수 있는 교사만이 학생에게 늘 배우고자 하는 욕구를 자극할 수 있고, 늘 자신을 비우고 내적인 성숙을 꾀하는 교사만이 학생을 깨우칠 수 있다고 역설한다.

셋째, 현장과 긴밀하게 연계되어 교사교육이 이루어지는 점 역시 우리의 교사
교육과 관련해서 자주 제기되는 현장과 괴리된 교사교육의 문제에 많은 함의를
지니는 것으로 재론할 필요가 없을 것이다.

참고문헌

고병헌(2000). 간디교육론. 교육사랑방 발표문.

김정환(1982). 전인교육론. 서울: 세영사.

오천석(1972). 스승. 서울: 배영사.

윤팔중(1981). 전인교육을 위한 교육과정. 서울: 배영사.

정영근(1997). 교사와 교육학적 지식. 한국교사교육, 14(2): 1-17.

정윤경(1998). 슈타이너의 人智學的 敎育論 硏究. 고려대학교 박사학위 논문.

정혜영(1996). 초등학교 개혁을 위한 모델로서의 도르프 학교에 대한 연구. 공주교대논
총, 33(1): 153-183.

한주미(2000). 노래하는 나무: 발도르프학교에서 나의 체험기. 서울: 민들레.

廣瀬俊雄(1990). シュタイナーの人間觀と敎育方法. 東京: ミネルヴァ書房.

Blunt, R. (1995). *Waldorf Education: Theory & Practice.* Cape Town: Novalis Press.

Easton, F. (1995). Educating the whole child, "head, heart and hands": learning from the
waldorf experience. *Theory into practice,* 36(2): 87-94.

Finser, T. (1992). *The Waldorf School Faculty Meeting.* In David S. Michell. (Ed.), *The Art of
Administration: viewpoints on professional management in waldorf school.* U.S.A.:
A.W.S.N.A.

Freire, P. (2000). 프레이리의 교사론(*Teachers as Cultural Workers-Letters to Those who
Dare to teach*). 교육문화연구회 역. 서울: 아침이슬.

Lindenberg, C. (2000). 자유발도르프교육입문: 두려움 없이 배우고 자신 있게 행동하기
(*Waldorfsculen: Angstfrei Lernen, Selbstbewut Handeln*). 이나현 역. 서울: 밝은
누리.

Michell, D. (1988). *The Organization of A Waldorf School.* In David Michell & David Alsop

(Eds.), *Economic Explorations: An Economic Handbook for Waldorfschools*. U.S.A.: A.W.S.N.A.

Richards, C. (1980), *Toward Wholeness: Rudolf Steiner Education in America*. Middletown, Connecticut: Wesleyan Univ. press.

Saßmannshausen, W. (1996). 발도르프교육–아동발달이 교과과정을 결정한다. 강남대학교 인문과학연구소 편, 발도르프교육의 이론과 실제.

Steiner, R. (1966). *Study of Man*. Revised trans. Harwood A. C., London: Rudolf Steiner Press.

Steiner, R. (1977). *Rudolf Steiner, An Autobiography*. Trans. Stebbing Rita, Blauvelt: Steiner Books.

http://www.emerson.org.uk
http://www.rudolfsteinercollege.edu
http://www.waldorf.or.kr
https://waldorfeducation.org

제4장

CTT 교사교육

이 글은 북미 지역 교사교육에서 영성교육의 논의를 이끄는 Palmer가 교사교육 프로그램의 일환으로 시도하고 있는 CTT(Courage To Teach) 프로그램을 교육목적, 교육내용, 교육방법 면에서 고찰하고, 이것이 현재 우리 교사교육에 시사하는 점을 논의하기 위한 것이다. CTT 프로그램은 여타 교사교육과 달리, 가르침에 대한 열정과 소명의식을 불러일으키고 교사의 영혼을 소생시킬 필요성을 강조한다. 따라서 CTT 교사교육은 교사가 자기의 내면을 성찰하는 과정을 통해 내면의 소리를 듣고 자기 이야기를 하며 자기변화를 겪는 과정이다. 이러한 접근은 현재 교사교육이 교사를 수동적인 존재로 만드는 문제점을 보완할 수 있을까?

Ⅱ절에서는 영성의 의미와 영성교육의 필요성을 살펴보고, Ⅲ절에서는 CTT 교사교육을 교육목적, 교육내용, 교육방법 면에서 개관해 볼 것이다. Ⅳ절에서는 CTT 교사교육의 기본 가정과 교육목적, 내용, 방법에 관해 논의하고 우리 교사교육에의 시사점을 탐색해 볼 것이다.

I. 서 론

교사교육이 변해야 한다는 목소리가 대두된 것은 어제 오늘의 일이 아니다. 특히 최근에는 급변하는 시대에 따라 교육이 달라져야 하고, 따라서 교사교육의 패러다임 역시 전환되어야 한다는 주장이 제기되고 있다. 또, 세계적으로 교육의 수월성에 대한 우려와 이를 위해 교육 개혁의 일환으로 교사교육의 개혁이 쟁점이 되기도 한다.

현재 교사교육의 문제점은 주로 교사양성 정책 및 체제에 관한 문제, 교사교육의 내용 및 방법에 관한 문제점 등이 제기되고 있다. 교사양성 정책의 문제점으로는 일관성과 책무성 있는 변화의 노력을 보여 주지 못하였고, 난립하고 있는 교원양성기관의 질적 통제를 위한 구체적 전략이 전무하였으며, 교사 임용 시험제도의 도입은 임용적체에 대한 불만을 해소하는 데 기여하였을 뿐, 교직전문성의 개념을 탐구와 반성적 사고를 외면하는 협소한 의미의 교직전문성의 개념으로 탈바꿈시켰다는 것이 지적되고 있다(정영수, 2002). 이외에 기존의 교사교육의 접근이 기술로서의 교사교육, 기능주의적 교사교육임을 비판하고(김민남, 1995; 1999), 교사교육의 목적 및 내용과 방법 등 대안적인 교사교육을 모색하려는 연구도 다양하게 이루어지고 있다(유현숙, 2002; 박고훈, 박분희, 2002; 고경석 외, 2003).

현재 이루어지고 있는 교사교육(직전 교사교육과 다양한 현직 교사연수)이 교사를 길러 내는 데 충분치 않다고 생각한다. 훌륭한 가르침과 그것을 행할 수 있는 훌륭한 교사는 가르치는 내용에 대한 지식의 정통함이나 가르치는 교수 방법의 숙달로만 완성되지 않는데, 현재 교사교육은 내용과 방법에 대한 지식 위주로 이루어지기 때문이다.

교사교육 과정은 교사가 되어 교육을 실천하는 데 필요한 지식과 기능뿐만 아니라 교직에 필요한 태도와 자질, 즉 교사로서의 열정과 교육에의 헌신을 길러 줄 수 있어야(정윤경, 2002: 91) 하는데, 현재 교·사대에서 이루어지는 교사교육 과정이 특히 교직에의 사명감을 지닌 교사를 길러 내지 못하고 있다고 비판받는다.

또한 주어진 지식을 숙달하는 것을 강조함으로써 교사가 될 사람에게 심사숙고와 반성의 과정을 제거해 수동적인 존재가 되게 하는 문제점을 갖는다. 물론 이런 문제점은 교사교육 교육과정에 특정 교과를 추가하거나 강조하는 것으로 해결될 문제는 아니다. 오히려 교사교육에 대한 접근 자체가 보다 교사 자신의 내면적 성장과 창조적인 인식을 촉진할 수 있는 방향에서 이루어져야 하고, 이러한 방향에 맞추어 교육내용과 방법이 모색되어야 한다고 생각된다. 잘 가르치기 위해 교과내용과 교수법을 익히는 것은 중요하다. 그런데 가르치는 내용과 교수법에 혼을 불어넣고 생명을 불어넣는 것은 바로 교사들 자신이다. 따라서 훌륭한 교육과 가르침을 위해 무엇보다 교사 자신이 건강해야 하고, 가르치는 과정 자체에 대해 자기성찰을 하고 능동적으로 변화할 수 있어야 한다. 성찰을 통해 교사가 자기 자신의 내면을 들여다보고 자기에 대한 지식을 갖게 될 때, 가르치는 일에 기꺼이 헌신하고 용기 있게 가르칠 수 있을 것이다.

　이런 문제의식에서 이 장은 교사의 영혼과 내면의 교육에 초점을 둔 Palmer의 CTT(Courage To Teach)[1] 교사교육을 살펴보고 시사점을 탐색하고자 한다. CTT는 무엇보다 가르침에 대한 열정과 소명의식을 불러일으키고 교사의 영혼을 소생시킬 필요성을 강조한다. 훌륭한 가르침을 위해 교사에게 필수적인 것은 전공에 대한 지식이나 교수법이 전부가 아니라, 가르치는 일에 대한 헌신과 소명의식이 더해져야 한다. 이를 위해서는 교사를 둘러싼 외적인 것만을 논의할 것이 아니라, 교사 자신의 내면을 논의의 중심에 끌어들일 필요가 있다고 생각한다. 또, CTT 교사교육은 바깥의 정해진 지식의 체계를 교사가 받아들이는 식의 접근이 아니라, 교사가 자기의 내면을 성찰하는 과정을 통해 내면의 소리를 듣고 자기 이야기를 하며 자기변화를 겪는 과정이다. 이와 같이 교사의 자발적인 변화를 강조

---

1) CTT 프로그램은 보통 retreat라고도 표현된다. retreat의 뜻은 피정, 종교적 수련이나 묵상, 또는 묵상을 위한 칩거라는 의미로, 조용하고 외딴 곳에서 쉬거나 생각을 하는 것을 뜻한다. 즉, 가르칠 용기(Courage To Teach)를 회복하기 위한, 즉 교사로서 재충전하기 위한 일종의 묵상, 수련 또는 수양의 과정이라고 볼 수 있다. 특정 종교를 기반으로 하지는 않지만, 그 형태는 종교단체에서 이루어지는 영성수련 과정이나 피정과 많은 부분 닮아 있다.

하는 접근은 현재 교사교육이 교사를 수동적인 존재로 만드는 문제점을 보완할 수 있을 것이라고 생각한다. 물론 미국 기독교적 전통에 기초한 교사교육의 모델을 통해 한국 교사교육에의 시사점을 살피는 데는 문화적 차이에 따른 문제점이 간과되어서는 안 된다. 이런 문화적 차이에도 불구하고 CTT 교사교육을 살펴보는 것은 CTT 교사교육을 시작한 Palmer의 문제의식과 배경이 현재 한국 교육이 직면한 상황과 크게 다르지 않다고 생각되기 때문이다.

Palmer가 교육에서 영성의 차원을 도입하고자 하는 것은 서구 인식론이 지성(mind)의 눈으로만 실재를 파악하려고 하는데 이는 한눈으로만 사물을 보는 것으로 마음(heart)이라는 눈이 보완된 온전한 시각이 요청되기 때문이다. 즉, 서구의 인식론이 인식 대상과 인식 주체를 분리한 객관주의에 지배되어, 이러한 인식론에 기초한 학교교육의 주된 과제 역시 지식을 추구하고 있으며, 이때 지식은 실증과학적인 사실들의 집합체에 불과하다는 것이다. 이러한 학교교육의 결과로, 인류는 생태적 위기를 비롯해 윤리적 아노미 상태에 처해 있다. Palmer는 여기에 변화를 가져오기 위해 마음의 눈으로 보는 영적 차원을 요청하며, 구체적으로 교사교육에서 영성교육을 도입해 시도한다.

II. 영성의 의미와 영성교육의 필요성

Palmer는 분열되지 않은 삶을 위해서 서로 분열된 삶을 재결합할 수 있게 혼과 혼이 만날 수 있는 공동체만이 해결책이라고 생각한다. 그래서 시도하게 된 것이 공교육에 종사하는 교육자들의 영성 회복을 목적으로 하는 프로그램이다. 오늘날 교사는 매일 인간적·직업적 위협에 직면한다. 그런데 이것이 해결되지 않으면 그들이 가르치는 아이들 역시 잘 살지 못하게 된다(Palmer, 2004 :10).

이러한 문제의식은 Miller(1989)가 "오늘날 서구 문화는 인간 정신의 최선의 것이나 고상한 것을 제공하지 못하고, 문화적 비전, 상상력, 심미적·정신적 민감성도 제공하지 못하며, 20세기 후반으로 갈수록 경제적·기술적·통계학적 세계관이 인간 영혼 중 사랑과 삶을 긍정하는 것을 파괴하는 괴물이 돼 가고 있다."(Orr, 1994: 12에서 재인용)고 서구 근대 이후 문명 전반에 대해 비판하는 것이나, 이러한 문제점을 극복하기 위해 교육에서 영성 회복의 필요성을 역설하는(R. Miller, 1997; J. Miller, 1987, 1993, 2000; 한영란, 정영수, 2004) 주장과 맥을 같이한다.

1. 영성의 의미

Hay와 Nye(1996)가 영성의 의미는 한쪽은 '도덕적 민감성'에서 다른 쪽은 '신과의 신비적 일치'에 이르는 스펙트럼에 놓여 있다(김정신, 2002: 2에서 재인용)고 한 것에서 알 수 있듯이, 다양한 의미를 포괄하고 있다.

Palmer는 이러한 다양한 의미를 갖는 영성에 관해 치밀하게 정의하지 않고, 그것이 인간의 본질적인 핵심이라고 간주하고 사용한다.

트라피스트(Trappist)[2]의 수사인 Merton은 영성을 '참된 자아'라고 하며, 불교에서는 진아(眞我) 또는 불성(佛性), 퀘이커교에서는 '내적 교사(inner teacher)', 하시딕 유대인의 전통에서는 '모든 존재가 지닌 신성한 불꽃'이라고 한다. 물론 종교적 배경에서만 영혼을 말하는 것은 아니다. 특정 종교에 국한하지 않는 휴머니스트들은 영성을 정체성(identity)이나 성실성(integrity)이라고 한다. 보다 대중적으로는 많은 사람들이 이것을 영혼이라고 부른다(Palmer, 2004: 33).

명칭이 문화마다 다를 수 있음을 인정하기 때문에 Palmer는 인간의 핵심적인 본질을 영혼, 영성, 내면의 교사, 또는 정체성과 성실성을 포함하는 자아 등 다양한 명칭을 혼용한다. 명칭이 다양하고 영성이 무엇인지 정확하게 알 수 없지만, 그 기능은 다음과 같다고 명시한다(Palmer, 2004: 33-34). 영혼은, 첫째, 인간 존재의 다른 기능인 지성, 에고(ego) 등의 기능에 저항하면서 우리를 우리 자신이게 한다. 둘째, 영혼은 우리를 공동체와 연계하게 한다. 공동체 안에서 우리는 생명

---

2) 가톨릭 수도회의 하나로 관상, 침묵, 노동을 중시하는 엄률 수도회다.

을 발견한다. 왜냐하면 만일 우리가 번영하려면 관계가 필수적임을 알기 때문이다. 셋째, 영혼은 우리 자신, 우리가 살고 있는 세계, 그리고 그 둘 간의 관계에 대한 진실을 말하려고 한다.

이상에서 볼 때, Palmer는 인간의 본질은 있으며, 그것의 핵심은 영성으로 정신적이며, 또한 공동체와 연계하려는 관계적 특성을 갖는 것이라고 파악한다. 그런데 현대사회가 고도의 물질문명의 발달로 인해 정신적인 것이 황폐화되었고 개개인은 분열과 고립에 처하게 되었다. 분열이라는 현대사회 전반의 문제를 해결하기 위해, Palmer는 정신적인 변화, 다시 말해 영성의 회복을 주장한다.

2. 영성교육의 필요성

Palmer가 교사교육에서 영성을 강조하여 교육하려는 이유는 무엇인가? 그는 우리가 사는 현대사회가 점점 눈에 보이는 외적인 기준에 사로잡혀 사는 시대라고 한다. 따라서 눈에 보이지 않는 영혼, 참된 자아, 내면의 소리는 듣지 못하게 되었다는 것이다. 교사 역시 대학에서 받은 교사교육, 기대되는 역할, 지역사회와 시대가 요구하는 기준 등에 사로잡혀 있다. 그러나 Palmer는 훌륭한 교사는 자신의 내면에 충실한 사람이라고 확신한다. 따라서 그는 내면의 소리와 영혼적인 것이 도전받는 오늘날, 바로 그러한 영성을 교육하는 것을 교사교육에 접목해 내면의 소리에 충실한 교사를 길러 내고자 하는 것이다.

Palmer는 우리가 현재 당면한 문제 해결의 실마리는 우리가 놓치고 있는 내면의 소리에 주목할 때 가능하다고 가정한다. 또, 그는 개인의 영성 회복은 공동체를 통해서 가능하다고 가정한다. Palmer가 이상적으로 생각하는 공동체는 퀘이커 공동체[3]다.

---

3) 퀘이커주의는 1652년 George Fox가 영국에서 시작한 기독교적 공동체 운동에서 시작했고, 이들은 스스로 친우회(The Society of Friends)라고 부른다. '퀘이커'란 말은 '진리를 믿는다고 스스로 말하는 사람'이라는 뜻이다. 한편 모임을 시작한 이들이 자신들 속에서 영적 생기와 거룩한 능력이 있는 것을 깨닫고, 이 영적 힘의 폭발에 감동하여 몸을 떨게 하는 일이 있었다는 것을 반대자들이 별명지어 퀘이커

1970년대 중반에 자신이 경험했던 퀘이커 공동체에 대해 Palmer는 이렇게 말한다. 퀘이커 공동체에서 사람들은 각자 자신의 전일성에 도달하고, 밖으로는 타인의 요구에 도달하며, 이 두 가지를 교차시키는 삶을 산다. 이 공동체는 두 가지 기본적인 신념에 기초한다. 첫째, 우리는 모두 우리 안에 내적 교사(inner teacher)를 갖고 있으며, 내적 교사의 안내야말로 우리가 다른 어떤 이데올로기, 교리, 집단적 신념체계, 제도, 지도자 등으로부터 얻는 안내보다 믿을 만한 것이다. 둘째, 우리가 내적 교사의 목소리를 식별하도록 돕기 위해 다른 사람들을 초대할 필요가 있다(Palmer, 2004: 25-26). 개인이 내면의 소리를 경청하고 내적 진리에 이르는 여정은 혼자 가기엔 너무 부담이 되고, 그 길은 너무 깊게 숨겨져 있어서 동료 없이 가기엔 찾기 힘들며, 내적 교사가 부르는 낯선 목소리에 도전하기 위해 동료가 필수적이라는 것이다.

요컨대, Palmer는 현대 문명의 폐해를 극복하고 대안적인 삶을 추구하는 데 있어서 개개인의 변화를 통해 이루고자 한다. 이때, 개인의 변화는 결국 눈에 보이지 않는 의식의 변화이자, 마음의 변화를 의미한다. 그리고 이러한 변화는 각자 내면의 소리와 타인의 이야기를 경청하면서 진리의 공동체를 형성함으로써 가능하다는 것이다.

Ⅲ. CTT 교사교육

CTT(Courage To Teach) 교사교육은 Palmer의 지도 아래 미국 페처협회(Fetzer Institute)[4]가 시작한 교사를 포함한 교육자들의 개인적 · 직업적 재충전을 위한 일

(quaker: 몸을 떠는 자들)라고 부른 데서 유래한 것이다(Brinton 1986: 95-96, 106에서 재인용). 퀘이커도는 17세기 영국에서 나타난 교회 정화 운동의 하나로 프로테스탄트의 하나이지만, '내면의 빛'을 강조하는 것은 가톨릭 교리에 가까워 보인다. 퀘이커 공동체는 퀘이커도의 예배 모임이 확대된 것이라고 할 수 있다. 가톨릭의 예배가 제단에 집중되고, 프로테스탄트의 예배가 설교에 집중하는 것에 비해 퀘이커 예배모임은 모인 사람들의 내면의 체험에 집중하는 특징을 보인다.

4) 페처협회는 '사랑'과 '용서'의 힘에 대한 인식을 기르는 것을 사명으로 하는 협회로서, 오늘날 세계가

종의 교사교육 프로그램이다(http://www.couragerenewal.org). 이 프로그램은 가르치는 데 지식과 방법론이 중요하지만, 훌륭한 가르침의 근원은 그 이상의 것을 필요로 한다는 데서 출발한다. 따라서 CTT 교사교육은 교수방법이 아니라, 교육에 종사하는 교사 자신의 내적 삶에 초점을 맞춘다. 대개 1년에 네 차례씩, 한 차례에 3일 정도를 함께 휴양하는 일정으로 되어 있으며, 모임의 크기는 대개 25명 정도다.

CTT는 1994~1996년에 걸쳐 '교사 형성(teacher formation)'이라고 불리는 교사의 전문성 향상에 관한 접근법으로 개발된 것이다. 1997년 이후 교사형성 센터는 교사형성 프로그램을 개발하고, 그러한 프로그램을 운영할 CTT 교사도 준비하고 있다. 현재 CTT는 미국, 캐나다에서 활용되고 있다(http://www.couragerenewal.org). CTT의 교육목적, 교육내용과 방법을 살펴보면 다음과 같다.

1. 교육목적

CTT의 교육목적은 참여한 교사들로 하여금 자신들의 삶의 내면을 탐구하게 함으로써 교사의 마음과 영혼을 새롭게 하는 것을 목적으로 한다. 이것은 Palmer의 '훌륭한 가르침은 교사 개인의 '정체성(identity)'과 '성실성(integrity)'으로부터 나온다.'는 신념에 기초한 것이다.

Palmer가 뜻하는 '정체성'은 사람의 삶을 구성하는 모든 힘이 자아라는 신비로 수렴되는 진화하는 연결 지점이다. 개인의 유전정보, 생명을 준 부모의 본성, 성장한 문화, 개인에게 피해를 준 사람과 도움을 준 사람, 자신이 남들에게 한 좋은 일과 나쁜 일, 사랑과 고통의 경험 등이 자아를 구성하고, 자아의 한가운데서 정체성은 '나'라는 사람을 만드는 내적인 힘과 외적인 힘이 교차되는 역동적인

───────────────

직면한 많은 문제가 정치적·사회적·경제적 전략의 차원을 넘어 문제의 심리적·영적 근원까지 나아가야 한다는 신념에 기초하고 있다. 현재 이타적 사랑, 공감적 사랑, 용서에 관련된 교육, 연구, 서비스 프로그램 등을 제공하고 있다. 이들의 활동은 교육, 자선, 법률, 의료 등 전문직에 종사하는 사람들의 마음을 회복하기 위한 것이다(http://www.fetzer.org).

교차점이다. 한편, '성실성'은 이 연결지점에서 발견되는 온전성(wholeness)이라고 이해한다. 온전성은 나의 전부를 인정함으로써 내가 좀 더 생생해지고 생명력을 얻는 것을 의미한다(Palmer, 2000: 34-35).

Palmer가 이와 같이 정의한 정체성과 성실성은 결국 앞에서 살펴본 영성, 영혼과 같은 의미다. 그리고 훌륭한 가르침이 교사 자신의 정체성과 성실성으로부터 나온다는 말은 교사가 어려운 자기 내면의 탐구 과정을 통해 자기 자신을 직면할수 있을 때 가능하다는 것이다. 이것은 정해진 훌륭한 교수법이 있는 것이 아니라, 자기 자신을 가장 잘 드러낼 수 있는 방법이 훌륭한 교수법이라는 말과도 같다. 따라서 CTT 교사교육은 여러 가지 원인에 의해 가르치는 일에 영혼을 소진하고 지친 교사들에게 처음 교직에 입문했을 때의 마음 상태, 즉 정체성과 성실성을 회복하게 하려고 한다.

가르침의 원천을 교육내용과 방법에 대한 지식에서 구하지 않고 교사의 자아의식에서 찾기 때문에, CTT 교사교육은 교사가 필요로 하는 지식과 정보의 전달에 초점을 두기보다는 교사의 내면 탐구를 강조한다. 이를 위해 자신의 내면의 소리와 타인의 이야기를 경청하기, 개인적·직업적 다양성을 존중할 수 있는 토대만들기를 강조한다. 또, 교사들이 가르치는 데 있어서 학생들, 동료 교사, 학교, 지역사회에 대해서 신뢰할 만한 공간을 만들 수 있도록 돕는다. 더 나아가 교직에 대한 열정과 소명의식을 회복함으로써 건강하게 된 교사의 내면이 마침내 '훌륭한 가르침'과 '공교육 개혁'과도 관련되도록 한다.

2. 교육내용

CTT 교육내용은 기존의 교사교육 개념에 비추어 볼 때, 교사교육 프로그램이라기보다는 1년 또는 2년 간격으로 갖는 주기적인 수련, 수양의 시간에 해당한다고 할 수 있다. 보통 이 프로그램은 가을에 시작해서 계절별 3~4일의 시간으로 구성된다. 처음 CTT 프로그램을 개발할 때, 교육내용의 핵심으로 삼은 것은 참여한 교사들 자신의 삶을 탐색하게 할 수 있는 것이었다. 이 과정에서의 어려움을

Palmer는 다음과 같이 언급한다.

> 개인적 · 직업적인 믿음에 대한 진실한 탐구가 이루어지기 위해서는 신뢰
> 가 필요하며, 신뢰에는 또한 경계선이 필요하다. 그래서 종교가 없는 사람과
> 다양한 종교를 가진 사람들이 섞여 있는 집단 속에서 서로 화를 내거나 장벽
> 을 느끼지 않고 오직 자신의 삶을 탐색하는 과정에 집중할 수 있도록 프로그
> 램에 참여한 교사들을 유도하는 것, 또 이를 위해 형성 공간에 경계선을 설
> 정하는 방법을 찾아내는 것이 난제의 하나였다(Intrator, Ed., 2004: 344에서
> 재인용).

이러한 난점을 극복하면서도 개인의 내면을 탐구할 수 있게 하기 위해 사용한
것이 '은유(metaphor)'다.

CTT 프로그램 진행자는 참가자들에게 "둘씩 짝을 지어 서로 자신에게 가장 부
끄러워 누구에게도 말한 적이 없는 일을 말하라."고 요구하는 대신에, 관련된
시 · 이야기 · 음악 또는 미술 작품을 이용해서 내면을 탐구하게 한다. 시 · 이야
기 · 음악 또는 미술 작품은 내면 탐구라는 주제에 간접적으로 접근하는 은유적
형태이다. 예를 들어, Sarton의 시 「이제 나는 나 자신이 되었네」[5]의 도입부를 가
지고 토론하기 시작한다(Palmer, 2004: 90).

이때, 참가자들은 시인이 시인 자신을 찾아가는 여정에 관해 토의한다. 그러나
차차 참가자들은 토의하는 내용이 시에 관한 것이 아니라, 자신들에 관한 것이라
는 것을 알게 된다는 것이다.

Palmer는 이와 같이 간접적인 방식으로 주제를 다루게 하는 은유적인 형태를

---

5) 나는 이제 나 자신이 되었네
   여러 해, 여러 곳을 돌아다니느라
   시간이 많이 걸렸네
   나는 흔들리고 녹아서
   다른 사람의 얼굴을 하고 있었네. ……May Sarton, 「이제 나는 나 자신이 되었네(Now I become
   Myself)」

'제 3의 것'이라고 부르기도 한다. 왜냐하면 은유적 형태의 이러한 것들은 프로그램 진행자나 참가자들 어느 쪽의 목소리도 나타내지 않기 때문이다. 은유적인 형태는 자체의 목소리를 내면서 참가자들로 하여금 쉽지 않은 주제인 자기 내면을 발견하고 성찰하게 한다.

이상에서 볼 때, CTT의 교육내용은 개인의 내면을 탐구하고 성찰하게 하는 주제로 이루어져 있다고 할 수 있다. 즉, 자기 자신도 평소에 보지 못했던 자기 내면에 관한 이야기를 하게 함으로써, 진정한 자신의 모습을 직면하게 하는 것이다. 단, 이러한 주제를 다루는 데 있어서 직접적인 방식이 아니라, 간접적으로 접근할 수 있도록 은유를 사용한다. 이것은 주제를 모임의 한가운데에 위치시킴으로써 대화가 진행자나 참가자 어느 쪽에 의해서도 지배되지 않는 기준선을 설정해 주어서 제3자의 입회하에 중재하는 효과를 주기 때문이다. 또, 은유는 우리가 직접 이야기하기 어려운 것들에 대해 간접적으로 이야기할 수 있어서 자신에 관해서 언급하지 않고도 각자 자신에게 매우 중요한 것들을 발견해 내고 이야기할 수 있다는 장점이 있기 때문이다.

CTT 교사교육에서 사용하는 제3의 것에는 도교(道敎)적 내용을 담은 이야기, 자기 발견을 주제로 하는 시나 예술 작품, 계절의 순환을 다루는 은유 등 다양한 것이 있다.

자주 사용되는 계절의 순환에 관한 은유는 다음과 같다(Palmer, 2003: 380-381).

CTT 프로그램은 보통 가을에 시작한다. 가을은 자연이 열매와 씨앗을 내는 시기다. 이러한 가을에 시작하는 모임은 사람들에게 자신의 어린 시절이나 혹은 자신이 교직에 부름을 받고 있다는 느낌을 처음 받았을 때의 일화들을 이야기함으로써 '진정한 자아의 씨앗'에 대해 질문하면서 시작된다. 그리고 사람들은 이런 이야기를 통해 자신이 이 세상에 태어날 때 어떤 잠재력의 씨앗을 갖고 태어났는지, 이 잠재력을 어떻게 소생시킬 것인지 탐구하게 된다.

겨울이 갖는 의미는 죽음이 아니라 겨울잠이다. 즉, 죽은 것처럼 보이는 것이 실은 땅속에서 봄이 되면 다시 깨어나고 살아날 준비를 하고 있는 것이다. 겨울은 은유적으로 우리가 죽었다고 느끼는 우리의 잠재력이 실은 죽은 게 아니고 잠자고 있을 뿐 살아날 수 있다는 것을 깨달을 수 있는 기회를 준다. 이를 통해 교사가 자기 안에 상당 부분 아직 깨어나지 않는 잠재력이 있다는 것을 인정하게 되면, 학생들에게 잠재되어 있는 것을 더 잘 볼 수 있게 된다는 것이다.

봄이 은유적으로 나타내는 것은 죽은 것처럼 보이던 것에서 다시 꽃이 피는 개화의 역설이다. 봄을 통해 자연의 일부인 인간 역시 역설적인 존재임을 깨닫게 된다. 봄의 역설을 이해함으로써 교사들은 개인적 · 직업적 성장에 대한 통찰을 얻게 된다. 왜냐하면 교사들 역시 가르침을 행하는 데 있어서 많은 역설을 안아야 하기 때문이다. 예를 들어, 훌륭한 교사는 교육에서 자유와 권위, 아동의 요구와 훈련 모두 다 필요하다는 것을 아는 사람이다.

여름이 나타내는 것은 풍요와 수확이다. 참된 자아의 씨앗의 탄생, 동면, 개화를 거쳐 우리는 우리 안에 성장한 풍요함을 볼 수 있게 되고, 다음과 같은 질문을 할 수 있게 된다. "이것은 누구를 먹이기 위한 것인가?" "나의 재능을 이 세상 어디에 쓸 것인가?"

CTT 교사교육에 참여한 그룹은 이상에서와 같은 계절의 순환이 보여 주는 은유를 통해 심각한 의미에 관한 문제에 대해서 대화하게 되고, 그것을 통해 자신들의 힘을 증명하였다고 말한다. CTT 교사교육은 계절의 순환이 주는 은유를 통해 교사들로 하여금 자신에 대한 탐구를 하고, 마침내 모임을 마치는 여름이 되어서는 가르치는 일에 대한 헌신과 소명의식을 회복하게 하고자 한다.

3. 교육방법

가. 자기성찰

CTT 교사교육은 교사 바깥의 지식의 체계를 교사에게 전달하는 방법이 아니라, 교사 자신의 내면을 탐색하게 하는 방법에 의존한다. 즉, 교사의 자기성찰을 강조한다. 교사들이 자기성찰을 할 수 있도록 CTT 프로그램은 각자를 점검해 보는 질문들을 한다.

이런 질문들은 보통 짝을 이루어서 교사들이 자신의 직업과 자아 간의 복잡한 연결 관계에 관해 숙고할 수 있게 한다. 예를 들어, "당신의 정체성과 자질 중에서 직업에 가장 도움이 되고 연관성이 깊은 측면은 무엇인가?"라는 질문은 "직업으로 인해 가장 위태로워지는 정체성과 자질은 어떤 측면인가?"라는 질문과 짝을 이루게 된다(Intrator, Ed., 2004: 346).

이것은 누구에게나 내적 교사가 있고, 그것의 안내가 무엇보다 믿을 만하다는 퀘이커 공동체의 신념에 따른 것이다. 이때 질문에 답하기 전에 교사들에게 충분히 숙고할 수 있는 시간을 주는 것이 중요하다. 또, 이야기를 할 때에도 참가자들이 돌아가며 이야기하는 방식이 아니라 자신이 준비가 되었다고 생각할 때 이야기를 하게 된다. 이것은 강요나 명령이 아니라 초대받은 상황에서 영혼이 말을 더 잘 한다고 생각하기 때문이다.

나. 공동체를 통한 배움

CTT 교사교육은 개인의 내면 탐구를 목적으로 하는데, 이것은 개인이 서로 신뢰로운 관계로 공동체를 형성할 때 더욱 원활하게 이루어진다고 가정한다. CTT에서는 교사들로 하여금 내면을 탐구하고 교직에 대해 성찰하는 데 도움을 주는 중요한 자원이 바로 동료 교사들과의 공동체다. 이것 역시 내면의 소리를 듣고 내적 진리에 이르는 길에 동료가 필수적이라는 퀘이커 공동체의 신념에 기초한 것이다.

교사들은 같은 일에 종사하는 동료와 함께 대화를 하고, 동료들의 공동체가 마련해 주는 안내를 필요로 하며, 교사들의 모임에서 교직에 대한 중층적이고 집단적인 지혜를 얻을 수 있다는 것이다. 공동체를 통한 배움은 다음의 '정화위원회' 운영에서 잘 나타난다.

다. 정화위원회

CTT 교사교육에서 그룹활동을 통해 공동체로부터 배우는 것이 많은데, 이때 상호 간에 조언해 주기, 직설적으로 교정 및 단언하기, 직접적인 도움 주기 등은 금지된다. 대신 서로의 이야기를 경청하고, 말하는 사람이 말하고자 하는 내용을 더 잘 표현할 수 있는 질문들을 던진다.

이런 원칙은 사람들이 원하는 것은 교정을 받고 구원을 얻는 것이 아니라, 단지 자신의 이야기에 귀를 기울이고 이를 수용하는 것이라는(Intrator, Ed., 2004: 342) 생각 때문이다. 이런 원칙은 정화위원회가 진행되는 과정에서 잘 나타난다. 정화위원회(clearness committee)는 퀘이커 공동체의 한 지부에서 목사의 지도 없이 문제를 해결해 온 방식인데, 이것을 Palmer가 가르침에 대한 워크숍에 활용한 것이다. 정화위원회는 명료함을 얻고자 논쟁점을 제출한 사람에게 문제점을 밝혀 주는 질문들을 던질 목적을 가진 5~6명으로 이루어진 작은 모임이다.

대부분의 교회가 목사의 지도 아래 문제해결을 하는 것과 달리, 정화위원회는 퀘이커 공동체 구성원들이 문제가 있는 구성원의 이야기를 경청하는 것으로 문제해결에 접근한다. 기본 원칙은 '인간은 누구나 진리의 중재자인 내면의 교사를 갖고 있으며, 그 내면의 교사의 발언을 듣기 위해서는 서로 주고받는 공동체를 형성해야 한다.'는 퀘이커 공동체의 신념에 바탕을 두고 있다(Palmer, 2000: 256).

이것은 개인이 자신의 내면에서 나오는 소리를 듣게 도와주는 공간인 공동체를 제공하는 한편, 그 공동체가 외적인 코멘트나 조언으로써 개인의 내면성을 침해하지 않도록 하기 위한 것이다.

예를 들어, 가르침과 관련한 갈등이 있는 사람이 초점인물이 되어 동료 네댓 명에게 정화위원이 되어 달라고 한다. 동료들을 만나기 전에 초점인물은 자신의 문제를 간단하게 요약한다. 이때 형태는 자유지만 문제의 본질에 대해서 명확하게 적고, 전에 유사한 경험을 했을 때의 상황 등 그 문제에 대한 배경을 적으며, 문제에 대한 자신의 마음가짐(예를 들어, 너무 실망스러워 교직을 그만둘까 생각 중이라든가)을 적는다(Palmer, 2000: 257).

정화위원회는 두세 시간 정도 집중적으로 만난다. 위원회는 그 사람의 문제에 마음을 다해 주목한다. 이때 위원들은 초점인물에게 정직하고 개방적인 질문을 하는 것 외에 일체의 말을 걸어서는 안 된다. 질문의 속도 역시 아주 완만해야 한다. 이것은 진상을 알아보기 위한 과정일 뿐, 질의응답이나 법정의 반대심문 같아서는 안 된다. 초점인물은 질문에 답을 하지 않을 수도 있다. 또, 답변과 질문 사이에 충분한 침묵의 시간을 둔다.

　질문은 조언이 되서도 안 되고, 지나친 자기표현(예를 들어, "나도 전에 그런 문제가 있었는데 이렇게 했지요." 식의)도 안 된다. 또, 그 문제를 다른 사람이나 관련 서적의 추천 등으로 전가해도 안 된다. 다만 초점인물이 자신의 내부에서 지혜를 찾아내는 데 도움이 되는 질문만 던질 수 있다. 이와 같이 질문과 답변이 두 시간 정도 지속되는 동안에 초점인물은 자신의 내면의 소리에 귀 기울일 수 있게 된다는 것이 정화위원회의 의도다. 또한, 정화위원회가 끝나면 여기 참여한 구성원들은 문제에 대해 비밀을 보장해야 하고, 그 문제에 대해 언급하거나 제안 등을 해서는 안 된다. 초점인물이 처음부터 이런 내용을 충분히 인지하면 편안한 마음으로 자신의 문제를 이야기할 수 있다(Palmer, 2000: 259-262).

　이러한 과정을 거쳐 문제를 가진 초점인물은 자신의 내면의 소리를 들을 수 있게 된다. 뿐만 아니라, 위원회에 참여한 사람들 역시 질문을 하고 상대방의 반응에 주의를 기울이면서 공동으로 문제를 접근하는 것과 경청하는 것을 배우게 된다.

IV. CTT 교사교육에 관한 논의

1. 기본 가정에 관한 논의

　CTT(Courage To Teach) 교사교육은 교사의 내면을 성찰하고 영성을 교육하는 데서 출발하는 교육개혁을 가정한다. 이것은 교사의 자아의식이 가르치는 과정에서 학생, 교과, 세계가 엮이는 방식에 결정적인 영향을 미친다고 보는 것이다. 물론 교육의 질을 결정하는 데 교사가 결정적이라는 논리는 새로운 것이 아니다. 특히 최근 들어 교육개혁에 관한 논의에서 교사에 관련된 것이 핵심적 논의로 등장하는 것도 이러한 생각에서다. 그동안 공교육의 위기를 극복하기 위한 여러 가지 방안과 대책이 제안되었지만, 위기의 원인이 무엇이든 간에 위기 극복은 교실의 수업에서 시작되어야 하고, 교사야말로 교실 수업의 질을 좌우하는 결정적 요인이기 때문일 것이다. 이에 Sergiovanni와 Starratt(1983)는 교육의 변화란 교사의 변화를 의미하며 교육의 질적 변화와 혁신은 유능하고 우수한 교사를 기반으로 이루어진다고(이화진, 2004: 6에서 재인용) 역설하였다.

하지만 교사의 자발적인 변화 의지와 참여 없이는 다양한 교육개혁의 노력이 실효를 거두지 못하리라는 것은 점점 더 명백해지고 있다. 교사의 전문성에 대한 논의나 교사의 질 관리를 위한 교사평가에 대한 논의는 모두 교사의 중요성을 부각하고 있지만, 한편으로는 이런 논의가 교사를 비판하는 분위기 속에서 교사를 개혁의 주체라기보다는 여전히 개혁되어야 할 대상이요 수동적인 존재로 가정하는 문제점을 갖는다.

CTT 교사교육은 이런 점에 문제제기를 한다. CTT 교사교육의 기본 가정은 교사의 마음을 소중히 여기지 않는다면, 교육개혁을 위한 여러 제도적 변화 역시 결국 교육의 모습을 바꾸는 데 성공하지 못할 것이라고 보기 때문이다. 따라서 국가 수준에서 논의하고 시도하지 않은 교사 자신의 영성을 문제 삼으며 교사교육의 목적으로 삼고 있는 것이다.

교육에 있어서 변화는 다각적으로 이루어져야 한다. 제도적 변화와 함께 제도 속의 사람들 역시 달라져야 한다. CTT 교사교육의 가정은 바로 교육에 있어서 구조적·제도적 개혁에 관한 논의가 놓치고 있는 점을 역설한다는 점에서 의미가 있으며, 오늘날 교육개혁에 관한 논의를 보완할 수 있다고 생각된다.

김민남(1995: 4)은 필요와 요구의 논리만 앞세우는 교사교육 논의는 교사교육을 존재가 아닌 기술로서의 교사교육으로 간주하게 된다는 위험을 지적한 바 있다. 기술로서의 교사교육은 마치 물건과도 같은 것이어서 마음만 먹으면 이리저리 옮기고 바꿀 수 있다는 생각이 전제된 것이다.

좋은 가르침과 교육을 위해 교사가 교육개혁의 주체로 서는 것은 중요하다. 교사가 주체로 서기 위해서는 교사가 자기 존재를 검토하고, 가르치는 행위 중에 자기 안에 일어나는 것을 성찰하고 자발적인 자기변화를 하는 것이 시급하다. 이를 위해서 CTT처럼 교사 자신의 자아의식을 회복하는 데 주목하는 교사교육의 접근이 요청되는 것이다. CTT 교사교육은 오늘날 만연한 교사 때리기 문화에 힘을 잃어 가는 교사를 재충전시키고 용기 있고 소신 있게 가르칠 수 있도록 교사를 지원하고 지지하는 풍토를 조성해 줄 수 있을 것이다.

한편, CTT 교사교육은 인간은 누구나 자기 안에 내면의 교사가 있고, 그것이 바로 문제해결의 실마리라는 퀘이커 공동체의 신념에 기초한다. 또, CTT 교사교육이 특정 종교 교리를 교조적으로 가르치는 것은 아니지만, CTT 교사교육의 내용과 방법에 활용되는 것은 퀘이커 교도의 공동체 모형과 많은 부분 닮아 있다. 이와 같이 보이지 않는 영혼과 내면을 강조하는 종교적 성향의 교사교육이 한편으로는 기존의 교사교육이 간과한 것을 보완할 수 있는 점이 될 수 있지만, 교육을 받는 교사 입장에서는 자신의 종교적 신념이나 배경에 맞지 않아 CTT 프로그램을 선택하지 않을 수 있다. 이런 점이 CTT 프로그램을 일반화하여 적용하기에는 어려운 이유일 것이다.

2. 교육목적에 관한 논의

교사교육의 목적은 좋은 교사를 양성하는 것이다. 좋은 교사는 좋은 가르침을 수행할 수 있는 교사를 말한다. 이를 위해 교사교육은 교사에게 필요한 자질을 길러주기 위한 것으로 이루어진다.

Grossman(1990: 5)은 교사가 갖추어야 할 전문 지식을 교과내용 지식, 일반교육학적 지식, 교과교육학적 지식(pedagogical content knowledge), 수업 배경을 이루는 상황 지식의 네 가지로 구분한다. 교사가 갖추어야 할 전문적 지식에 관한 이러한 견해는 최근 들어 세계 각국에서 교사 자격을 주기 위한 준거 개발이나 현직 교사의 전문성 발달을 도모하는 프로그램 개발에 핵심적인 이론적 토대를 제공하고 있다.

현재 우리나라 교·사대에서 이루어지는 교사교육 역시 교사가 될 사람들이 이미 정해진 모델의 교사상에 부합하기 위한 내용과 방법을 익히는 것을 전제로 하며, 이를 위해 주로 이상의 지식을 전달하는 강의식 교육에 의존하고 있다. 반면, CTT의 교육목적은 교사들의 내면을 탐구하게 함으로써 교사의 마음과 영혼을 새롭게 하는 것을 목적으로 한다.

기존의 교사교육과 CTT 교사교육은 모두 좋은 교사 양성을 목적으로 한다. 차이점이라면, 기존의 교사교육이 좋은 교사가 갖추어야 할 자질을 주로 지식의 형태를 통해 습득할 수 있다고 전제하는 반면, CTT 교사교육은 좋은 가르침을 위해 교사의 영성교육을 목적으로 한다.

이것은 Palmer가 근대 학교교육의 주된 과제는 지식의 추구였고, 그 지식은 실증과학적 사실들의 집합체로서 인간의 본질적이고 초월적인 것들을 합리성의 잣대로 제거하였다고 보기 때문이다. 그리고 우리가 현재 직면한 도덕적 위기는 바로 학교교육의 결과이며, 이를 극복하기 위한 접근으로 이제까지와는 다른 영성적 접근을 요청하고 있는 것이다(1991: 21-39; 송순재, 2002: 61에서 재인용).

그러면 교사의 영성을 교육하는 것이 교사교육의 목적으로 타당한가?

Palmer(2000: 64)가 말하는 영성을 교육하는 것은 교사가 '내면의 교사', 즉 자신의 핵심적 본질의 목소리를 들을 수 있게 한다는 것이다. 그가 말하는 내면의 교사는 양심의 소리가 아니라 정체성과 성실성의 목소리다. 그것은 우리가 어떻게 해야 되는지를 말하는 것이 아니라, 우리에게 '진실은 무엇인가?' 하고 질문을 던진다.

이것은 문제해결책을 제시하는 것이라기보다는 끊임없이 문제를 탐구하게 하는 것을 의미한다. 즉, CTT 교사교육의 목적은 완결된 무엇을 주기보다는 교사로 하여금 자기 자신과 가르치는 과정에 대해 끊임없이 성찰하게 한다.

CTT 교사교육은 교사 바깥에 있는 어떤 것을 습득하게 하는 '전달(transmission)'에 초점을 둔 것이 아니라, 끊임없이 자기성찰의 과정을 통해 자기 '변화(transformation)'를 강조한다. 이와 같은 CTT 교사교육에 대해 참가자들은 다음과 같이 말한다.

나는 지금까지 지역이나 주, 또는 전국 단위의 많은 전문성 개발 프로그램에 지도자나 참여자로 관여해 오고 있다. 그런데 CTT 프로그램이 이들과

크게 다른 점은 이것은 전적으로 나를 위한 내용이었다는 점이다. 자신의 성
장이 유일한 결과물이었다. …… 나는 이곳에서 나 자신과 일생의 소명을 재
발견했다(20년 경력의 고등학교 교장, Intrator, Ed., 2004: 342-343).

전문성 개발을 위한 거의 모든 기회는 타자지향적이어서, 다른 누군가가
개발해 놓은 기술이나 쳐다보고 있게 된다. 나는 CTT 프로그램을 통해 자신
의 발전을 위해서 할 수 있는 가장 효과적인 방법의 하나가 내면을 탐색하는
데 공을 들이는 것임을 이해할 수 있었다. 내면에는 거대한 힘과 창의성과
상상력과 통찰력, 그리고 안목이 깃들어 있다. 그것들이야말로 내가 수업에
가지고 들어갈 수 있는 전부다……(26년 경력의 중학교 교사, Intrator, Ed.,
2004: 342-343).

이미 정해진 모델을 전제하고 가르칠 학습내용의 전달을 강조하는 기존의 교
사교육의 잠재적 교육과정은 교사를 수동적인 존재로 만든다는 것이다. 이러한
우리 교사교육의 현실을 김민남(1999: 26)은 '준전문성'과 '기능주의'로 요약하여
비판한다. 즉, 현재 교사교육에서 교사는 목적 달성을 위해 교과와 방법, 그리고
평가 기술을 익히는 것이라는 공식으로 진행된다. 또, 교육의 질은 교사의 질을
넘지 못한다는 명제하에 교사교육은 개인의 자질을 단련시키는 일을 강조한다.
그런데 이러한 개인의 자질 단련을 강조하는 교사교육은 전문성보다는 기능 위
주의 숙달을 강조하는 준전문성에 머무르게 한다는 것이다.

Giroux(2003: 238) 역시 미국 교사교육이 교과 영역과 교수방법의 숙달을 강조
하는 행동주의적 접근에 지배된 것을 비판한다. 행동주의적 교사교육 접근은 생
산을 강조하고, 교사를 효과적인 교수법과 원리의 집행자로 간주한다. 따라서 예
비교사는 전문가가 만들어 놓은 지식을 퍼담기만 하면 되는 수동적 그릇으로 인
식되며 교사 양성 프로그램의 내용과 방향을 결정하는 데 아무런 역할을 하지 못
한다는 것이다.

이와 같이 교사를 수동적인 전달자, 전문가가 아닌 기능인으로 전제하는 교사

교육에서는 교사가 교육의 목적에 대해 고민을 하고 가르치는 과정에서 끊임없이 가르치는 활동 자체에 대해 성찰할 여지가 없어진다.

다시 말해, 가르치는 일을 일상화된 절차나 도구성을 획득하는 문제로 간주하게 되면, 그러한 교사가 자신의 역할을 지적·도덕적 자기변화(self-transformation)의 관점에서 파악한다고 말할 수 없다(Carr, 2003: 265).

이와 달리, CTT 교사교육은 기존의 교사교육이 결여한 교사 자신의 자기성찰을 가능케 한다. 따라서 CTT 교사교육은 오늘날 교사교육의 문제점으로 지적되는 문제점 중 교사교육이 사명감을 길러 주는 데 실패하고 있다는 것에 관한 적극적인 처방이 될 수 있을 것이라고 생각된다. CTT 교사교육은 교사로 하여금 자기 자신과 가르치는 활동 자체에 대한 성찰을 하게 하고, 이 과정 속에서 자기변화를 일으키게 한다. 이 과정을 통해 교사들은 교직 입문 당시의 교사로서의 열정과 소명의식을 회복하고 가르치는 일에 헌신할 수 있게 된다.

또, 고병헌(2001: 143)이 우리나라 교사교육의 문제점으로 학생들을 어떻게 가르칠 것인가에만 초점을 맞추고 교사 스스로 자기 자신을 어떻게 교육할 것인가에 대해서는 관심을 보이지 않는다고 비판한 것과 달리, CTT 교사교육은 교사 자신의 끊임없는 변화와 자기성장을 강조한다.

이상에서 볼 때, CTT가 목적으로 하는 영성교육은 기존의 교사교육이 보여 주는 한계와 문제점을 보완하는 점에서 타당하다고 생각된다. 물론 CTT 교사교육은 교사 재교육 프로그램이다. 현재 교사교육에서 역점을 두고 있는 전공에 대한 지식과 교수법은 필요하다. 그러나 CTT가 목적으로 하는 영성교육은 현재의 교사교육의 접근에 문제제기를 하며, 교사의 자기성찰과 자기교육을 가능케 하고 특히 사명감과 소명의식을 지닌 교사 양성에 실패하고 있다는 점에 시사하는 바가 크다.

따라서 CTT 교사교육처럼 교사의 영성교육을 목적으로 하고 소명의식을 회복하고 교사의 재충전을 강조하는 프로그램이 활성화되면, 교사연수나 교사 재교육이 현재처럼 승진을 위한 목적에 치우치지 않고, 교사 자신들의 자발적인 참여를 이끌어 낼 수 있을 것이다. 또, 자기성찰을 핵심으로 하는 교사연수 프로그램의 활성화를 통해 '전달'식의 교사교육(전직 교사교육 및 교사 재교육)의 접근에도 변화를 가져올 수 있을 것이다.

또한 교사의 영혼을 교육하는 것은 교육에서 영성 회복을 위해서도 중요하다. 최근 교육학에서 영성의 차원을 회복해야 한다는 논의는 Palmer 외에도 시작하고 있다. 지식 편중의 교육에 혼을 불어넣고, 교육을 파편화되지 않은 상호연관된 구조 안에서 볼 필요성이 제기되고 있기 때문일 것이다. 영성을 이야기하는 것이 낭만적인 환상처럼 들릴 수 있다. 그러나 교사가 가르치는 것은 교사 자신의 내면적 자아와 학생의 내면적 자아 간에 서로 연결되어 공명이 일어날 때 비로소 그 효과를 발휘한다. 그리고 우선 교사가 자신의 내면의 소리와 대화할 수 있을 때 학생들의 내면과도 소통할 수 있다는 점에서 교사교육에서 내면의 소리에 주목하는 것은 중요한 일이다.

이런 점에서 보면, 교육에서 영성의 차원을 회복하는 일은 절실한 것이다. 그리고 이를 위해서 무엇보다 선행되어야 할 일은 영성의 차원을 인식하고 가르치는 교사가 가르치는 일이다. 따라서 Palmer가 교사교육에서 교사의 영성을 교육하려는 목적은 교사교육에서부터 먼저 교사 자신의 영성을 일깨운다는 점에서 교육의 영역에서 영성을 회복하기 위한 근본적인 방법이 될 수 있을 것이다.

한편 영성을 교육목적으로 할 때, 영성이 현실 사회를 외면한 개인의 영성에만 국한하는 현실도피적 신비주의로 흐를 위험성과 특정 종교 교리를 강조하는 교조적 성격으로 흐를 위험을 지양해야 한다. 다행히 Palmer가 말하는 영성은 특정 종교에 국한된 것이 아니며, 현실 사회를 외면한 초월성이 아니다. 따라서 교육이 특정 종교의 영향력에 지배되는 위험과 현실 사회의 모순에 눈감는 현실도피적 경향의 문제점을 비껴가면서 현대사회에 요청되는 영성을 강조하고자 한다.

3. 교육내용에 관한 논의

CTT 교사교육은 주로 개인의 내면에 관련된 은유에 의존해서 교육내용을 구성한다. 이것은 내면 탐구라는 주제에 집중하게 하면서 동시에 자신과 직면하는 것이 강요나 부담이 되지 않고 간접적인 초대의 형태를 띨 수 있도록 하기 위한 것이다. 또, 영성교육을 하기 위해 특정 종교 교리에 기초한 영성교육이 교조적이 되거나, 종교적 배경이 다른 사람에게 배타성을 띨 수 있는 문제점을 피하기 위함 이다.

　실제로 CTT 교사교육에서 활용하는 은유는 누구에게나 직접 특정 종교의 교 리나 도그마에 갇혀 버린 느낌을 주지 않고도 영혼의 문제에 근접한 질문들을 만 들어 내는 데 효과적이다. 은유를 활용함으로서, 직면하기 힘든 자신의 내면에 관 한 주제를 간접적인 방식으로 다룬다는 점에서 효과적이다. 은유는 보통 논리적 인 것에 대조되는 것으로 간주되고, 따라서 실증주의적 경향 속에서 무시되어 왔 다. 그러나 Egan(1997: 56)은 그동안 교육연구나 교육과 관련된 글 속에 은유적 사 고 형태가 논리적-수학적 사고 형태에 비해 주목받지 못한 것을 지적하고, 구성 주의적 인식론에서 보면 은유는 보다 유연하고 생산적인 학습을 하는 주요 수단 임을 역설하기도 한다.

　CTT 교사교육 내용에 은유가 활용된 점은 이제까지의 교사교육 내용이 주로 논리적인 명제적 지식의 형태를 띤 것과 큰 차이를 보인다. 기존의 교사교육이 전 공과 교수방법에 관한 논리적 지식의 체계를 주된 교육내용으로 삼았다면, CTT 교사교육은 은유를 이용해 결국 교사들 자신의 삶에 관한 이야기를 이끌어 내려 고 한다. 이것은 기존의 교사교육이 교사를 외부로부터 제공받은 지식에 의존하 게 하는 것과 달리, 자신의 주관적이고 자신의 실천 속에서 만들어 낸 자신의 목 소리를 내게 하는 점에서 의의가 있다. 이것은 최근 교사를 주체적 존재로 인식하 고 교사 자신의 목소리를 내게 하기 위해 내러티브와 교사교육을 관련짓는 연구 (Lyons & LaBoskey, 2002; 신옥순, 1996)에서도 강조하는 점이다.

　그러나 '내면 탐구'라는 쉽지 않은 주제를 다루는 은유를 교육내용으로 하는 것은 쉬운 일이 아니다. 이제까지 교사교육에서 다루어진 지식의 형태와 은유는 매우 상이하기 때문에 은유를 교육내용으로 구성하는 데 어려움이 있다. 또한 내 면 탐구에 관련된 내용의 은유를 선택하는 문제도 쉬운 일이 아니다. 교사교육 진행상의 어려움으로 Palmer 자신이 예를 든 것처럼 어느 그룹에서 내면 탐구에 관한 시를 읽고, 돌아가면서 자신이 느낀 바를 이야기하는 중에, 좌중에서 누군가 그 시를 전공한 사람이 시인의 의도는 그것이 아니라고 논리적으로 반박한 경우도 있을 수 있다. 이런 난점을 피하면서 주제에 집중하기 위해서는 CTT 프로그램을 진행할 수 있는 프로그램 진행자를 위한 교육이 선행되어야 한다는 문제도 있다.

4. 교육방법에 관한 논의

CTT 교사교육에서 강조하는 교육방법은 자기성찰, 정화위원회에서 잘 나타난 공동체를 통한 배움과 경청으로 요약할 수 있다.

Palmer가 비판하는 현대문화의 병폐는 분열이다. 이것이 교육에서 나타난 상황을 Palmer는 "학생들은 학생들대로 교사와의 생생한 만남을 피하기 위하여 그들의 노트와 침묵 뒤로 숨어 버리고, 교사는 교사대로 학생들과의 생생한 만남을 회피하기 위하여 자신의 교단, 경력, 권위 뒤로 몸을 가린다. 교사들은 교사들 간의 생산적인 만남을 회피하기 위해 자신의 전공 분야로 숨어 버린다. 또 교과와의 생생한 만남을 피하기 위하여 교사와 학생은 객관성의 허울 뒤에 숨어 버린다."고 비판한다(Palmer, 2000: 73).

여기에서 '숨어 버린다'는 말은 학교에 뿌리박힌 분열과 분열로 인한 공포의 본질을 나타내고 있다. 이와 같이 학생과 교사, 학생과 교육내용, 교사와 교사가 서로 연계되지 못하고 분열된 모습은 우리 교육에서도 쉽게 발견된다. CTT 교사교육은 교육에서의 이러한 분열을 극복하기 위해 먼저 교사 자신의 내면을 성찰하게 하고자 하는 것이다.

CTT 교사교육에서 교사들은 서로 신뢰의 공간을 만들고 공동체를 이루어 자기 내면의 소리와 타인의 이야기를 경청하면서 함께 성장한다. 이것은 분열된 교육문화에 공동체 구성원 간에 신뢰를 회복하고 관계를 맺는 것의 중요성을 시사한다. 더욱이 Palmer는 개개인의 의식의 변화를 이끌기 위한 공동체 모델을 구체적으로 단계화해 보여 준다(Palmer, 2000: 277-305; Miller, 2000: 143-145). 먼저 1단계는 고립된 개개인들이 '더 이상 분열된 삶을 살지 않겠다.'고 내적 결정을 내리는 단계다. 2단계는 이런 결정을 내린 개인들이 서로 일치의 공동체를 발견하고, 그 공동체를 통해 상호 지지와 공동의 비전을 개발할 기회를 갖는다. 3단계는 2단계의 사적인 공동체가 보다 공식화(public)된다. 따라서 그들의 사적인 관심이 공적인 이슈로 바뀌고, 그들은 그 과정에서 날카로운 비판도 받는다. 마지막으로 4단계는 대안적인 보상 체계가 생겨나 운동의 비전을 지속시키고, 기존의 질서에 점진적인 변화를 가져오게 되는 단계다.

이러한 단계는 개인이 자신의 내면에 눈을 뜨고 같은 마음을 가진 개인이 서로 신뢰의 공간을 형성하여 서로 믿음을 확고하게 하고, 그것이 보다 공식적인 공동체가 되고 마침내 새로운 변화를 가져온다는, 즉 개인의 의식 변화를 통한 사회 질서의 변화를 위한 운동의 단계를 보여 준다는 점에서 의의가 있다.

현재 대학에서 이루어지는 교사교육의 방법은 학생들의 자발적인 참여를 끌어내기 위해 다양한 방법들을 시도하고 있지만, 여전히 지식 전달의 모형에 기초한 강의가 일반적이다. 그러나 '전달 매체가 곧 전달 내용'이라는 McLuhan의 말대로라면, 공동체를 통한 배움과 경청을 익힌 교사가 교육에서 공동체의 중요성과 경청의 가치를 가르칠 수 있는 것이다. 동료 교사 간에 신뢰관계를 형성하고 타인의 의견을 경청하며 공동으로 문제를 해결하는 것은 교육에서 분열의 문화를 극복하기 위해서는 필수적이다.

최근 교육 분야에서 교육공동체, 학교공동체에 관한 관심이 증대되는 것도 모두 교육을 하는 데 있어서 교육에 관련된 이들 공동의 노력을 경주하는 공동체의 중요성을 인식하기 때문이다. 위에서 Palmer가 지적한 분열의 문화는 우리 교육 문화에도 쉽게 찾아볼 수 있다. 자기 수업, 자기 교실에만 매몰되기 쉬운 교직의 특성상 교사들 역시 동료 교사 간에 서로 신뢰의 공간을 쉽게 갖지 못한다. 이런 문제점을 해결하기 위해 최근 교사들 사이에서 자발적으로 시작되고 있는 동료와 함께 자기성장을 모색하는 각종 교사모임이 뿌리내리는 것이 중요하다. CTT 교사교육에서 강조하는 공동체를 통한 배움은 이러한 자발적인 동료 교사와의 모임이 정착하는 데 시사하는 바가 크다고 생각된다.

또, CTT 교사교육에서 공동체를 통해 배우는 데 있어서 강조되는 것이 경청이다. 이때 경청의 의미는 두 가지다. 자신의 내면의 소리에 귀 기울이는 것과 타인을 경청한다는 뜻이다. 여기에서 말하는 경청은 그저 듣는다는 의미가 아니라, 온 마음을 다해 귀 기울인다(mindful listening)는 것을 뜻한다.

Palmer는 경청—인정받고 들어 주고 알아 주고 그 과정에서 존중받는 것—은 인간이 가장 열망하는 행동이라고 말한다. 따라서 경청하는 것, 깊이 경청하는 것은 개인적·사회적 변화를 촉진시키는 출발점이라고 보는 것이다(Intrator, Ed., 2004: 367에서 재인용).

평화운동을 하는 박성준(2003: 114) 역시 경청의 중요성에 대해 다음과 같이 역설한다. 경청이란 상대방을 공경하는 마음으로, 그 인격을 존중하면서 정성을 다해 귀를 기울여 듣는 것을 말한다. 그리고 경청하는 관계란 일방이 타방을 가르치는 관계가 아니라 자신의 계획이나 용건, 남을 가르치고자 하는 의도, 판단이나 충고 따위를 완전히 접어놓고 오로지 상대방에게 전적으로 나를 내맡기는 방법으로 고요히 귀를 기울이는 그러한 관계다. 이러한 관계에서는 교사와 학생의 이분법적 분리가 없고, 가르치는 사람이 배우는 사람이 되고, 배우는 사람이 가르치는 사람이 된다. 경청의 궁극적인 목적은 각 사람이 자주적 인격의 주체로 일어서서 당당히 걸어갈 수 있도록 서로 격려하고 서로 가르치고 배우는 데 있다. 그리하여 자신과 사회, 인류의 현재와 미래에 대해 책임 있는 존재자가 되게 한다.

이러한 경청은 관계적일 수밖에 없는 가르침과 배움의 과정에는 필수적이다. 교사가 자신의 내면의 소리와 동료 교사의 소리에 경청할 수 있을 때, 교사는 학생과 더 깊은 관계를 형성할 수 있으며, 동료 교사와도 신뢰할 수 있는 공간을 형성할 수 있게 된다. 이것은 결국 분열된 교육문화를 변화시키는 데도 기여할 것이다.

V. 맺는말

CTT 교사교육은 목적, 내용, 방법 면에서 기존의 교사교육의 접근과는 다른 관점을 취한다. 교육개혁을 위한 처방 역시 그동안 제도적 수준에서 한 번도 주목하지 않은 교사의 마음을 문제 삼는다. 이것은 눈에 보이지 않는 정신적인 가치를 기본적으로 신뢰하고, 교사 되는 데에 영성이라는 새로운 차원을 본격적으로 이야기한다는 점에서 의의가 있다고 생각된다. 더욱이 최근 교사 비판의 문화에는 교사를 교육개혁의 주체로 회복하기 위해 CTT 프로그램처럼 교사 자신의 자아의식을 회복하는 데 주목하는 교사교육의 접근이 요청된다.

이상의 논의에서 나타난 시사점에도 불구하고, CTT 교사교육을 일반화해 현행 교사교육에 적용하기에는 몇 가지 난점이 따를 것으로 예상된다. 첫째, 앞에서도 언급한 것처럼 CTT 프로그램 진행을 위해서는 먼저 CTT 진행자 교육이 선결되어야 한다. 둘째, CTT 프로그램 성격상 소규모 집단의 반복적인 만남에 의한 관계형성이 이루어져야 하는데, 현재처럼 다수의 학생들을 대상으로 하는 체제로는 어려워 보인다. 또, 프로그램의 성격상, 점수를 매기는 방식의 평가는 불가능할 것이다. 셋째, CTT 교사교육이 특정 종교의 교리나 도그마를 배제하고 있지만, 기본적으로 기독교적 전통과 퀘이커 공동체의 신념에 기초한 것이다. 때문에 종교적 성향이 다른 사람들에게까지 일반화해서 적용하는 데 어려움이 있을 수 있다. 따라서 CTT 교사교육이 강조하는 점에서 우리 교사교육을 반성하고, CTT 교사교육의 접근이 시사하는 점을 우리 교사교육에서 보완적으로 활용해 볼 수 있는 구체적인 프로그램 개발을 위해서는 이와 관련된 다양한 비판적 논의와 별도의 후속 연구가 필요할 것이다.

참고문헌

고경석 외(2003). 교육대학교 교육과정의 미래형 모델 개발을 위한 외국 교사교육과정의 관찰과 탐색. 한국교원교육연구, 20(1): 5-31.

고병헌(2001). 대안교육에 대한 성찰과 과제. 처음처럼, 27(9/10): 122-152.

김민남(1995). 교사교육론의 철학. 한국교사교육, 11: 1-32.

김민남(1999). 교사교육론과 실천. 교육철학, 17: 19-37.

김정신(2002). 영성교육을 위한 탐색적 연구. 교육인류학연구, 5(1): 1-15.

박고훈, 박분희(2002). 교사교육의 반성과 대안 탐색. 한국교원교육연구, 19(1): 1-16.

박성준(2003). 자신의 전 존재가 귀가 되게 하라 - 경청 그 아름다움에 대하여. 대안-새로운 지평을 연다. 서울: 이채.

송순재(2002). 새로운 영성교육의 성격과 그 주요 명제. 처음처럼, 30(3/4): 52-101.

신옥순(1996). 서사와 교사의 지식, 그리고 교사교육. 교육논총, 13(1): 171-191.

유현숙(2002). 교사교육에 대한 새로운 요구와 방향. 한국교원교육연구, 19(3): 1-11.

이화진(2004). 수업평가 일반 기준 개발 관련 소고. 수업평가 일반 기준 개발 및 활용 방안 탐색. 한국교육과정평가원 학술 세미나 자료집.

정영수(2002). 중등교사 양성체제의 발전 방향. 한국교원교육연구, 19(1): 1-11.

정윤경(2002). 발도르프 학교의 교사교육. 교육철학, 27(2): 91-108.

한영란, 정영수(2004). 영성교육의 교육적 의미. 한국교육학연구, 10(1): 5-18.

Brinton, H. (1986). 퀘이커 300년. 함석헌 전집 15. 함석헌 역. 서울: 한길사

Carr, D. (2003). Rival Conceptions of Practice in Education and Teaching. *Journal of Philosophy of Education*, 37(2): 253-266.

Egan, K. (1997). *The Educated Mind*. Chicago: The Univ. of Chicago Press.

Giroux, H. (2003). 교사는 지성인이다(*Teachers as Intellectuals*). 이경숙 역. 서울: 아침이슬.

Grossman, L. (1990). *The making of a teacher: teacher knowledge and teacher education*. Columbia: Teachers college press.

Intrator, S. (Ed.) (2004). 용기 있게 가르쳐라(*Stories of The Courage To Teach*). 이남재 역. 서울: 도서출판 역사 넷.

Lyons, N., & LaBoskey, V. (Eds.) (2002). *Narrative Inquiry in Practice: Advancing the Knowledge of Teaching*. New York: Teachers College Press.

Miller, J. (2000). *Education and Soul*. Albany: State Univ. of New York Press.

Miller, J. (1993). *The Holistic Teacher*. Ontario: Oise Press.

Miller, J. (1987). 홀리스틱 교육과정(*The Holistic Curriculum*). 김현재 외 역. 서울: 책사랑.

Miller, R. (1997). *What are Schools for?: Holistic Education in American Culture*. Vermont: Holistic Education Press.

Orr, D. (1994). *Earth in Mind*. California: Island Press.

Palmer, P. (2000). 가르칠 수 있는 용기(*The Courage To Teach*). 이종인 역. 서울: 한문화.

Palmer, P. (2003). Teaching with Heart & Soul: Reflections on Spirituality in Teacher Education. *Journal of Teacher Education*, 54(5): 376-385.

Palmer, P. (2004). *A Hidden Wholeness*. San Francisco: Jossey-Bass.

http://www. fetzer.org

http://www.couragerenewal.org

제5장

교사교육과 영성

이 글은 교사교육에서 영성교육의 필요성과 중요성을 역설하는 교사교육의 과정을 살펴보고, 현행 교사교육에 시사하는 점을 탐구하는 것을 목적으로 한다. 현재 지식 중심의 교육에 혼을 불어넣고 새로운 방향전환을 하기 위해 영적 차원의 교육이 요청되며 이를 위해서는 먼저 가르치는 교사 자신이 영적 차원의 삶에 눈뜨고, 교사교육의 과정이 교사가 될 사람의 영적 성장을 꾀하는 과정이어야 한다고 생각하기 때문이다. 이때 영적 차원의 교육이란 특정 종교적 내용을 의미하는 것이 아니라, 종교를 초월한 인간의 영적 성숙을 의미한다.

II절에서 영성의 다양한 의미와 교육에서 영성을 고려하자는 이론적 근거에 대해 살펴보고, III절에서는 교육내용으로서의 영성의 가능성을 고찰하기 위해, 교육의 주된 내용으로 다루어져 온 지식과 달리 영성을 교육내용으로 삼는 것이 가능한지, 영성을 교육하는 데 있어서 종교와의 관계를 어떻게 볼 것인지 논의할 것이다. IV절에서는 영성을 중시하는 교사교육의 실제 사례로 'CTT 교사교육'과 '발도르프 교사교육'을 살펴보고, 이러한 관점이 현 교사교육에 시사하는 점을 탐색해 볼 것이다.

I. 서 론

교육은 사람을 변화시키는 것이요, 사람을 변화시킨다는 것은 모르던 지식과 기술을 습득하고 그 과정에서 인격의 변화가 일어나는 것을 말한다. 이것은 지식과 기술만으로 되는 것이 아니라 가르치는 사람의 마음과 혼이 더해져야 하는 일이다. 즉, 훌륭한 가르침과 그것을 행할 수 있는 교사는 가르치는 내용에 대한 지식과 교수방법의 숙달로만 완성될 수 없다. 현재 교사교육 과정은 대개 교양과목, 교직과목, 전공과목(교과내용학과 교과교육학)으로 이루어져 있다. 이것은 전공에 대한 지식과 가르치는 방법에 대한 지식과 기능의 숙달을 통해 교사가 될 수 있다고 가정하는 것이다. 그런데 이와 같은 교사교육은 기술로서의 교사교육, 기능주의적 교사교육임을 비판받고(김민남, 1995) 있으며, 특히 교직에 대한 사명감을 지닌 교사를 길러 내기에는 부족해 보인다. 더욱이 최근 교육개혁과 교사교육 개혁은 신자유주의 흐름속에서 시장의 원칙에 따른 경쟁을 강조하고 가르치는 일에 있어서 마음과 혼을 다해 가르치는 것의 중요성은 오히려 경시되고 있는 실정이다.

신자유주의적 관점에서 공교육의 개혁을 강조하는 주장(Cochran-Smith, 2003: 371)에 따르면, 학교풍토를 변화시키기 위해 경쟁이 요청된다. 경쟁은 근본적으로 불안과 공포에서 나오는 것이다. 신자유주의적 접근의 교사개혁은 경쟁을 강화하고, 공교육에 종사하는 교사들이 실직을 두려워하고 물질적 보상을 원할수록 경쟁적 위협에 효과적으로 대처하려고 노력할 것이라고 가정한다. 그러나 가르치고 배우는 일은 이와 같이 효율성과 이윤이라는 경제 원리에 의해 지배되는 것이 아니다. 경쟁을 통해 좋은 교사를 길러 내겠다는 생각은 가르침과 배움의 본질을 이해하지 못하는 것에서 비롯된다. 하지만 오히려 좋은 교사의 질은 교사들이 가르치는 일과 가르치는 아이들에게 헌신할 수 있을 때 가능하다.

또 교사의 헌신은 가르치는 내용과 방법에 대한 숙달 이외에 교사의 마음과 영혼을 돌볼 때 이루어질 수 있을 것이다. 따라서 교사교육 과정은 교사가 되어 교육을 실천하는 데 필요한 지식과 기능뿐만 아니라 교직에 필요한 태도와 자질, 즉 교사로서의 열정과 교육에의 헌신을 길러 줄 수 있어야 한다. 그래야 지식이 전달되는 것으로서의 교육이 아니라, 마음에서 마음으로 혼에서 혼으로 공명이 일어날 수 있는 교육이 되지 않을까? 그렇다면 어떻게 마음과 영혼으로 교육할 수 있는 교사를 교육할 수 있을까? 영혼을 교육하는 것은 종래 해 오던 지식교육과는 다른 종류의 교육인가?

이 장은 이러한 문제의식에서 교사교육에 영성(spirituality)[1], 즉 혼과 마음의 영역을 교육할 필요성과 중요성을 역설하는 교사교육의 과정을 살펴보고, 이것이 현행 교사교육에 시사하는 바를 살펴보는 것을 목적으로 한다. 먼저 Ⅱ절에서 영성의 다양한 의미와 교육에서 영성을 고려하자는 이론적 근거에 대해 살펴보고, Ⅲ절에서는 교육내용으로서의 영성의 가능성을 고찰하기 위해, 교육의 주된 내용으로 다루어져 온 지식과 달리 영성을 교육내용으로 삼는 것이 가능한지, 영성을 교육하는 데 있어서 종교와의 관계를 어떻게 볼 것인지 논의할 것이다. 영성을 고려한 교사교육의 예로 'CTT 교사교육'과 '발도르프 교사교육'을 살펴보고, 이것이 현행 교사교육에 시사하는 점을 살펴볼 것이다.

Ⅱ. 교육과 영성

1. 영성의 의미

Nye와 Hye(1996)에 의하면, 영성의 의미는 한쪽 끝에는 '도덕적 민감성'에서 다른 끝에는 '신과의 신비적 일치'에 이르는 스펙트럼에 놓일 수 있다고 설명하는 것처럼(김정신, 2002: 2에서 재인용), 영성의 의미는 다양하다.

영성이란 '영(spiritus)'과 '영혼'에 관한 서구적 개념, 즉 spirit과 soul로부터 연

---

1) 본 장에서 '영성'이라고 하는 용어는 영어 spirituality의 번역어다. 문헌에 따라 '영성' 또는 '정신성'으로 번역되는데, 본 장에서는 '영성'으로 번역하여 사용하였다.

원하여 형성된 'spirituality'의 번역어다. 영이란 역사적으로 한편으로는 고대 희랍사상과 관련되고 또 한편으로는 히브리-기독교적 사상과 관련된다. 신약성서 희랍어에서는 프뉴마(pnuema)로, 구약성서 히브리어에서는 루아(ruah)로 쓰였으며, 이 모두는 그들 삶에 불가해하게 다가오곤 했던 신비로운 힘에 대한 체험을 반영하는 말이다(송순재, 2002a: 66).

spirit에 해당하는 히브리어 'ruah'와 희랍어 'pnuema'의 어원은 각각 '만질 수 없는 공기의 움직임'을 뜻한다. 따라서 영성은 한편으로는 '불가해하고 모호한' 의미를 지니며, 또 한편으로는 '생명유지에 필요한 또는 활력을 주며 역동적인' 의미를 동시에 갖는다(Wright, 2000: 7).

어원적으로 이러한 의미를 갖는 영성은 기독교 신학에 관련된 종교적 의미를 갖고 있으며, 따라서 '영성' 하면 주로 기독교에 관련된 것으로 생각된다. 그러나 영성이 기독교에서 주로 사용되지만, 불교, 이슬람교, 유대교 등에서 영성을 추구하지 않는다고는 말할 수 없다. 또한 영성은 특정 종교를 초월하는 초종교적 관점에서 사용될 수도 있다.

예를 들어, Schneiders는 영성이란 용어가 사용되는 경향에 대해서 다음과 같이 분류한다. 첫째, 영성은 가톨릭 혹은 개신교적 용어로 국한되지 않으며, 유신론적 혹은 종교적 영역에만 국한되지 않는다. 둘째, 영성은 개인이 완성과 초월을 향한 부름에 독창적이고 인격적으로 반응하는 것이다. 셋째, 영성은 완성보다는 성장과 관계되며, 그것은 소수에 제한되지 않고 인간성의 완성을 향한 체험을 하는 모든 사람에게 해당된다. 마지막으로 영성은 인간의 내적 삶에만 관심을 기울이는 것이 아니라, 일상적인 삶의 모든 영역에 관계가 있다(한영란, 2004: 33-34에서 재인용).

기존의 교육론과 비교해 영성교육을 강조하는 홀리스틱(Holistic) 교육[2] 관련 문헌은 주로 영성을 초종교적인 의미로 사용하는 경향이 있다. 이는 영성을 교육

---

2) 홀리스틱 교육(Holistic Education)은 홀리스틱 패러다임에 기초한 교육이론으로 최근 미국, 캐나다 등을 중심으로 발달하고 있다. 홀리스틱 교육은 서구 근대 기계론적 세계관에 기초한 교육의 문제를 극복하기 위해 보다 생태적이고 유기적이며 영성을 강조하는 패러다임으로의 전환을 추구한다.

하는 것이 특정 종교와 관련된다는 논쟁을 피하기 위함이다.

예컨대, 교육에서 정신(spirit)을 되살려 내는 것을 탐구하는 Palmer 자신은 퀘이커교도지만 그는 정신적인 것이 반드시 특정 종교에 관련된 것이라는 의미를 극복해야 함을 지적한다. 그가 뜻하는 '정신적'인 것은 우리 자신의 자아보다 더 크고 믿을 만한 어떤 것과의 연결성, 우리 자신의 영혼과의 연결, 다른 사람, 역사와 자연세계, 보이지 않는 정신, 살아있는 것의 신비와 연결되고자 하는 지속적이고 오랜 인간의 열망을 의미한다(Palmer, 2003: 380).

Carmody(1994)는 영성을 우리의 마음이 사랑에 눈뜨게 하는 것이라고 정의하며, Moffet(1994)은 '생명' '호흡(breath)'이라는 은유를 사용하면서 영성이 동양적인 의미의 차크라(chacra)나 기(氣)와 같은 생명력을 나타내는 것이라고 본다(Conti, 2002: 50에서 재인용).

요컨대, 영성은 종교적인 개념에 국한하지 않으며, 그렇다고 종교와 무관한 것도 아니다. 여러 종교에서 중요하게 영성을 고려하는 것은 사실이다. 따라서 이 장에서 교사의 영성을 교육하는 것의 중요성과 필요성을 말하는 것이 교사를 특정 종교인이 되게 한다는 의미는 결코 아니다. 종교를 초월하여 인간의 본질적 특성으로서의 영적 측면을 강조함으로써 영적으로 성숙한 교사가 되게 하자는 것이다. 즉, 특정 종교에 국한된 개념으로서가 아니라, 인간의 본질적 특성으로서 영성을 의미한다. 물론 대부분의 종교가 영성적 인간관을 갖고 있으며, 각각 교리체계 안에서 다른 영성관을 갖고 있다. 그러나 오늘날은 복합적이고 다원화된 사회이며, 또한 모든 사람에게 적용되는 교육의 차원에서 영성을 논하는 데 있어서는 초종교적인 영성관이 필요하다고 생각한다.

2. 교육에서 왜 '영성'인가

다양한 의미의 영성을 교육하는 문제를 탐구하기 전에 '왜 교육에서 영성을 고려하는가?' 하는 문제가 선결되어야 할 것이다. 오랫동안 영혼, 정신, 영성 등의 용어는 교육과 무관한 것으로 간주되거나, 교육에서 오히려 금기시되어 왔다.

그것은 서구에서 근대 학교교육제도가 확립된 이후, 이전의 종교와 교육의 깊은 관련성을 없애고 교회가 아닌 국가가 주도적으로 교육을 관장하게 된 것과 관련이 있다.

그런데 종교와 교육이 분리된 이래 근대교육에서 영적인 발달을 고려하지 않는 점이 문제가 되면서 교육 일각에서는 다시 교육에서 영성 차원을 회복할 필요성을 제기하고 있다. 구체적인 예로 영국 1988년 국가교육과정 문서는 공식적으로 교육이 아동의 영적(spiritual) 발달을 고려해야 한다고 명시한다(HMSO, 1988: ix). 이외에도 근대교육이 간과해 온 영성 차원을 교육에서 회복할 것을 역설하는 논의가 근대교육과 근대문명에 대한 비판과 함께 대두되고 있다.

이들의 공통된 주장은 오늘날 현대문명의 폐해와 교육의 문제는 근대 교육의 이론과 실천이 종교에 대한 중립을 선언하고, 실증주의와 경험주의에 기반을 두면서 이루어지기 때문이라는 것이다. 교육에서 영성을 회복해야 한다는 논의는 영성의 개념에는 합의하지 못하는 데 반해, 현재 이루어지고 있는 교육시스템의 목적과 교육과정에 영적 발달과 영성의 개념이 결여되어 있다고 비판하면서 영성교육을 강조하는 점에는 동의한다.

이러한 논의에서 '교육에서 왜 영성인가'에 대한 답을 찾는다면, '근대교육의 한계와 문제점'으로 요약할 수 있을 것이다. 근대교육의 문제점 비판은 근대교육의 문제점의 근원이 결국 서구 근대문명이라고 하면서 서구 근대문명 전반에 대한 비판으로 확대된다. Miller(1997: 75)는 서구 근대의 세계관이 근대 학교교육을 야기했고, 그것이 현재 근대 이후(post-modern)에는 적합하지 않음을 지적하고, 새로운 시대의 비전으로 포스트모더니즘(post-modernism)을 요청한다. 여기에서 Miller가 말하는 '포스트모던'의 의미는 Derrida나 Foucault 식의 해체를 강조하는 것과는 달리, 인간과 세계와의 영적·유기적·홀리스틱적 관계를 강조한다.

Sloan(1983)은 근대적 세계관에 기초한 근대교육의 문제점으로 지나치게 협소한 '이성'과 '지식' 개념이 생태학, 인류공동체, 참된 개체성의 문제를 경시한다고 비판한다. 따라서 교육은 의지를 지닌 존재, 감정을 지닌 존재, 사고하는 존재, 가치를 추구하는 존재로부터 나오는 상상력과 내면의 삶에도 관여해야 한다고 역설한다(Conti, 2002: 5에서 재인용). 즉, 교육의 목적이 전인으로서 개인의 완전한 실현이며, 이때 전인의 의미는 내면을 지닌 영적 존재임을 포함하고 있다.

Palmer(2000: 104) 역시 근대 학교교육이 주된 목적으로 삼은 지식교육의 문제를 지적한다. 그에 의하면, 근대교육이 전제하는 객관주의적 인식론으로 인해 학생들은 가치중립적 사실을 객관주의적으로 보는 데 길들여져 있을 뿐, 이것을 자신의 삶과 세계 속에 통합하는 법을 배우지 못하게 되었다. 그 결과 세상을 통제할 수 있다고 생각하지만, 생태계가 죽고 인간 시스템의 여기저기가 실패하고 있다고 고발한다.

보다 구체적으로 Slattery(1995)는 근대교육의 비전이 행동주의적 Tyler 모형에 근거하고 있는 점을 비판하고, 새로운 시대에는 교육과정 분야의 재개념화가 일어나야 한다고 역설한다(Conti, 2002: 6에서 재인용). 행동주의적 수업 계획, 상황을 고려하지 않는 객관적 · 경쟁적 · 외적 평가, 교사와 학생의 분리, 의미와 맥락의 분리, 주객의 분리, 몸과 마음의 분리를 전제하는 이원론, 가치중립적 사실의 전달에 주력하는 점 등이 근대교육 비전의 문제라는 것이다.

이상에서 살펴본 근대 문명 전반과 이에 기초한 근대교육의 문제점이 결국 영적인 것에 기초한 교육의 이론적 근거가 된다. 새로운 패러다임의 문명과 교육으로 전환하기 위해 근대 기계적 세계관과는 다른 유기적이며 생태적이고 영적인 세계관과 교육이 요청되는 점에서 최근 교육에서 영성을 고려하고자 하는 논의와 교육 실천이 대두된다고 볼 수 있다. 한국 교육학계 역시 종래 지식교육의 문제를 극복하기 위해 새로운 지식관과 새로운 지식교육의 방법을 모색하며(홍은숙, 1999; 이홍우, 1996), 구체적으로 영성에 대한 논의를 교육과 관련짓고 교육에서 영성 회복의 필요성도 제기하고 있다(이은선, 2000; 김정신, 2002; 송순재, 2002a; 한영란, 2004; 한영란, 정영수, 2004).

III. 교육내용으로서 영성의 가능성

1. 영성과 지식

교육은 지식을 가르치고 배우는 활동으로 간주된다. 교육이 지식의 전달만으로 이루어지지 않지만, 교육은 지식을 매개로 이루어진다. 그런데 최근 지식교육에 대한 비판이 제기되고 있다. 주된 비판은 전통적으로 교육되어 온 지식의 이론적 편향성, 그로 인한 실천과의 괴리, 생명이 없는 죽은 지식이라는 점, 앎과 삶간의 불일치 등이다. 이러한 비판과 함께 전통적으로 지식으로 간주되어 온 것과는 다른 종류의 지식을 모색하기도 하고, 새로운 지식교육의 방법을 탐색하기도 한다.

지식에 관한 전통적인 입장은 주로 명제적 지식과 절대적 지식을 추구하는 것이었다. 전자는 사물에 대하여 명제의 형태나 체제로서 아는 것을 의미하고, 후자는 지식이란 이성의 힘에 의해서 파악되는 절대적 진리에 도달한 앎을 뜻한다. 그런데 기존의 절대주의적이고 객관주의적인 명제적 지식관 이외에 지식의 상대성을 인정하고, 실천적 지식, 방법적 지식, 암묵적 지식, 인격적 지식, 구체적 상황과 맥락에 따른 지식의 중요성을 강조하면서 기존의 지식 개념 자체를 새롭게 보자는 관점이 대두되고 있다.

이와 같이 지식을 새롭게 보자는 문제제기는 전통적 지식과 지식을 가르치는 활동이 주가 된 교육의 결과에 대한 반성에서 시작되었다고 할 수 있다. 근대 이후 눈부시게 발달한 이성의 힘으로 인류는 많은 공을 이루었으나, 한편 부정적인 결과도 야기했기 때문이다. 이에 전통적으로 중시된 지식과 앎은 세계의 실재를 파악하는 하나의 방법일 뿐 절대적인 유일한 것이 될 수 없다는 점이 부각되고 있다. 따라서 지식의 객관적 근거가 있다는 전통적 인식론과 달리, 지식은 인식 주체의 주관적 경험과의 관련성을 강조하는 해석적 인식론이 대두되고, 더 넓게는 서구 근대성에 대해 비판하는 포스트모던의 시대정신과 함께 기존의 지식 개념을 새롭게 보고자 하는 시도가 이루어지고 있다. 지식에 대한 새로운 관점으로는 기존의 명제적 지식에 비해 방법지의 강조, Polanyi의 인격적 지식과 암묵지, 페미니즘의 입장에서 기존의 지식관 비판, 지식의 사회적 구성을 강조하는 사회적 인식론 등을 들 수 있다. 이 장에서는 영성에 초점을 맞추어 Palmer가 제안하는 '사랑에서 발원한 지식'을 살펴볼 것이다. Palmer(2004b: 30)에 의하면, 사랑으로부터 발원한 지식의 목표는 세계를 지배하고 착취·조작하는 것이 아니라, 깨어진 자아와 세계를 재결합하고 재구축하는 화해다. 여기서 앎의 행위는 곧 사랑의 행위다. Palmer는 단순히 지식이 사랑에서 시작되어야 한다고 주장만 하는 것이 아니라, 호기심과 지배욕에서 발원한 기존의 지식이 우리 자신을 이웃과 세계로부터 분열시킨 것을 비판하고, 지식의 영적 전통을 밝힘으로써 앎의 주체와 세계 사이의 관련성, 상호성, 책임성을 강조하고 회복하고자 하는 것이다.

홍은숙(1999: 286)은 이러한 지식이 앎에 대한 희랍적 전통과 달리 히브리 전통에 기원한 것임을 밝힌다. 희랍적 전통과 달리, 히브리 전통에서 지식은 지적인 이해뿐만 아니라 경험이나 감정, 인격적인 관계를 포함하는 뜻으로 쓰인다. 홍은숙에 의하면, 교육에서 인식대상과 거리를 둔 무인격적인 지식과 앎이 더 객관적이라고 추구되는 것은 우리가 희랍적 전통을 받아들였기 때문이다. 그러나 이런 전통은 앎에 대한 하나의 관점일 뿐 절대적일 수 없으며, 오히려 전통적인 '객관주의적 지식'과 인식주체와 대상과 거리를 둔 무인격적인 앎을 보다 비판적인 시각에서 보기 위해 히브리인의 '인격적 앎'의 개념을 교육과 관련하여 대안으로 검토하자는 것이다.

영성은 전통적으로 지식으로 간주되어 온 명제적 지식의 조건인 진리조건, 신념조건, 증거조건(이돈희, 1981: 192-193)을 충족시키지 못한다. 어원 자체가 '불가해하고 모호한'을 뜻하는 영성에 관련된 내용은 지적으로 타당하지 않을 뿐 아니라 과학적으로 검증할 수 없는 것으로 명제로서 성립할 수 없는 것이다. 영성은 특히 명제적 지식의 조건인 진리조건이나 그것을 정당화할 수 있는 증거조건을 만족시킬 수 없다. 그러면 영성에 기초한 내용은 지식이 될 수 없고, 따라서 교육의 내용이 될 수 없는가?

영성은 전통적 지식의 조건을 충족시키지는 않으나, 다른 종류의 지식일 수 있다. 또한 앎에 대해서도 희랍적 전통이 아닌 히브리적 전통에서 새롭게 조망해 볼 필요가 있다. 요컨대, 영성은 전통적으로 지식으로 간주되어 온 것과 다른 종류라는 이유로 지식에서 배제되고 교육의 내용이 될 수 없는 것은 아니다. 오히려, 영성은 합리적 지성에 대립된 것이 아니라, 인간이 세계를 온전하게 이해하기 위해 서구 근대적 개념의 지식과 합리성 개념에 혼을 불어넣고 균형을 잡아 줄 수 있는 것으로 이해되고 교육되어야 할 것이다.

Tisdell은 교육 분야에 영성을 도입하는 일이 학계에서 인정하는 앎의 형식과 다른 것을 타당하지 않은 것으로 배제하는 풍토가 가정하는 합리성 자체와, 앎에 관한 영적 방식을 앎의 방식으로 인정하지 않으려는 기존의 정전(canon) 자체를 문제 삼는다는 점에서 중요한 도전이라고 주장한다(Shahjahan, 2004: 306에서 재인용). 이와 같이 관점 자체를 문제 삼는 도전은 단 하나의 정전을 보편타당한 것으로 보고 그 이외의 것을 비과학적인 것으로 평가하고 배제하는 경향을 거부하는 포스트모던적 사유로 볼 수 있다. 이러한 경향은 근대 교육학 자체의 해체가 아니라 한계를 넘어서 재구성할 수 있는 가능성이 될 수 있을 것이다.

영적인 내용을 강조하는 교육에 대해 Nash(1999: 132)는 '어떻게'뿐만 아니라 '왜'도 묻는 교육이라는 점에서 높게 평가한다. 즉, 데이터와 정보만 다루는 것이 아니라, 의미와 지혜도 다루는 교육은 객관성만 고려하는 것이 아니라 주관성도 고려하는 것이며, 지식의 습득만이 아니라 이해도 추구하는 교육이라는 것이다. 그러나 Nash(1999: 132-151)는 이런 장점에도 불구하고 영성을 교육하는 것이 다음과 같은 문제점을 갖는다고 비판한다. 첫째, 서구 근대 문명에 대한 대안으로 영성을 추구하는 조류를 Nash는 비교적(秘敎的)이고 자의적이라는 점에서 영지주의적(Gnostic)이라고 말한다. 신학적 용어로서의 영지주의가 등장하는 것은 초기 기독교 시대다. 이때 영지주의자들의 '교회 바깥에서 구원이 있을 수 없다.'는 명제를 신(新)영지주의자들은 '자기지식(self-knowledge) 없이 구원은 없다.'고 말한다. 이것은 다시 말해 '자기 지식이 있으면 교회도 필요 없다.'는 것으로 확대 해석되고, 따라서 제도적·교조적·권위적인 것에 반대한다. 이들은 특별한 지식을 추구하면서 궁극적으로 앎에 관한 엘리티즘을 낳는다. 둘째, 신영지주의는 그들이 지식의 가치를 최상의 것으로 간주함에도 불구하고 반(反)지성주의로 변질될 위험이 있다. 그들이 높게 평가하는 지식은 개인적이고 직관적이며 비교적 (秘敎的)이다. Nash는 영성을 강조하는 것이 비판적 분석과 논리적 사고의 가치를 경시하기 때문에 반비판적, 반지성주의로 흐를 위험을 경고한다.

Nash의 지적대로 영성을 교육하는 것이 서구 근대 이성의 힘이 이룩한 비판정신과 지성의 힘을 버리는 것이어서는 안 된다. 그러나 근대적 세계관 자체에 대한 비판이 제기되는 지금, 근대적 세계관에 기초한 지식과 합리성을 균형 잡아 줄 수 있는 새로운 지식을 모색하는 일 역시 필요하다. 교육 분야에 새로운 지식의 종류로서 영성을 도입하는 것은 근대교육에 대한 비판을 넘어 이제까지와는 다른 차원의 교육을 모색해 보는 일이라고 생각한다.

교육에서 영성을 강조하는 입장은 자기 자신의 내적 탐구를 통해 얻는 자기 지식의 중요성을 강조한다. 이것은 주로 관상과 명상적인 전통에 서 있는 사람들의 주장에서 발견된다. 영적발달이 강조하는 깨달음, 자기에 대한 지식, 초월은 근대교육에서 강조해 오지 않은 주제들이다. 그러나 이제 지식과 교육에 대한 지평을 새롭게 할 필요가 있다. 이것은 주로 서구적 전통에 근거하고 있는 교육에 대한 가정과 사고방식에 변화를 가져오는 것을 의미한다. 이런 변화 없이는 현재 교육의 구조에 영성을 회복하고, 실제로 학교가 영적 발달을 위해 적합한 환경이 된다는 것은 불가능한 일이다. 따라서 교육에서 영성을 접목하는 아이디어와 실천은 교육에 대한 사고를 전환하고 교육의 지평을 확대하는 결과를 가져올 것이다. 교사교육에서 영성을 교육하는 일 역시 지금까지의 제한된 의미의 지식 중심의 교육을 변화하게 하는 역할을 할 수 있을 것이다.

2. 영성과 종교

영성의 의미는 종교적인 것에 국한하지 않지만, 종교와 긴밀한 관계가 있다. 따라서 교육에서 영성 차원을 도입하는 데 있어서 주된 논쟁점은 종교와의 관계 문제라고 할 수 있다. 왜냐하면 근대 공교육의 발달 이후, 종교는 종교기관의 일이므로 학교에서 가르칠 수 없게 되어 있는 것이 일반적이기 때문이다.

영성은 종교와 긴밀한 관계가 있다. 그러나 이것은 영성이 곧 종교적이라는 말을 의미하는 것은 아니다. 또한 영성을 교육에 도입하는 것이 반드시 특정 종교 교리를 교육하는 것이어서도 안 된다. 우리나라 역시 교육이 특정 종교로부터 중립을 지킬 것을 요구한다. 그런데 또한 교육이 영적인 것을 배제한 근대교육의 문제를 극복하기 위해서는 영성을 회복할 것이 요청된다. 그렇다면 현대처럼 다원화된 사회에서 개개인의 종교적 신념의 차이를 인정하는 범위 안에서 종교적인 것과 무관하지 않은 영성의 차원을 교육의 영역에 도입해 가르치기 위해서는 영성과 종교를 어떤 관계로 보아야 하는가?

Kessler는 국가와 교회가 분리되어야 한다는 점 때문에 공교육에서 영적 차원을 배제하는 것은 잘못되었다고 지적하면서, '미국헌법 수정조항 1조가 학교에서 특정 세계관이나 종교 교리를 부과하지 못하도록 종교의 자유를 허용하고 있다. 그러나 헌법 수정조항은 동시에 학생들이 자신의 신념을 자유롭게 표현할 수 있게 보장하고 있다.'는 점을 강조한다(2000: xiv). Kessler의 주장은 두 가지로 요약된다. 첫째, 공립학교의 종교로부터의 자유는 허용하면서 반면, 학생들이 자신의 신념을 표현하고 의미를 추구할 자유는 허용하지 않는다고 지적하며, 둘째, 헌법 수정조항 1조를 어기는 일 없이 학생들이 영적으로 의미 있는 경험을 추구하고 표현하는 자유를 허용할 수 있다고 주장한다. Kessler의 주장은 영성을 교육하는 목표와 방법에 있어서 배타적인 포교나 교리 주입의 입장이 아니라 인간 본질의 영적이고 종교적인 차원을 교육에 도입할 수 있는 가능성을 시사한다. 최근 우리나라에서 영성교육의 논의를 도입하고 있는 송순재(2002b: 463) 역시 영성교육을 종교기관에만 맡길 것이 아니라 오히려 학교에서 해야 하는 이유는 다원화된 현대 상황을 고려한다면 학교는 특정 종교기관과 다르게 접근할 수 있기 때문이라는 점을 강조한다.

영성을 교육하는 데 있어서 특정 세계관이나 종교적 신념을 강제로 부과하는 것을 피하기 위해서 영성과 종교를 구분해서 이해할 필요가 있다. 예를 들어, 프래그머티즘에 기반을 둔 미국교육의 경향이 영성의 차원을 결여하고 있는 점을 비판하고 교육에서의 초월적 가치를 강조한 Ulich는 영성이 곧 종교는 아님을 강조하며 영성과 종교와의 관계를 다음과 같다고 말한다.

Ulich에 의하면(박은영, 1988: 160에서 재인용), '영성적'이라는 말과 비교해서, '종교적'이라는 것은 특정 종교의 교리를 진리의 척도로 받아들이는 인식론적 편파심이 내포되어 있고, 특정 종교가 긴 세월을 두고 만들어 낸 문화를 영속시키려는 문화적 보수주의 정신을 함유하는 것이다. 반면, '영성적'이라는 말은 인식론적으로나 사회문화적으로 이렇다 하게 규정되기 이전의 삶 그 자체와 조화를 이루어 나가는 초월적 인간의 모습을 일컫는다. 즉, 그가 지적하고 있는 영성의 차원은 모든 종교가 발판으로 삼고 있는 것이면서 동시에 모든 종교가 근본적으로 탈피하지 못하는 편파성의 영향을 받기 이전의 모습이라고 할 수 있다.

이와 같이 종교와 영성의 관계를 이해할 때, 영성을 교육한다는 것은 모든 종교가 갖고 있는 영성의 측면을 교육하는 것이되, 특정 종교를 타종교에 대하여 배타적인 방법이나 무조건 수용하는 방식과는 다른 것을 의미한다.

또한, 종교의 라틴어 어원을 보면, '다시(re)'와 '함께 묶다(ligio)'의 결합어인 '연결하다(re + ligio: to bind together)'의 의미임을 알 수 있다(Richards, 1980: 158). 여기에서 종교의 의미는 원래 하나였었는데 끊어진 관계를 다시 하나로 묶는다는 뜻이다. 이러한 의미의 종교적 체험은 교육에서 필요한 것이다. 또 이러한 체험을 공적인 교육의 범위에서 고려하기 위해서는 이와 같은 체험이 종교를 가졌거나 갖지 않았거나, 또는 각각 다른 종교를 가진 것에 상관없이 고려되어야 할 것이다. 바로 교육에서 영성 차원을 회복하자는 것은 종교가 갖는 이러한 면으로 이해되어야 한다.

그런데 이 장에서 살펴볼 교사교육 프로그램은 모두 특정 종교적 배경을 갖고 있다. 발도르프 교사교육과 CTT 프로그램 모두 특정 종교의 교리를 가르치는 방식을 피하고 있지만, 발도르프 교사교육의 이론적 배경인 인지학은 기본적으로 기독교적 전통이 강하고 CTT 프로그램은 퀘이커 공동체의 신념에 기초한 것이다.

CTT나 발도르프 교사교육처럼 체계화되지는 않았으나, 한국에서도 기존의 교사교육과 다른 시도가 이루어지고 있다. 그런데 이들 '가톨릭 학교 교사연수'(한영란, 2004: 224)나 '기독교사 모임 주최의 교사워크숍'(전주교대 좋은 교사모임, 2005; 2006) 역시 특정 종교에 기초한 것이 대부분이다.[4]

이것은 영성이 어떤 구체적인 종교 형태를 띠고 나타나는 경우가 많기 때문일 것이다. 따라서 영성에 관한 논의는 대부분 특정 종교를 배경으로 한다. CTT 교사교육과 발도르프 교사교육도 모두 종교적 배경을 갖고 있다. 하지만 교육의 목적, 내용, 방법에 있어서 다른 종교에 대한 배타적 태도나 특정 교리 주입의 위험성을 피하고 있다. 교사교육에서 영적 차원을 도입하되, 특정 종교 교리 주입의 위험성을 피하기 위한 것이다.

영성 차원을 교육에 도입하자는 논의가 구체적 교육 실천으로 이어지기 위해서는 종교기관에서와는 다르게 영성에 접근하는 영성교육의 모델 개발이 시급하다. 여기에서 배타적인 포교나 교리주입이라는 세뇌식의 방법과 다른 영성교육의 방법을 제안하는 것은 필자의 능력을 넘어서는 것이다. 현재로서 말할 수 있는 것은 공교육이 특정 종교로부터의 중립을 지키는 범위 안에서 영성을 교육할 수 있는 것이 전제되어야 하고, 이러한 점을 고려해 영성과 종교와의 관계 이해가 필요하다는 점이다.

교육에서 영성을 도입할 필요성에 관한 논의가 이제 막 시작 단계인 우리나라에 비해, 영국은 1988년 국가교육과정(National Curriculum)에 '교육은 학생의 영적(spiritual) 발달을 고려해야 함'을 포함하고 있다. 따라서 영국의 영적 교육 모델에 관한 논의를 살펴보기로 하자.

영국의 영적 교육 모델에 관한 논의를 보면, 크게 '포괄적(inclusive) 모델'과

---

4) 특정 종교에 기반을 두지 않은 것으로는 '학교교육 개혁운동을 위한 교사 연구모임'을 들 수 있다. 이것은 2002년 1회 모임을 시작으로 이루어지고 있다(한영란, 2004: 225 참조). 이 모임 역시 지식전달형의 교사연수에서 벗어나, 매일 아침 마음을 여는 시간을 통한 명상, 작은 음악회, 시 감상, 그림 그리기, 자연 산책 및 문화 기행, 나눔의 장터 등의 프로그램으로 교사의 영성을 일깨우려는 것에 초점을 두고 있다.

'배타적(exclusive) 모델'로 구분된다. 포괄적 모델은 말 그대로 많은 사람이 수용할 수 있는 광범위한 포괄적 영성을 기초로 교육하자는 입장이며, 배타적 모델은 영성을 논의하는 각각의 배타적인 입장에서 교육을 하자는 모델이다. 그러나 전자는 무비판적 교육이 될 수 있으며, 다양한 영적 전통에서의 자기 이해를 제대로 다루지 못하고, 또한 모든 사람이 수용할 수 있는 포괄적인 것을 이야기하지만 그것이 낭만주의와 포스트모던적인 것에 기원을 두는 배타적 모델이 될 수 있는 점이 한계로 지적된다. 한편, 배타적 모델은 기독교, 세속적 인본주의, 종교 보편주의 등 각각의 입장에서 영적 교육을 하자는 입장이다. 그러나 각각의 입장에서 교육하기 위해서는 그것이 진실이어야 도덕적으로나 지적으로 정당화할 수 있는데, 현재로서는 각각의 진리 주장을 판단할 보편적 기준이 없다는 것이 문제점이다(Wright, 2000: 70-81).

영국에서의 영적 교육 모델에 관한 논의 역시 다원화된 현대사회에서 서로 다른 배경을 가진 사람들에게 영적 교육을 하는 데 있어서 특히 종교적인 면과의 갈등을 고려하고 있는 것을 볼 수 있다.

최근 이러한 두 모델의 문제점을 지적하면서 '비판적 영적 교육 모델'이 제시되고 있다. '비판적 영적 교육 모델'은 영적 교육에 있어서 '학생은 단지 수업의 대상이 아니라, 표현적이고 창의적으로 발달되어야 한다.'는 점을 강조한다. 이와 같이 교육과정의 내용보다는 학습자의 사고의 자유를 강조하는 이 모델의 주된 관심은 포괄적 모델이나 배타적 모델처럼 학습자가 이미 패키지화된 영성을 동일시하는 데 있는 것이 아니라, 학습자 스스로 여러 전통에 기초한 영성을 접하고 비판적으로 사고할 수 있는 힘을 길러 주는 데 있다(Wright, 2000: 82-83).

이와 같이 포괄적 영성의 공허함을 극복하고, 또한 특정 종교적 배경의 영성을 배타적으로 또 무비판적으로 강요하는 난점을 극복하고자 하는 논의는 교육에서 영성을 가르치는 것이 특정 종교 교리를 무비판적으로 받아들이거나 또는 다른 종교에 배타적인 태도를 취하는 것이어서는 안 된다는 점을 강조한다.

한편, 특정 종교와 무관하게 영성을 논할 수도 있다. 무신론적 실존주의자들이나 고전적 인문주의를 배경으로 영성철학을 논하는 Ulich 등 철학자들은 인간 내면의 초월적 가능성을 강조한 것이 좋은 예다. 또한 우리 전통 사상 중에서도 퇴계의 신유학적 전통이나 양명학적 심학, 기철학 혹은 불교의 다양한 시도들 역시 앞으로 영성교육을 위한 원천이 될 수 있다고도 한다(송순재, 2002b: 462). 이런 관점을 기초로 한 영성 논의와 교육 프로그램 개발 역시 이루어져야 종교의 유무, 종교의 차이에 상관없이 영성을 교육할 수 있을 것이다.

IV. '영성'을 강조하는 교사교육

최근 영성에 대한 관심은 교육에서만 일어나는 것이 아니라, 종교계와 심리학 등 학계 여러 분야에서 동시에 일어나고 있다. 본 절에서는 영성 차원을 교사교육과 결합하여 실천하고 있는 CTT 교사교육과 발도르프 교사교육 프로그램을 영성교육에 관한 내용에 초점을 맞추어 살펴볼 것이다.

1. CTT 교사교육

CTT(Courage To Teach) 교사교육은 Palmer의 지도 아래 미국 페처협회(Fetzer Institute)가 시작한 교사를 포함한 교육자들의 개인적·직업적 재충전을 위한 일종의 교사교육 프로그램이다(http://www.teacherformation.org). CTT 교사교육은 교수방법이 아니라, 교육에 종사하는 교사 자신의 내적 삶에 초점을 맞춘다. 대개 1년에 계절마다 네 차례씩, 한 차례에 3일 정도를 함께 휴양하는 일정으로 되어 있으며, 대개 2년 연속되며, 모임의 크기는 대개 25명 정도다.

CTT는 1994~1996년에 걸쳐 '교사형성'(teacher formation)이라고 불리는 교사의 전문성 향상에 관한 접근법으로 개발된 것이다. 1997년 이후 교사형성 센터는 교사형성 프로그램을 개발하고, 그러한 프로그램을 운영할 CTT 교사도 준비하고 있다. 현재 CTT는 미국 22개 주와 캐나다에서 활용되고 있다(정윤경, 2005: 59).

CTT의 교육목적은 참여한 교사들로 하여금 자신들의 삶의 내면을 탐구하게 함으로써 교사의 마음과 영혼을 새롭게 하는 것을 목적으로 한다. 이것은 Palmer 의 '훌륭한 가르침은 교사 개인의 '정체성(identity)'과 '성실성(integrity)'으로부터 나온다.'는 신념에 기초한다(Palmer, 2000: 34-35).

교사교육의 핵심을 교육내용과 방법에 대한 지식이 아니라 교사의 영성에서 찾기 때문에 CTT 교사교육은 교사가 필요로 하는 지식과 정보의 전달에 초점을 두기보다는 교사의 내면 탐구를 강조한다. 이를 위해 자신의 내면의 소리와 타인 의 이야기를 경청하기, 개인적·직업적 다양성을 존중할 수 있는 토대 만들기를 강조한다. 또, 교사들이 가르치는 데 있어서 학생들, 동료 교사, 학교, 지역사회에 대해서 신뢰할 만한 공간을 만들 수 있도록 돕는다. 더 나아가 교직에 대한 열정 과 소명의식을 회복함으로써 건강하게 된 교사의 내면이 마침내 '훌륭한 가르 침'과 '공교육 개혁'과도 관련되도록 한다는 취지를 갖는다.

이러한 취지의 CTT 프로그램의 강조점은 다음과 같다(Conti, 2002: 142). 첫째, 교사의 내면의 삶을 탐구하게 한다. 둘째, 교사 자신의 정체성을 확인하고 새롭게 하며, 자신의 강점과 장점 등을 확인한다. 또한 자신의 한계나 약점까지도 인정할 수 있게 한다. 셋째, 교사가 자신과 타인의 이야기를 경청하고 강한 연결감을 가 질 수 있는 상황을 창조하게 한다. 이는 교사가 개인적·직업적 다양성을 긍정할 수 있게 한다. 넷째, 교사가 학생과 함께 가르치고 배울 수 있는 믿을 만한 신뢰공 간을 구축할 수 있게 돕는다. 마지막으로 교사의 내면을 탐구하는 것이 교사의 교 수법의 변화나 공교육에서의 변화로 연결되게 하는 점 등을 강조한다.

이와 같은 강조점은 기존의 교사교육이 학생을 어떻게 잘 가르칠 것인가의 문 제에 관해서 교사가 교과에 대한 지식과 가르치는 교수법에 관해 아는 것을 강조 하는 것과는 다르다. CTT에서 강조하는 것은 결국 교사는 무엇에 관해 학생에게 가르치는 것이 아니라, 무엇을 가르치든 자기 자신을 가르치는 것이라는 것을 전 제한다. 따라서 무엇보다 교사 자신의 내면 세계를 중시하는 것이다.

CTT 교육의 내용은 교사들 자신의 삶을 탐색하게 할 수 있는 것이 주가 된다. 그러나 자기 안의 이야기를 하고, 내면을 들여다보는 것은 쉽지 않다. 이런 어려 움을 극복하기 위해 Palmer는 은유(metaphor)를 활용한다. 즉, 참가자들에게 "둘씩 짝을 지어 서로 자신에게 가장 부끄러워 누구에게도 말한 적이 없는 일을 말하라."고 직접 요구하는 대신에, 관련된 시 · 이야기 · 음악 또는 미술 작품을 이용하는 은유적 형태를 사용하는 것이다.

CTT 교사교육에서 사용하는 은유에는 도교(道敎)적 내용의 이야기, 자기 발견을 주제로 하는 시나 예술 작품, 계절의 순환을 다루는 은유 등 다양한 것이 있다. 자주 사용되는 계절의 순환에 관한 은유를 자세히 살펴보면 다음과 같다 (Palmer, 2003: 380-381 참조).

각 계절이 갖는 은유는 교사들로 하여금 자신을 성찰하게 한다. 봄, 여름, 가을, 겨울의 의미는 각각 소생, 성숙, 씨앗, 겨울잠이다. CTT 교사교육은 보통 가을에 시작한다. 가을에 시작하는 모임에서 사람들은 자신의 어린 시절이나 혹은 자신이 처음 교직에 부름을 받았을 때의 일화들을 야기함으로써 '진정한 자아의 씨앗'에 대해 질문하게 된다. 겨울이 갖는 의미는 죽음이 아니라 겨울잠이다. 겨울에는 만물이 죽은 것처럼 보이지만, 사실은 봄이 되면 다시 깨어나고 살아날 준비를 하고 있다. 이와 같은 겨울의 의미를 통해 교사들은 자기 안에 '아직 깨어나지 않는 잠재력'이 있다는 것을 인정할 수 있게 되고, 이런 관점에서 학생들을 바라볼 수 있게 된다. 봄의 은유적 의미는 죽은 것처럼 보이던 것에서 다시 꽃이 피는 개화와 소생의 역설이다. 이러한 봄의 역설을 통해 CTT 교사교육에서 강조하는 점은 교사들이 개인적 · 직업적 성장에 대한 통찰을 얻게 하는 점이다. 여름이 갖는 의미는 풍요와 수확이다. 교사들은 참된 자아의 씨앗이 탄생, 겨울잠, 개화를 거쳐 성장한 풍요함에 이르게 된다는 것을 알게 된다. 모임이 끝날 즈음 교사들은 "이것은 누구를 먹이기 위한 풍요함인가?" "나의 재능을 이 세상 어디에 쓸 것인가?"와 같이 한층 성숙해진 질문을 할 수 있게 된다.

이와 같이 계절의 순환이 보여 주는 은유를 통해 CTT에 참여한 교사들은 교직에서 생길 수 있는 심각한 문제에 대해서 대화하고, 그것을 통해 자신들의 힘을 증명하였다고 말한다. 이러한 계절의 은유는 교사들이 삶에 관한 심층적인 질문을 할 수 있도록 도와준다. 우리가 안전한 공간과 믿을 만한 관계 속에서 심층적인 질문을 할 때, 영혼은 진리를 말하고 사람들은 그 소리를 들을 수 있다.

CTT 교육에서 강조하는 교육방법은 '자기성찰'과 '공동체를 통한 배움'이다. CTT 교사교육의 기본 가정은 교사의 가르침은 지식이나 테크닉으로 환원되지 않으며 교사의 영혼에서 나온다는 것이므로 지식의 체계를 전달하는 방법이 아니라, 은유를 통해 참가한 교사들이 각자 자기 자신의 내면을 성찰하고 자기를 변화하게 하는 것을 강조한다. 또한 CTT 교사교육은 퀘이커교가 모임을 통한 배움을 강조한 것처럼 공동체로부터 배우는 것을 강조한다. 특히 정화위원회를 통해 갈등을 해결하는 방식은 독특하다(정윤경, 2005: 63-64).

정화위원회는 먼저 문제를 가진 초점인물이 동료교사 4~5명에게 정화위원회가 되어 달라고 한다. 정화위원회가 열리기 전에 초점인물은 자신의 문제의 본질에 대해 기술하고, 그 문제를 대하는 자신의 마음에 관해 적은 내용을 정화위원회 교사들이 읽을 수 있게 한다. 정화위원회 위원들은 초점인물에게 개방적인 질문 외에 일체의 말을 걸어서는 안 된다. 질문 역시 진상을 알아보기 위한 과정일 뿐, 질의응답이나 법정의 반대심문과는 달라야 한다. 초점인물은 질문에 답을 하지 않을 수도 있다. 또, 답변과 질문 사이에 충분한 침묵의 시간을 둔다.

질문은 조언이 돼서도 안 되고, 지나친 자기표현(예를 들어, "나도 전에 그런 문제가 있었는데 이렇게 했지요." 식의)도 안 된다. 또, 그 문제를 다른 사람이나 관련 서적의 추천 등으로 전가해도 안 된다. 다만 초점인물이 자신의 내부에서 지혜를 찾아내는 데 도움이 되는 질문만 던질 수 있다. 정화위원회의 목적은 질문과 답변이 두 시간 정도 지속되는 동안 초점인물로 하여금 자신의 내면의 소리에 귀 기울일 수 있게 하기 위함이다. 정화위원회가 끝나면 여기 참여한 구성원들은 문제에 대해 비밀을 보장해야 한다(Palmer, 2000: 259-262).

이 과정에서 중요한 것은 문제가 해결되었느냐의 여부가 아니라, 문제해결을 위한 씨앗을 뿌린다는 것이다. 초점인물이 자기만의 문제를 꺼내 동료들과 공유하지만, 이 과정에서 대화는 초점인물과 동료들 간에 이루어진다기보다는 문제를 제기한 사람과 그 사람 내면과의 대화라고 할 수 있다.

또한 Palmer(2000: 261)에 따르면, 위원회에 참여한 교사들이 구체적인 조언 대신 질문을 하는 점의 장점은 다음과 같다. 위원회에 참여한 교사들은 질문을 던지는 훈련을 통해 다른 사람을 받아들이는 내면의 공간을 열 수 있다. 초점인물의 문제를 해결해 주는 구체적 방안이나 다음에 해야 할 이야기 내용 등을 생각하다 보면 오히려 그 공간이 닫혀 버린다는 것이다. CTT 참가자들은 위원회 활동을 통해 얻은 수용적인 개방성 덕분에 동료교사만이 아니라 배우자, 아이들, 친구들, 학생들과의 관계가 개선되었다고 한다.

공동체를 통해 교사들은 서로 신뢰할 수 있는 공간을 만들고 그 속에서 각자 자신의 이야기를 하고 타인의 이야기를 경청하면서 자기성장은 물론 공동의 교육문화를 만들어 갈 수 있다. 자기 교실 안의 자기수업에만 매몰되기 쉬운 교직에서 동료교사와 함께 성장할 수 있으려면 먼저 동료 간에 신뢰의 공간을 만드는 것이 우선되어야 한다. CTT 교육에서 강조하는 공동체를 통한 배움은 교직사회에 자발적인 동료교사 간의 모임이 정착하는 데 기초가 될 수 있을 것이다.

2. 발도르프(Waldorf) 교사교육

Steiner의 인지학(Anthroposophy)에 기초한 발도르프학교가 고유의 발도르프교육을 실천할 수 있는 핵심은 바로 교사라고 할 수 있다. 미국 발도르프교육의 성장에 관한 연구에 의하면(Richards, 1980: 170), 발도르프학교에 다른 학교와는 다른 특별한 에너지, 방향감, 인간성, 영감 등을 불어넣으면서 학교를 살아 있는 유기체로 만든 것은 바로 발도르프학교 교사의 내면의 삶(inner life)이라고 말한다.

발도르프 교사교육은 이와 같이 학교를 살아 있게 하는 원천이 되는 교사의 내면의 삶에 주목하고, 이를 일깨우기 위해 교사의 영성교육을 강조한다. 발도르프 교사교육이 영성을 강조하는 점을 발도르프 교사교육의 교육목적, 교육내용, 교육방법 면으로 나누어 보면 다음과 같다.

먼저 발도르프 교사교육의 목적은 '예술가로서의 교사'를 양성하는 것이다. Steiner는 교사, 특히 아동기 교육을 담당하는 교사는 '영혼의 예술가' (Seelenkünstler)라고 한다(廣瀬俊雄, 1990: 166에서 재인용). 교육이 예술활동의 특성을 가지며, 예술 중에서도 영혼을 가진 인간을 교육하는 것이기에 이와 같이 부르는 것이다.

발도르프학교에서 교육을 예술로서 간주하고 실천하는 것은 Steiner가 교육은 예술과 같아야 함을 역설하고, '교육예술(Erziehungskunst)'이라고 한 것에서 비롯된다. Steiner가 교육을 예술과 같아야 한다고 주장하는 것은 예술의 특징인 '통합성'과 '정신성(靈性)' 때문이다. 환원과학의 특성이 부분을 전체로 환원해서 전체를 설명하는 것이라면, 예술은 부분과 전체가 유기적인 관계에 있어서 환원을 통하지 않더라도 부분에서 전체를 볼 수 있는 통합성을 갖는다는 것이다. 그는 교육에서 이러한 유기적 통합성을 강조한다. 또, Steiner가 말하는 예술의 특성은 '정신적인 것이 감각지각 가능한 세계로 나타나는 것'(1977: 128)이다. Steiner는 이와 같이 예술의 정신적인 면과 통합적인 면에 주목하고 예술로서의 교육을 통해 교육에서 잃어버린 영성을 회복하고자 하는 것이다.

또한 Steiner가 말하는 예술로서의 교육은 성장하는 아동의 본성을 아는 것에 기초해야 한다는 것을 특징으로 한다. 교사가 먼저 아동에 대해 알아야 그 아동에게 무엇을 어떻게 가르칠지 알 수 있기 때문이다. Steiner는 예술가가 미학이론을 책에서 보고 본대로 그림을 그리거나 조각하는 사람이 아니듯이, 마찬가지로 교사 역시 책에 쓰인 원리에 따라 가르칠 수 없다고 말한다. 따라서 Steiner(1990: 7-8)는 교사에게 정말로 필요한 것은 가르칠 아동이 어떤지, 어떻게 성장하고 발달해 가는지를 아는 것이라고 역설한다.

이때 Steiner가 아동에 대해 알아야 한다고 말하는 것은 구체적으로 '통합적 인간에 대한 내적 통찰력'이 있어야 한다는 것을 의미한다. 이는 그의 인지학적 인간 이해에 기초한 것이다. 인지학에 따르면, 인간은 눈에 보이는 물질적 신체(physical body) 이외에 에테르체(etheric body), 아스트랄체(astral body), 자아(ego)로 이루어진 통합적 존재이자, 물질세계에 국한하지 않는 정신적 존재임이 강조된다(Steiner, 1971: 15; Steiner, 1972: 27).

따라서 Steiner(1990: 15)는 인간을 교육하는 교사에게 통합적 인간에 대한 내적인 경험이 필수적이라고 주장한다. 이것은 예술가가 예술적 과정에서 외적인 세계에 대한 감각만이 아니라 내적인 눈도 있어야 하는 것과 같이, 예술로서의 교육을 하기 위해 교사는 일반적인 의식만이 아니라 그 의식 너머의 것을 가져야 함을 역설하는 것이다. 예술로서 교육을 하기 위해 먼저 교사가 영혼의 예술가로서 자각해야 한다. 이를 위해 발도르프 교사교육은 교사교육이 기술이나 테크닉의 문제로 여겨지는 것에 반대하며, 교사가 인간에 대한 내적인 눈을 기를 수 있게 먼저 자신의 내면적 삶을 자각할 수 있도록 교사의 영성을 중시한다.

둘째, 발도르프 교사교육 내용 면에서 특징을 볼 수 있다. Steiner는 예술로서의 교육을 하기 위해 먼저 교사교육 개선의 필요성을 절감했고, 이에 예술가로서의 교사관에 따른 발도르프학교만의 독특한 교사교육을 하였으며, 오늘날도 그 전통은 계속되고 있다. 발도르프 교사교육 과정은 학교마다 다르지만 대개 2~3년 과정으로 이루어진다. 여기에서는 발도르프학교 교육과정 전반(정윤경, 2002: 98-99 참조)을 개관하는 것이 아니라, 영성교육을 중심으로 살펴볼 것이다.

발도르프 교사교육 1학년 과정은 발도르프교육에 대한 철학적 기초과정으로 Steiner의 인지학과 인지학에 기초한 인간관, 다양한 예술 활동, 그리고 1주간의 발도르프학교 실습으로 이루어진다. 2학년 과정은 아동발달과 발도르프학교 교육과정에 관한 심화학습이 이루어진다. 아동발달론은 7년 주기로 발달하는 인간의 발달단계론을 다룬다. 음악, 미술, 산수, 과학, 언어 등 특정 교과 교수를 위한 발도르프교육 방법론이 집중적으로 다루어진다. 7주간의 발도르프학교 실습이 포함된다. 3학년 과정에서는 예비교사인 학생들이 각자 특정 분야(유치원 과정, 또는 1~8학년 과정, 또는 고등학교 과정)를 결정하며, 연구 주제를 선택하여 졸업논문을 작성한다. 특히 3학년 과정은 현장 중심의 교육활동과 교사의 자기개발이 강조된다. 3학년 과정에도 11~13주간의 발도르프학교 실습이 포함된다.

여기에서 나타나는 발도르프 교사교육의 특징은 발도르프교육의 이론적 기초가 되는 인지학에서 찾을 수 있다. 발도르프학교에서 아이들에게 인지학을 가르치지는 않지만, 발도르프교육은 분명히 인지학에 기초하고 있다. 따라서 발도르프교육을 할 발도르프 교사를 교육하는 것 역시 인지학에 기초하지 않을 수 없을 것이다. 인지학은 Steiner의 인식론이자 우주론이며 인간론이다. 그는 초감각적 세계의 실재를 인정했고, 무의식이나 최면 상태가 아니라 과학적인 방법으로 초감각적 세계에 도달할 수 있음을 역설하면서, 인지학을 정신과학이라고 부른다.

인지학의 인식론적 특성은 '합리적 신비주의'라고 할 수 있다. 인지학은 여러 종교에서 강조하는 신비주의적 내용을 공통적으로 가지고 있는 점에서 한편으로 신비주의적이다. 구체적으로 예를 들어 인지학에는 기독교와 마찬가지로 인간의 원죄, 예수를 통한 속죄와 구원의 내용이 포함되어 있다. 그러나 인지학에서는 예수의 죽음과 부활로 인한 인간의 구원을 '골고다의 신비'로 부르면서 조금 다르게 해석한다. Steiner에 의하면, 골고다의 신비로 인해 최고의 정신에 해당하는 것이 지상에 내려온 이후, 인류 역시 최고의 정신에 이를 수 있게 되었다고 본다. 즉, 골고다의 신비를 전환점으로 하여 인류는 절대적인 정신을 실현할 수 있게 되었다고 설명한다(Martin, 1993: 122-123).

신비주의에 대한 다양한 정의는 공통적으로 궁극적 실재와의 결합과 합일을 강조한다. 또한 신의 현존에 대한 직접적인 경험은 인간 존재의 역사만큼이나 오래된 것이기 때문에 신이나 궁극적 실재에 대한 직접적 인식을 특징으로 하는 신비주의는 기독교뿐만 아니라 모든 형태의 종교에 해당한다고 볼 수 있다(김영태, 2002: 32-35). 인지학은 이러한 신비주의적 요소를 분명히 갖는다.

발도르프 교사교육에서 인지학이 다루어지는 방식은 직·간접적으로 이루어진다. 직접적인 방법으로는 발도르프교육학의 이론적 배경인 인지학에 기초한 Steiner의 인간관이 직접 강의 내용으로 다루어지고, 인지학에 기초한 내면훈련을 위한 명상이 수업방법으로 활용되는 것을 들 수 있다. 한편 간접적으로는 발도르프 교사교육의 주된 내용인 예술활동과 수공활동 역시 인지학에 기초한다고 할 수 있다. Steiner의 인지학은 물질세계와 정신세계의 이원적 분리에 반대한다. 발도르프 교사교육에서 다루어지는 그리기, 바느질, 조각하기 등 다양한 예술활동과 수공활동은 고차원적인 정신세계가 구체적으로 드러난 것이라고 간주된다. 즉, 발도르프 교사교육에서 예술활동과 수공활동 중심의 교육내용이 주를 이루는 것은 결국 교사의 내면 세계의 발달과 관련이 깊다.

예를 들어, Richards(1980: 120)는 발도르프학교에서 가르치는 일과 교사가 되는 일이 영적인 실천이라고 평가하면서 다음과 같이 말한다. 그는 '영적'이라는 단어의 의미를 직접 설명하는 대신 교사가 하는 활동, 맺는 관계, 지각 등 구체적인 것을 통해 '영적'인 의미를 설명한다. 그에 의하면 발도르프 교사는 사고와 창조적인 의지가 발휘되기 쉽도록 그리기, 음악, 오이리트미, 시 등 다양한 예술을 실천한다. 또, 교사의 감정생활을 돕기 위해 잠과 깨어남 간의 리듬을 관찰하게 하며, 이야기, 다양한 색깔, 소리, 움직임, 놀이 등을 이용해 수업을 준비하는 데 있어서 상상력 풍부하게 활동하게 한다. 또한 타자에 대한 배려감을 발달시키며, 이는 쉽게 되는 것이 아니라 교사가 학생과의 신뢰관계를 형성해 감으로써 점차 타인에 대한 배려감을 키워 갈 수 있도록 강조한다.

셋째, 발도르프 교사교육 방법상에 나타난 영성을 강조하는 특징은 기존의 교사교육과 달리 자기교육의 성격이 강하다는 점과 기존 교사교육에서 다루어지지 않은 명상이 활용되고 있는 점을 들 수 있다.

발도르프 교사교육 과정에는 명상을 통한 자기 삶 돌아보기와 교사 자신의 이야기하기의 과정이 비중 있게 다루어진다. 이것은 발도르프 교사교육이 학생이라는 타자에 대하여 어떻게 교육할 것인지를 가르치는 것이 아니라 교사가 될 자기 자신에 대한 성찰로부터 시작되어야 한다는 것을 가정하기 때문이다. 이런 점에서 정윤경(2002: 100)은 발도르프학교 교사교육의 특징으로 교사교육 과정 자체가 자신이 누구인가 하는 물음, 교사로서의 삶을 사는 자기 자신에 대한 자기교육과정이요, 자기개발의 과정이라는 점을 들고 있다.

또한 발도르프 교사교육에서는 인지학에 기초한 내면훈련법이 명상의 방법으로 활용된다. Steiner가 제시한 이러한 내면훈련법(1993: 129-131)은 사고의 통제, 행위의 통제, 지속성의 강화, 인간을 포함한 생명과 사물에 대한 관용 기르기, 모든 것에 대한 공평무사함을 발달시키기, 삶의 평상심 갖기 등을 목적으로 한다.

내면훈련법의 단계를 구체적으로 보면 다음과 같다(Lievegoed, 1985: 69-74). 첫째 단계는 준비단계로 모든 사람들에게 낯설지 않은 영혼의 특성을 연습하는 것이다. 예를 들어, 내적 평화의 순간, 외부 세계에 대한 정밀한 관찰, 자기 자신의 행위에 대한 내적 관찰, 다른 사람에 대한 공평무사함, 나와 다른 사람의 의견에 대한 관용, 타자에게 긍정적일 수 있는 따뜻한 감정, 세계와 사람들에 대한 감사,

냉정하지 않은 평정한 감정 등을 오랫동안 연습함으로써 조화를 이룰 수 있어야 한다. 둘째, 이런 감정을 유지하고자 연습한 다음 단계는 명상이다. 명상은 다음 단계인 상상력(imagination), 영감(inspiration), 직관(intuition)의 발달과 관련이 있다. 이러한 힘을 발달시키고자 하는 것은 상상력이 있는 사람은 모든 형태 안에서 원형을 볼 수 있고, 영감을 지닌 사람은 심정의 문화를 발달시키며, 직관의 힘이 있는 사람은 매 순간 행동하고 선을 실현할 수 있기 때문이다.

오늘날 일반적으로 이루어지고 있는 대학의 교사교육 과정이나 공립학교 교사들이 교직의 전문성을 향상하는 데 있어서 교사 자신의 내면의 삶은 주된 관심거리가 아니다. 그러나 영혼에서 영혼으로 공명이 일어나는 수준에서 교육이 가능하려면 무엇보다 교사의 영혼을 고려하지 않을 수 없다.

인지학적 입장에 따르면, 이러한 내면 발달의 목적은 개인의 행복과 성공을 증진하기 위한 것이 아니라, 인류 전체의 진화를 위해 우리 모두 갖고 있는 책임감을 일깨우는 것이라고 한다(Lievegoed, 1985: 76). 즉, 발도르프 교사교육은 교사 개인의 내면의 발달에서 시작하지만, 궁극적으로 인류 전체의 진화까지 고려하고 있다.

이상에서 발도르프 교사교육이 영성교육을 강조하는 점을 교육목적, 교육내용, 교육방법 면에서 살펴보았다. 여기에 기초가 되는 것은 인지학이다. 그러면 인지학은 교육의 기초가 될 수 있는 학적인 근거를 갖고 있는가? 종래에는 주로 인지학의 학적 근거에 관해서 비판적인 입장이 우세했다. 독일 교육학계에서 발도르프교육학에 대한 양극단적인 평가가 이루어지는 것 역시 인지학이라는 이론적 배경 때문이다. 발도르프교육 실천이 갖는 개혁교육학적인 장점을 인정하면서도, 인지학에 대해서는 비판적 입장을 취하는 것은 인지학의 신비주의적이고 주술적인 점, 인지학의 학적 근거에 대한 불신, 인지학이라는 특정 교리주입의 위험성 등을 비판하기 때문이다.

그러나 최근 강상희(2003)는 인지학의 학적 성격을 근대적 의미의 과학성만을 잣대로 삼아 신비주의나 영지주의로 폄하할 것이 아니라, 신화적 합리성이라는 또 다른 종류의 합리성으로 이해해야 한다고 역설한다. 필자 역시 발도르프교육

실천의 강점은 그 이론적 배경이 현 문명의 지배적인 세계관을 비판하고 극복하려는 데 있다고 생각한다. 따라서 인지학의 신비주의적이고 종교적인 경향을 현재 문명의 지배적인 패러다임의 잣대로만 평가하여 인지학이 말하고자 하는 내용과 정신까지 버릴 필요는 없다. 오히려 현 단계 문명의 문제점을 볼 수 있고, 이를 극복하기 위한 새로운 지평을 제공한다고 볼 수 있을 것이다. 물론 인지학이나 발도르프교육을 유일한 교의나 진리로 받아들이려는 태도는 지양되어야 할 것이다.

V. '영성'을 강조하는 교사교육의 시사점

1. 교육에서 영성 차원의 회복

교사의 영성을 교육하는 것은 교육에서 영성 회복을 위한 가장 효과적이고 근본적인 방법이다. 최근 교육학에서 영성 차원을 회복해야 한다는 논의는 서구 근대 실증주의의 가치중립적 사실 중심 지식교육에 혼을 불어넣고, 교육을 파편화되지 않은 상호연관된 구조 안에서 볼 필요성에서 시작된 것이다. 교육에서 영성 차원을 회복하기 위해 무엇보다 선행되어야 할 일은 영성의 중요성을 인식한 교사가 가르치는 것이다. 교육을 통해 학생이 학습하는 것은 교사가 가르치는 내용만이 아니라 교사 자신이기 때문이다. 따라서 교사교육에서부터 교사 자신의 영성을 일깨우는 것이 교육의 영역에서 영성을 회복하기 위한 근본적인 방법이 될 수 있을 것이다.

실제로 발도르프 교사연수(2005년 여름)[5]에 참여한 초등교사(교직 경력 17년)는

---

5) 우리나라에서는 현재 한국 슈타이너 교육예술 협회 주관으로 독일 발도르프 사범대학에 해당하는 곳에서 교사교육단이 와서 여름과 겨울 방학을 이용해 교사교육이 이루어지고 있다. 매 학기 교육과정은 크게 일반 인간학(인지학적 인간 이해), 일반 인간학에 기초한 수업방법론, 그리고 예술적인 교과 두 가지가 포함된다(http://www.waldorf.or.kr 참조).

교육대학의 교사교육 과정은 지식 전달을 강조하고 자신을 수동적으로 만들었던 것과 달리, 발도르프 교사연수는 과정 내내 자신을 능동적이고 자발적으로 참여하게 하며, 교육과 학생에 대해 보다 통합적으로 바라볼 수 있도록 변화시켰다고 말한다.

Conti(2000)는 교사의 영성과 가르침 간의 관계를 보다 심층적으로 탐구하기 위해, 심층면접법과 관찰법을 통해 영성의 차원을 중시하는 홀리스틱 교육을 하는 교사들이 자신의 영성과 가르침 간의 관계를 어떻게 인식하는가를 탐구한다. 이 연구는 영성의 차원을 중시하는 홀리스틱 교육을 대표하는 교육인 발도르프 학교와 퀘이커 학교[6] 교사, 그리고 Palmer의 CTT 프로그램 참여 교사와 Kessler의 교육의 영혼(Soul of Education) 프로그램[7] 참여 교사를 대상으로 이루어졌다. Conti에 의하면 연구 참여 교사들은 각각 다른 의미의 영성을 말하지만 공통적으로, 첫째, 자신의 교육에 대한 통찰력의 원천이 영적 지혜라고 말한다. 둘째, 홀리스틱 교육관이 자기 자신의 홀리스틱한 성장에 근거하고 있으며, 셋째, 가르침을 신성한 것으로 간주하고 교직에 대한 소명의식이 높다. 넷째, 그들은 교사로서의 성공이 전인으로서의 자기 자신의 진정성에 달려 있다고 본다.

이러한 연구는 결국 교육에 영성을 회복하기 위한 관건이 교사 자신에게 있음

---

6) 퀘이커주의는 1652년 George Fox가 영국에서 시작한 기독교적 공동체 운동에서 시작했고, 이들은 스스로 친우회(The Society of Friends)라고 부른다. '퀘이커'란 말은 '진리를 믿는다고 스스로 말하는 사람'이라는 뜻이다. 한편 모임을 시작한 이들이 자신들 속에서 영적 생기와 거룩한 능력이 있는 것을 깨닫고, 이 영적 힘의 폭발에 감동하여 몸을 떨게 하는 일이 있었다는 것을 반대자들이 별명지어 퀘이커(quaker: 몸을 떠는 자들)라고 부른 데서 유래한 것이다(Brinton, 1986: 95-96, 106).
   이들은 영국, 스코틀랜드, 미국 등지에 학교를 설립하였다. 퀘이커 운동의 가장 큰 특징은 인간에게 수도자나 성경을 매개로 통하지 않고도 직접 신을 알 수 있고 만날 수 있는 '내면의 빛'이 있다는 가정에 기초하여, 퀘이커학교 역시 아동 개개인의 독자성을 인정한다는 것이다(Conti, 2002: 117).
7) Kessler는 콜로라도에 있는 사회적/정서적 학습 협회(Institute for Social & Emotional Learning)를 설립하였다. 여기에서 주관하는 성인교육 프로그램은 성인들이 삶의 신비를 찾을 수 있게 하는 데 목적이 있다. 이외에도 Kessler는 *The Soul of Education*의 저자로 교육에서 영혼을 회복하기 위해 ① 깊은 연결감에 대한 열망, ② 침묵과 평온에 대한 갈망, ③ 의미와 목적 추구, ④ 즐거움과 기쁨에 대한 허기, ⑤ 창조적 욕구, ⑥ 초월감, ⑦ 통과의례(새로운 시작)의 필요성을 제시하기도 한다(Conti, 2002: 101; Kessler, 2000: 17).

을 증명한다. 최근 교사교육에 영성 차원을 접목시키는 시도는 결국 영성 차원을 제거한 지식 중심의 근대교육에 혼을 불어넣는 계기가 될 수 있을 것이다.

2. 개혁의 대상이 아닌 개혁의 주체로서의 교사

오늘날 교육을 변화시키려는 노력은 국내외를 막론하고 한창이다.

미국의 경우 교육을 재구조화하려는 운동[8]이 지난 25년간 지속되어 왔는데 최근 교육이론가들(Fullan, 1991; Sarason, 1996)은 교육 재구조화 운동이 실질적인 효과를 보지 못했다고 결론 내린다(Conti, 2002: 221-222에서 재인용). Sarason은 실패 원인의 다양함을 지적하고 해결책은 교사가 학생들을 위해 생산적인 학습상황을 창조할 수 있도록 힘을 지녀야 한다고 교사의 변화를 강조한다.

교육개혁을 위해서는 교사가 변해야 한다는 점에서 한국 역시 교사개혁을 강조하고 있다. 그런데 신자유주의적 관점의 교사개혁은 우수한 질 확보를 위한 경쟁과 책무성 그리고 평가를 강조한다. 이러한 교사개혁의 논의 속에서 교사는 변화와 개혁의 주체라기보다는 개혁의 대상이 돼 버린다. 교육을 위해 교사가 교육개혁의 주체가 되는 것은 중요하다. 교사가 주체가 되기 위해서는 교사가 주체가 되기 위해서는 오늘날 교육개혁처럼 질과 책무성을 강조하고 교사평가의 기준을 강화하는 일만으로는 안 된다는 것을 그동안 우리나라는 물론이고 미국 교육개혁의 시도 역시 보여 주고 있다. 현재 교육이 문제점이 있고 이것을 변화시키기 위해서는, 무엇보다 학교 현장에서 가르치는 교사가 변화에 대한 필요성을 절감하고 이를 위해 자신의 변화를 시도할 때 가능하다.

가르치는 내용과 방법에 중점을 두는 것이 아니라 가르치는 교사 자신의 성찰과 자기 변화에 강조점을 두는 영성 차원을 접목한 교사교육의 접근은 현재 교사

---

8) 1980년 「위기에 선 국가」 보고서 발간 이후 미국은 교육을 재구조화하기 위해 세 가지 면에서 노력을 기울인다. 첫째, 교사와 학생의 학문적 수준을 엄격하게 요구하면서 학업 성취를 높이려고 하며, 둘째, 교육자의 전문성을 증대하려고 하며 셋째, 차터스쿨이나 바우처 제도 등을 통해 학교 선택을 강조하고, 보다 나은 교육 결과를 위해 엄격한 기준을 강조한다.

에 관한 관점과 달리 교사를 개혁의 주체가 되게 한다. 교사가 자기 존재를 검토하고, 가르치는 행위 중에 자기 안에 일어나는 것을 성찰함으로써 교사를 재충전시키고 용기 있고 소신 있게 가르칠 수 있도록 교사를 지원하는 CTT 교사교육과 명상을 통한 자기 삶 돌아보기, 자신의 이야기하기 과정이 강조되는 발도르프 교사교육은 모두 학생이라는 타자에 대하여 어떻게 교육할 것인지를 가르치는 것이 아니라 교사가 될 자기 자신에 대한 자기교육과 자기개발로부터 시작되어야 하는 것을 강조한다. 이와 같이 두 교사교육 모두 영성의 차원을 도입하여 교사 자신의 내면적인 성장에 역점을 두는데, 이런 교사교육 과정은 교사로 하여금 교육에 대한 자발적인 변화를 가져오게 하며 마침내 교육의 개혁에도 기여하게 되는 결과를 낳고 있다.

3. 영성이 반영된 '성찰'과 '자기변혁'을 강조하는 교사교육

1980년대 이후 교사교육에서 '성찰(reflection)'이 강조되고 있다. 이전까지 교사교육은 능력(또는 자질)을 강조하는 '능력에 기반한 교사교육(Competency-Based Teacher Education: 이하 CBTE)'이었다. 이러한 교사교육은 이미 정해진 모델을 전제하고 가르칠 학습내용의 전달을 강조한다. 따라서 이러한 교사교육의 잠재적 교육과정은 교사를 수동적인 존재가 되게 한다.

Giroux(2003: 238)는 이러한 행동주의적 접근의 미국 교사교육을 다음과 같이 비판한다. 행동주의적 교사교육 접근은 생산을 강조하고, 교사를 효과적인 교수법과 원리의 집행자로 간주한다. 따라서 예비교사는 전문가가 만들어 놓은 지식을 퍼담기만 하면 되는 수동적 그릇으로 인식하며 교사 양성 프로그램의 내용과 방향을 결정하는 데 아무런 역할을 하지 못한다는 것이다.

우리 교사교육의 이러한 문제점을 김민남(1999: 26)은 '준전문성'과 '기능주의'로 요약하여 비판한다. 즉, 현재 교사교육에서 교사는 목적 달성을 위해 교과와 방법, 그리고 평가 기술을 익히는 것이라는 공식으로 진행된다. 또, 교육의 질은 교사의 질을 넘지 못한다는 명제하에 교사교육은 개인의 자질을 단련시키는 일을 강조한다. 그런데 이러한 개인의 자질 단련을 강조하는 교사교육은 전문성보다는 기능 위주의 숙달을 강조하는 준전문성에 머무르게 한다는 것이다.

이와 같이 교사를 수동적인 전달자, 전문가가 아닌 기능인으로 전제하는 교사교육에서는 교사가 교육의 목적에 대해 고민을 하고 가르치는 과정에서 끊임없이 가르치는 활동 자체에 대해 성찰할 여지가 없어진다.

이러한 비판에 대한 대안으로 1980년대 이후 교사교육 분야에서 '성찰'이 강조되고 있다. 이것은 1960, 1970년대 교사의 자질과 능력 중심의 연구를 총칭하는 CBTE를 비판하면서 시작된다.

CBTE는 교사자질을 행동주의 입장에서 측정 가능할 정도로 구체적으로 제시한 점에서 기여를 하였다. 그러나 1980년대 이후, 교육학자들은 이에 대해 비판을 하기 시작한다. 그 비판을 두 가지로 대별해 보면, 첫째, 교과교육학적 지식에 대한 강조다. 즉, CBTE로 인해 이전까지 상대적으로 소홀했던 교수학습방법에 대한 구체적 테크닉과 아동에 대한 이해를 교사의 자질로 강조하였다. 그러나 CBTE에 제기된 항목들은 교원을 양성하는 교수가 교육과정의 마련과 예비교사가 교사로 나아가는 목표설정에는 매우 효과적일 수 있으나, 그것 자체가 실제 수업상황에 적용되기 위해서는 또 다른 교과교육학적 지식이 필요한 것이라는 비판이 제기되었다. 둘째, 1980년대 중반 Schön의 비판이다. 그는 실제 교사자질은 교사가 수업을 진행하는 가운데 스스로 자신의 수업을 관찰하고 반성함으로써 교사 스스로 자신의 자질을 끊임없이 개선할 수 있다는 점을 강조한다(이종일, 2004: 30-31).

그런데 최근 들어서는 이러한 '성찰' 개념 자체에 문제가 있다는 비판이 제기된다. Mayes(2002: 701)는 대안으로 제시되고 사용되어 온 성찰 개념에 성찰의 중요한 요소인 영성을 간과하고 있다고 비판한다. 성찰이 교사의 사회적, 심리적 측면을 고려해야 하는 점을 인정하지만, 교사는 자기가 하는 일의 영적 측면에 대한 성찰도 할 수 있어야 한다는 지적이다.

Clift와 Houston(1990: 211-212) 역시 최근 유행하는 성찰 개념은 주로 서구 문화의 영향을 받은 것으로 상담, 숙고, 깨달음과는 대조적으로 분석과 문제해결을

강조하는 한계점을 갖는다고 지적한다. 또, 그들은 성찰 개념이 서구적 접근뿐만
아니라 동양적으로 접근될 수 있다는 것을 인식하기 시작하였으며, 성찰의 오래
되고 특징적인 역사를 인식하면서 성찰이 방법이나 테크닉만이 아니라, 삶의 방
식임을 알게 되었다고 밝힌다.

　Tremmel(1993: 435)은 Schön의 성찰 개념이 일면적이고 분석임을 지적하면서,
대안으로 선불교 전통의 '전심(全心: mindfulness)'이 교사교육에서의 성찰 개념의
지평을 확대할 수 있다고 주장한다. 그는 구체적으로 자신이 교사교육에서 사용
한 '집중하는 법'을 소개한다. 그는 '성찰적인 교사가 되기 위해서 우리는 마음의
작용을 알아야 하고 동시에 우리의 생각과 감정이 가르침과 배움의 중심에 들어
와야 한다.'고 역설한다.

　요컨대, 이러한 성찰 개념에 대한 비판은 성찰에 영적 측면이 결여되어 있다는
것이다. 이것은 성찰 개념으로 인해 자질 중심의 교사교육에서 진일보한 논의를
할 수 있었음에도 불구하고, 여전히 영적 차원을 고려하지 않는 성찰 개념은 서구
인식론의 한계를 극복하지 못했다는 비판이다. 이로 인해 서구에서 오히려 동양
적 전통의 선불교를 교사교육에 접목시켜 교사의 영성을 교육하려는 시도가 이
루어지고 있다. 이런 점에서 볼 때, 교사교육에서 영성을 고려하자는 논의와 실천
은 교사교육에 새로운 전기를 마련해 줄 수 있을 것이다. 영성을 강조하는 교사교
육은 교사 자신의 자기성찰을 핵심으로 삼는다. CTT 교사교육과 발도르프 교사
교육 모두 교사로 하여금 자기 자신과 가르치는 활동 자체에 대한 성찰을 하게 한
다. 이때 강조되는 성찰은 방법이나 테크닉이 아니라 삶의 방식이요, 자기변화를
일으키게 하는 것으로 서구적 전통의 성찰 개념을 극복하고 있음을 알 수 있다.
영성을 강조하는 교사교육은 교사 바깥에 어떤 것을 습득하게 하는 '전달
(transmission)'에 초점을 둔 것이 아니라, 끊임없이 자기성찰의 과정을 통해 자기
'변혁(transformation)'[9]을 강조하기 때문이다.

❧

---

9) Miller가 교육을 '전달(transmission)', '교류(또는 상호작용: transaction)' '변용(transformation)'으로
　대별하면서 홀리스틱 교육은 앞의 두 모형을 극복하면서 세 가지 교육 중 어느 것도 배제하지 않고 포

영성을 '깨달음' '자기지식' '초월성'이라는 세 측면으로 세분해서 고찰하는 Duff(2003) 역시 영적 발달의 주요 주제는 자아의 내적 탐구라고 결론짓고 영적 발달에서 자기변화의 중요성을 강조한다. 그는 '깨달음', '자기지식', '초월성' 세 가지가 각각 분명하게 나뉘는 것이 아니라 연속적이라고 이해한다. 생각을 관찰하는 것은 '깨달음'이고, 이후 생각을 자세히 관찰하고 통제하는 것은 '자기에 대한 앎(자기지식)'이며, 자기에 대한 앎이 성장해 자신의 생각을 완전히 지배할 수 있는 단계를 '초월'이라고 한다.

Duff식으로 영적 발달을 이해한다면, 영성을 교육하는 교사교육의 과정을 통해 교사는 자신의 생각을 관찰하고, 자기에 대해 알게 되며, 더 나아가 자신의 주인이 되는 교사가 될 수 있다.

오늘날 무수히 많은 교육개혁의 시도가 실효성을 거두지 못하고 있다. 교육을 바꾸려면 근본적으로 무엇이 바뀌어야 할까? 무엇보다 실제로 가르치는 교사가 달라져야 한다. 교사 스스로 변화의 필요성을 절감하고 그러한 변화의 방향에서 가르칠 수 있는 자율성과 힘을 갖추어야 한다. 이를 위해서 교사 질의 기준을 정하고 그 기준에 맞추어 교사를 평가하는 것보다 시급한 것은 교사 스스로 변하고 혁신하는 일이라고 생각한다. 즉, 교사가 주체적으로 변혁하는 것이 필요하다. 이러한 변혁은 교사가 지식이나 교수방법론을 갖게 되는 것만으로 생기는 것이 아니다. 교육에 대한 자신의 신념, 가치, 생각이 달라져야 한다. 그리고 이러한 신념과 가치가 자신의 삶과 괴리되지 않고 통일될 때, 교사 개인 내면의 변화는 교육에서의 변화라는 큰 흐름으로 이어질 수 있다. 따라서 교사가 내면을 탐구하게 함으로써 교사의 영혼을 변화시키려는 시도는 교육에서 실질적인 변화를 가져오는 데 영향력을 발휘할 수 있을 것이다.

괄한다는 의미를 나타낸다(1987: 29-41). 이때 변용적 교육의 특징은 인간의 전인성과 영적 변화를 강조하는 것이다. 홀리스틱 교육 관련 문헌은 'transformation'을 '변용'으로 번역해서 사용한다. 그러나 개인의 내적 변화와 사회변화를 포괄하는 점에서 변용보다는 '변화' 또는 때로 급진적인 의미의 '변혁'으로 사용하는 것이 더 낫다고 생각된다.

VI. 맺는말

교육에 변화가 요청된다. 교육이 달라지지 않는 것은 새로운 교육이론과 책, 교육정책이 부족해서가 아니다. 가르치는 교사가 달라져야 실질적인 교육의 변화가 일어날 수 있다. 교사가 소명을 가지고 그 소명을 지속하면서 가르칠 수 있어야 한다. 현재 교육대학과 사범대학은 과거 어느 때보다 인기를 누리고 있다. 많은 학생들이 교사 되기를 바라기 때문이다. 그런데 과거에 비해 교사가 되고자 하는 사람이 많아진 이유가 교직에의 소명감이 있는 사람이 늘어서가 아니라, 경제적으로 어려운 시기에 안정된 직업으로서의 교직을 택하는 경향이 증대되고 있기 때문이다. 이런 점 때문에 사명감 있는 교사로 교육하는 일이 과거에 비해 더 절실하다고 생각된다. 어떻게 하면 영혼과 마음을 다해 가르치는 교사가 될 수 있을까?

이 질문에 '영성'이 답이 될 수 있다고 생각된다. 교사교육에 영성을 도입하는 것이 근대교육의 한계를 극복하고 교육에서 영성을 회복하기 위해서는 근본적이다. 또한 교사의 영혼을 문제 삼는 교사교육은 교육에 있어서 구조적·제도적 개혁의 시도들이 놓치고 있는 교사의 내면에서 출발하며, 만연한 교사비판의 문화에 개혁의 주체로서의 교사 역할을 강조한다. 마지막으로 영성을 고려한 교사교육은 80년대 이후 대안으로 제기된 성찰적 교사교육의 개념을 더욱 풍요롭게 할 것이다. 영성을 강조하는 교사교육은 교사의 자기성찰을 강조한다. 이때 성찰의 의미는 서구 문화에 근거한 테크닉에 한정된 개념이 아니라, 삶의 방식으로서의 성찰이며 영적 측면에 대한 성찰을 포함한다. 이와 같이 영성을 고려한 교사교육은 성찰 개념의 지평을 확대해 주며, 성찰을 통한 교사의 자기변혁을 가능하게 한다.

교사교육에서 영성을 고려한 논의와 실천이 실제로 교육에서 영성을 회복하는 데 기여하기 위해서는 교육에서 영성을 도입하여 가르치는 데 있어서 생길 수 있는 문제점 역시 주목해야 할 것이다. 앞에서 살펴본 Nash의 지적이나 종교와의 관계 등에 주의하여 영성교육을 위한 모델 개발을 위한 논의가 충분히 이루어져야 할 것이다. 또한 영성을 고려한 교사교육을 현직 교사교육에서 바로 적용하는 것은 불가능하지만, 한국에서도 시도되고 있는 교사의 영성을 일깨우는 교사연수와 같은 소모임이 활성화되면 교사의 영성을 일깨우고 결국 교육에서 영성을 회복하는 데 기여할 수 있을 것으로 기대된다.

참고문헌

강상희(2003). 인지학 및 인지학적 교육론의 의미 탐색: 포스트모던의 학문적 경향성에 비추어. 교육철학, 30: 1-26.

김민남(1995). 교사교육론의 철학. 한국교사교육, 11: 1-32.

김민남(1999). 교사교육론과 실천. 교육철학, 17: 19-37.

김영태(2002). 신비주의와 퀘이커 공동체. 서울: 인간사랑.

김정신(2002). 영성교육을 위한 탐색적 연구. 교육인류학연구, 5(1): 1-15.

박은영(1988). 로버트 울리히(Robert Ulich)의 영성교육관. 교육철학, 6: 154-163.

송순재(2002a). 새로운 영성교육의 성격과 그 주요 명제. 처음처럼, 30(3/4): 52-101.

송순재(2002b). 새로운 영성 개념을 통한 교육의 방향 전환. 홀리스틱 교육의 원리와 방법. 서울: 엘리트.

이돈희(1981). 교육철학개론. 서울: 박영사.

이은선(2000). 시몬느 베이유의 영성과 지식교육. 교육철학, 23: 185-203.

이종일(2004). 교사교육 이론의 변천. 교사교육: 반성과 설계. 서울: 교육과학사.

이홍우(1996). 전인교육론. 교육혁신연구회(편). 한국 교육과정의 새로운 좌표 탐색. 서울: 교육과학사.

전주교대 좋은교사 모임(2005). 예비 기독교사 아카데미(미간행 자료집).

전주교대 좋은교사 모임(2006). 신임교사 workshop(미간행 자료집).

정윤경(2002). 발도르프 학교의 교사교육. 교육철학, 27(2): 91-108.

정윤경(2005). CTT(Courage To teach) 교사교육에 관한 고찰. 한국교육학연구, 11(1): 53-76.

한영란(2004). 교사와 영성교육. 인천: 내일을 여는 책.

한영란, 정영수(2004). 영성교육의 교육적 의미. 한국교육학연구, 10(1): 5-18.

홍은숙(1999). 지식과 교육. 서울: 교육과학사.

廣瀨俊雄(1990). シュタイナーの人間觀と敎育方法. 東京: ミネルヴァ書房.

Brinton, H. (1986). 퀘이커 300년. 함석헌 전집 15. 함석헌 역. 서울: 한길사.

Clift, R., & Houston, R. (1990). The Potential for Research Contributions to Reflective Practice. In Clift Renee & Houston robert & Phgach Marleen (Eds.), *Encouraging Reflective Practice in Education*. NY: Teachers College Press.

Cochran-Smith, M. (2003). Sometimes It's not about Money. *Journal of Teacher Education, 54*(5): 371-375.

Conti, P. (2002). *The Spiritual Teachers: A Study of Holistic Education & Holistic Perspective*. Doctoral dissertation. Teachers College Columbia University.

Duff, L. (2003). Spiritual Development and Education: a contemplative view. *International Journal of Children's Spirituality*, 8(3): 227-237.

Giroux, H. (2003). 교사는 지성인이다(*Teachers as Intellectuals*). 이경숙 역. 서울: 아침이슬.

HMSO (1988). Education Reform Act. London: HMSO.

Kessler, R. (2000). *The Soul of Education*. VA: ASCD books.

Lievegoed, B. (1985). *Man on the Threshold: The challenge of inner development*. Trans. Jakob M. Cornelis. U.K.: Hawthorn Press.

Martin, C. (1993). Rudolf Steiner and Waldorf Education. *Spectrum*, 25:119-128.

Mayes, C. (2002). The Teacher as an archetype of spirit. *Journal of Curriculum studies, 34*(6): 699-718.

Miller, J. (1987). 홀리스틱 교육과정(*The Holistic Curriculum*). 김현재 외 역. 서울: 책사랑.

Miller, R. (1997). *What are Schools for?: Holistic Education in American Culture*. Vermont: Holistic Education Press.

Nash, R. (1999). *Faith, Hype & Clarity: Teaching about Religion in American Schools and Colleges*. NY: Teachers College Press.

Orr, D. (1994). *Earth in Mind*. California: Island Press.

Palmer, P. (2000). 가르칠 수 있는 용기(*The Courage To Teach*). 이종인 역. 서울: 한문화.

Palmer, P. (2003). Teaching with Heart & Soul: Reflections on Spirituality in Teacher Education. *Journal of Teacher Education, 54*(5): 376-38.

Palmer, P. (2004a). *A Hidden Wholeness*. San Francisco: Jossey-Bass.

Palmer, P. (2004b). 가르침과 배움의 영성(*To Know As We are known*). 이종태 역. 서울: 한

국기독학생 출판부.

Richards, M. C. (1980). *Toward Wholeness: Rudolf Steiner Education in America*. Connecticut: Wesleyan Univ. press.

Shahjahan, A. (2004). Centering Spirituality in the Academy. *Journal of Transformative Education, 2*(4): 294-312.

Steiner, R. (1971). *Theosophy*. Trans. Monges Henry B. NewYork: Anthroposophic Press.

Steiner, R. (1972). *An Outline of Occult Science*. Trans. Maud & Monges Henry B. NewYork: Anthroposophic Press.

Steiner, R. (1977). *Rudolf Steiner, An Autobiography*. Trans. Stebbing R. Blauvelt: Steiner Books.

Steiner, R. (1990). *Balance in Teaching*. Revised trans. Pusch R. Spring Valley: Mercury Press.

Steiner, R. (1993). *Knowledge of the Higher Worlds: How is it achieved?* Revised trans. Osmond, D.S. & Davy, C. Bristol: Rudolf Steiner Press.

Tremmel, R. (1993). Zen and the Art of Reflective Practice in Teacher Education. *Harvard Education Review, 63*(4): 434-458.

Wright, A. (2000). *Spirituality and Education*. London: RoutledgeFalmer.

http://www.waldorf.or.kr

제**3**부

다문화교육을 위한 교사교육

제6장

미국 대학 다문화교사교육
프로그램 사례 연구

이 글은 미국의 대학 내 다문화교사교육의 실제 사례를 살펴보는 것을 목적으로 한다. 현재 한국은 빠르게 다문화사회로 진행되면서 다문화교육의 필요성이 급증하고 있다. 다문화교육 실현을 위해 선결되어야 할 것은 다문화교육을 할 수 있는 교사 양성에 있다. 그런데 현재 한국의 다문화교사교육은 이제 막 시작 단계에 있다.

이미 초등학교 교실에는 여러 가지 원인에 의해 부모(주로 모)의 인종, 국가 배경이 아이와 다른, 소위 '다문화' 가정 자녀들이 늘고 있다. 필자가 다문화교육에 관심을 갖게 된 것도 다문화가정 자녀들을 가르치는 상황에 부닥친 초등학교 현장 교사들의 문제의식을 공유하면서부터다. 그러던 중 2011년 미국 대학에서 연구년을 보내면서 미국 대학 내 다문화교사교육에 관해 연구할 수 있는 기회가 주어졌다.

미국은 한국에 비해 다문화사회에 대응하기 위해 이론적 논의와 실천을 일찍이 해 온 나라다. 이 장은 미국 인디애나 주에 있는 Purdue 대학교의 교사교육 프로그램을 통해 다문화교사교육 프로그램의 교육목적, 교육내용과 교수방법, 평가 및 과제, 교재, 운영상의 특징을 살펴볼 것이다. 분석 결과를 토대로 한국의 다문화교사교육을 위한 시사점을 논의할 것이다.

I. 서 론

한국 사회가 과거에 비해 인종적, 언어적, 종교적, 문화적 다양성이 증가한 다문화사회로 급속하게 진행되고 있다. 그런데 McCarthy 등(2005: 157)은 이와 같이 차이와 복합성이 늘어나는 상황에 우리 사회가 대처하는 주된 방식은 여전히 통일성, 단일의 기원, 하나의 조상, 경계가 분명한 국적 등 위험한 언어 속에서 문화와 정체성에 관해 생각하는 것이 지배적이라고 비판한다.

특히 단일 민족, 순혈주의라는 의식이 강하고, 단일의 문화적 특징을 강조해 온 한국 사회에 최근의 인구 변화와 그것으로 인한 다문화교육의 필요성이 제기되는 것은 큰 도전이 아닐 수 없다. 여러 가지 원인에 의해 이주자가 증가함에 따라 인종적·민족적 인구 구성이 동질적인 사회에서 다양한 사회로 변하고 있다. 따라서 교육 분야에서도 종전의 비교적 동질적인 학생을 대상으로 하던 교육과는 다른 교육을 해야 할 상황이 벌어지게 되었다.

역사적으로 모든 시대는 사회구성원 간의 동질성과 소속감을 토대로 사회를 통합하고자 하였다. 이를 위해 교육이 중요한 역할을 해 왔다. 특히 근대 국민국가가 형성되기 시작한 시대에 학교교육은 공통의 의식을 지닌 국민으로 교육시키는 중요한 국가건설의 기제가 되었다. 그런데 다문화사회의 도래로 교육대상의 다양성이 부각되면서 다문화교육이 새로운 교육의 과제가 된 것이다.

다문화 현상에 대한 교육적 대응을 '다문화교육'이라고 한다. 다문화교육은 본래 다인종, 다민족으로 구성된 미국 같은 나라에서 중요한 이슈로 다루어져 왔으나, 한국 사회 역시 다문화적 현상이 급증하면서, 다문화교육에 대한 논의와 실천이 요청되고 있다. 예를 들어, 국제결혼이 많아지면서 초등학교 교실에서 부모 중 한쪽이 외국인인 경우가 빈번하게 발생한다. 이것은 교육의 세 요소인 학생의 인구 구성이 다양화되었다는 것을 말하며, 이런 사실은 우리 사회에서도 다양한 배경의 학생들을 어떻게 가르칠 것인가 하는 것이 심각하게 고려해야 할 문제가 되었음을 뜻한다.

교육부는 2006년 5월 1일 '다문화가정 자녀 교육 지원 대책'을 기점으로 다문화교육에 관심을 기울이기 시작한다. 이것은 주로 외국인근로자 자녀와 국제결혼자 자녀의 학습결손 방지와 학교적응 지원에 초점이 맞추어져 있다. 이 후속조치로 교육부는 2006년 5월 26일 다른 부처와 공동으로 '다문화가정 지원 실천사례 나눔 대회'를 개최하였다. 이것을 통해 전국 지방자치단체, 교육청 공무원, 초등학교 교장을 대상으로 다문화교육의 필요성을 알리고 다문화주의 패러다임을 전파하면서 지자체-교육청-학교 간 네트워크 형성을 도모했다(윤희원 외, 2006).

또한 다문화사회로 진행되면서 교육과정의 변화도 시도하고 있다. 2006년 하반기 교사의 다문화 이해 증진을 위해 『교과서 보완 지도자료』를 발간·배포하겠다는 발표와 2007년 교육과정 개정 시 '타문화 편견 극복' 단원을 포함하겠다는 방침을 발표하였다. 이러한 내용이 반영되어 2007년 개정 교육과정에 '다문화교육'이라는 주제가 초·중등학교 교육과정 총론에서 35개의 범교과 학습 주제 중 하나로 포함되었다(교육부, 2007b). 이러한 교육부와 각 시도교육청의 노력 이외에도 지역 NGO를 중심으로 다문화가정의 결손을 돕기 위한 차원의 교육도 다각적으로 시도되고 있다. 이러한 노력도 중요하지만, 다문화교육의 실현을 위해 필요한 것은 무엇보다 다문화교육을 실행할 수 있는 교사를 교육하는 일이다.

Guyton과 Wesche(2001)에 의하면, 다문화교사교육(multicultural teacher education)은 다문화교육의 목표에 헌신하며, 이를 실천할 수 있는 능력을 갖춘 교사를 육성하려는 노력을 의미한다(모경환, 2009: 249에서 재인용). 다행히 교원양성대학을 중심으로 다문화교육 강좌 개설이 빠른 속도로 증가하고 있다. 이것은 정부지원과 관계가 깊다. 교육과학기술부는 2009년부터 전국 13개 초등교원양성대학(11개 교육대학교, 이화여자대학교, 한국교원대학교)을 중심으로 다문화교육사업을 지원해 왔다. 정부가 주관한 초등교원 양성대학 다문화교육 사업은 크게 다문화교육 강좌개설 사업, 다문화가정 학생 멘토링 사업, 다문화학습 동아리 사업으로 구성되어 있다.

교사양성기관의 교과과정에 나타난 다문화 관련 교육 현황을 분석한 연구(모경환, 2009)에 따르면, 2009년 8월 시점에 유아교육과 69곳 중 단 세 곳만 관련 강좌를 개설하고 있다. 초등교육기관은 13개 대학 중 12개 대학에서 관련 강좌 22개를 개설하고 있어 유아교육과에 비해 다문화 관련 강좌 개설 수는 많은 것으로 나타났다. 그러나 주로 교양 과목 위주로 편성되어 있고, 정부의 다문화멘토링 사업과 연계되어 있어 보다 질적인 심화가 필요해 보인다. 사범대의 경우는 42개 대학 중 다문화 강좌가 개설된 곳은 8개 대학뿐인 것으로 나타났다.

이와 같이 한국의 다문화교사교육은 아직 초기 단계라고 할 수 있다. 앞으로 교사교육에서 다문화 관련 강좌의 양적 확대와 질적 확충이 시급해 보인다. 이를 위해서는 다문화교사교육의 방향, 구체적인 교육과정 구성, 적합한 교수방법 등에 대해 보다 실제적인 탐구를 할 필요가 있다. 본 장은 이런 문제의식을 가지고 한국에 비해 다문화교육과 다문화교사교육의 발전 단계를 거쳐 온 미국의 다문화교사교육의 실제 사례를 살펴보고자 한다.

이민사회로 구성된 미국의 경우, 다문화교육에 대한 논의와 실천은 1960년부터 인권 운동의 일환으로 시작된다. 다문화교사교육에 대한 논의 역시 70년대 후반부터 나타나기 시작해 그동안 이론적 논의와 구체적인 교육 프로그램이 실시되고 있다. 미국교원교육인증위원회(NCATE)는 1977년 다문화교육을 교사 양성기관 인증 기준으로 설정한다. 이 기준은 미국의 교사교육 프로그램이 다문화교육을 포함할 것을 요구한다. 이 기준은 1987년, 2000년, 2002년 개정되었다 (www.ncate.org: Banks, 2005: 13에서 재인용).

본 장은 미국 대학의 다문화교사교육 프로그램의 실제 사례를 살펴보고, 다문화교사교육 프로그램의 교육목적, 교육내용과 교수방법, 평가 및 과제, 교재, 운영상의 특징을 분석할 것이다. 분석 결과를 토대로 한국의 다문화교사교육을 위한 시사점을 논의할 것이다. 미국 대학에서 이루어지고 있는 다문화교사교육의 실제를 살펴봄으로써, 다문화사회를 살아갈 이들을 교육하기 위한 다문화적 교사 역량을 준비하게 하기 위해 무엇을 어떻게 가르칠 것인가에 대한 구체적인 시사점을 얻을 수 있을 것이다.

이상의 연구목적을 위해 선정한 연구대상은 미국 Purdue 대학교 다문화 관련 교사교육 프로그램이다. Purdue 대학교 사범대학 학부의 다문화 관련 강좌는 교사가 될 학생들 누구나 이수해야 할 필수교과로 3학점이다. 연구방법은 문헌연구와 사례 연구를 병행하였다. 사례 연구를 위해 2011년 가을학기(2011년 8월 말~12월) Purdue 대학교 다문화 관련 교사교육 수업과 이 수업을 하는 강의자 협의 모임인 스태프 미팅[1]을 참여 관찰하였다. 이외에 분석 대상인 강의의 강의 계획서, 주별 수업 자료, 교재의 내용을 분석하였다.

II. 이론적 배경

1. 다문화교육 실현을 위한 다문화교사교육

다문화교육을 실행하기 위해 무엇보다 먼저 다문화교육을 실행할 수 있는 교사의 필요성이 인식되면서 다문화교사교육에 관한 연구도 활발하게 이루어지고 있다. 미국의 경우, 학생들의 다양성은 점점 더 증가하는 데 비해, 주로 백인 중산층, 영어만 사용할 수 있는 이들이 교사(예비교사)가 되어 학생들을 가르치는 데 어려움을 겪게 된다(Gay, 1993: Cochran-Smith, 2003: 4에서 재인용). 이러한 문제에 직면하여 다문화교사교육에 관한 관심과 연구도 급증한다. 또한 Jenks 등(2001: 89)은 다문화교육에 관한 이론을 실현하는 데 학교 현장의 준비가 미비하기 때문에, 교육을 실행하는 교사의 역할이 더욱 중요하다고 말한다. 이러한 관심으로 '문화적으로 섬세한 교수(culturally responsive teaching)'(Gay, 2000: Ladson-Billings, 1995), '문화적으로 섬세한 교사'(Villegas & Lucas, 2007) 등 다양한 배경의 학생들을 가르치기 위한 구체적인 논의들이 이루어지고 있다.

다문화교사교육에 관한 이론적 논의는 학자들마다 조금씩 차이를 보이는데 공통적으로 다문화교육의 이론적 논의에서와 마찬가지로 다면적 요소(또는 단계)를

---

1) '다문화주의와 교육' 과목을 강의하는 강사는 주로 박사과정 학생들이고, 그 과목 운영을 총괄하는 조정자(coordinator)가 참여하는 모임이다. 조정자는 그 대학 교육과정학부 다문화교육 전공 교수가 맡았다.

포괄한다. 예를 들어, Gay(1977: 56-57)는 다문화교사교육에서 지식, 기능, 태도의 중요성을 강조한다. 즉, 문화적으로 다양한 학생들을 가르치기 위한 다문화교사교육과정은 문화적 다원주의의 원칙과 다문화교육의 철학을 교실의 실천으로 적용하는 데 부합하는 지식, 태도, 기능 모두를 습득할 수 있도록 고안되어야 한다고 역설한다.

다문화교육의 다양한 이론적 접근과 다문화교육과정 및 교수법의 모델을 분석하고 있는 Jenks 등(2001)은 미국의 백인, 중산층의 교사가 다양한 배경의 학생들을 가르치도록 지식, 기능, 태도가 준비되기 위해서는 다문화교사교육이 '변혁적 학습(transformative learning)'이 되어야 한다고 강조한다. 변혁적 학습이 이루어지려면 예비교사는 다문화교육에 관한 여러 철학적 · 이론적 틀의 장단점을 알아야 하고, 자신의 철학적 입장에 관해서 비판적 반성을 할 수 있어야 하며, 현장 경험과 다양한 배경의 학생들에 대한 개인적 경험(개인교수나 멘토링)이 필요함을 역설한다.

이외에 다문화교사교육의 이론과 실천의 괴리에 관해 지적하는 연구도 있다. Schoorman 등(2010)에 의하면, 다문화교육에 관한 수사가 학교 현장과 대학 간에 차이가 난다. 즉, 대학의 다문화교육에서는 '다양성'에 관한 논의로부터 '사회정의(social justice)'를 강조하는 관점으로 이동하는데, 학교 현장의 실천은 이에 부합하는 변화를 보이지 않는다고 비판하고, 대학에서 이루어지는 다문화교육 수업의 한계를 지적한다. 이를 극복하기 위해서 처방전에 치우친 교사교육의 극복, 다문화교육에서 '사회정의' 같은 주제를 추상적이라고 간주하고 대신 '다양성'과 같이 구체적이며, 안전한 것을 선호하게 하는 제도적 제약[2]을 극복해야 함을 역설한다. 이외에 이론적 접근의 다문화교사교육의 한계를 극복하기 위한 방안으로 '해외현장체험(study abroad)'에 관한 연구(Aglazor, Phillion, & Malewski,

---

2) 예를 들어, 교사의 책무성을 강조하는 사회적 분위기 속에서는 다문화교사교육의 효과를 '사회정의'보다는 '다양성'을 기준으로 평가하게 된다. 이때 교사들은 학업성취가 낮은 비주류 학생들의 학업성취를 올리기 위해 연습과 보충수업을 시키면서 다문화교육을 한다고 생각한다. 그리고 교실에서 '사회정의' 같은 주제를 다루는 것을 논쟁적이고 지나치게 추상적인 것으로 간주해 버리는 경향이 있다.

2011; Phillion, et al., 2008; Phillion, Malewski, & Wang, 2009), 삶에 기반한 내러티브의 중요성을 역설하는 연구(Phillion & He, 2004)도 이루어지고 있다.

2. 다문화교사교육 관련 국내 선행연구

한국에서는 다문화교육에 관한 논의가 먼저 이루어지다가, 최근 들어 비로소 다문화교사교육에 관한 연구를 시도하고 있다. 이들 연구를 대별해 보면, 이론적 논의, 실태 분석, 그리고 다문화교사교육을 위한 교육과정과 모형에 관한 연구로 나누어 볼 수 있다. 먼저 나장함(2011)은 2007~2010년 사이에 발행된 다문화교사교육 관련 논문 10편(등재 및 등재후보)을 대상으로 하여, 이들 논문이 가정하는 다문화교육의 목표, 다문화교사교육과정의 목표와 내용구성, 이들 논문이 참조한 학자들을 분석하고 있다. 분석결과에 의하면, 우리나라 현재 다문화교사교육의 목표는 '다문화적 역량'이 가장 높은 빈도를 보인다. 다문화교사교육을 위한 교육과정은 내용구성에 있어서 다음과 같은 공통점을 보인다. 즉, '다양성에 대한 지식, 이해의 증가' '다양성에 대한 인식과 태도의 변화', 그리고 '다문화적 역량, 기술의 습득'을 강조하며, 교육방법으로는 현장체험과 반성적 글쓰기를 강조하는 것으로 나타났다.

한국의 다문화교사교육의 현황을 분석한 것으로 모경환의 연구를 들 수 있다. 모경환(2009)은 전국 69개 대학 유아교육과 교과과정, 13개 초등교사 양성과정, 42개 사범대학 교과과정, 그리고 한 곳의 다문화연수 프로그램을 분석대상으로 하여 한국의 다문화교사교육의 현황을 분석한 후, 한국 다문화교사교육의 특징과 과제를 논의한다.

이외에 가장 많은 연구는 다문화교사교육 프로그램이나 교육과정 모형에 대한 논의다. 이민경(2011)은 다문화교육과정에 대한 이론적 논의를 바탕으로 현재 교사교육기관에서 이루어지고 있는 다문화교사교육 현황을 분석한다. 분석을 바탕으로 다문화교사교육과정의 방향과 내용체계에 대해 논의한다. 장인실(2008)은 보다 구체적인 다문화교사교육 모형 탐색을 시도한다. 장인실은 Baker, Bennett,

Ford와 Harris의 다문화교사교육 모형을 분석한 후, 한국의 다문화교사교육 과정 개발을 위한 탐색적 모형을 6단계로 제시하고 있다. 6단계를 보면, ① 인종, 민족, 문화, 성별에 대한 지식 습득 단계다. ② 지구적 상황과 세계적 역학 관계를 인식하는 단계다. ③ 자아정체감과 민족정체감 형성 단계다. ④ 차별과 편견없는 태도 형성 단계다. ⑤ 다문화적 지식과 태도를 바탕으로 다문화적 수업을 하는 데 필요한 수업전략, 기법, 자료를 개발할 수 있는 있는 단계다. ⑥ 사회정의를 향한 구체적인 행동 방안을 수립하고 실천할 수 있는 단계다. 장원순(2009)은 Washington 대학교 다문화센터 교육과정, 경기도다문화교육센터, 서울대학교 교육대학원 세 곳의 교육과정을 참고하여, 한국 사회에 적합한 다문화교사교육과정을 모색하고 있다. 이 연구가 제시하는 다문화교사교육의 목적은 다문화적 교수 능력 개발이다. 이 연구는 다문화적 교수 능력을 구체적으로 한국사회의 문화 특성과 문제 이해, 다문화교육과정 구성 능력, 다문화적 교수학습 실천 능력, 민주시민의 자질 육성 능력으로 세분해서 제시한다. 허창수 등(2010)은 실제 이루어진 다문화교육 교사연수 프로그램을 분석한 후, 다문화교사교육과정에 대한 제언을 시도한다. 이 연구는 8개 대학에서 진행된 다문화교육 교과교육과정을 구조와 내용 측면으로 나누어 분석하였다. 이외에 다문화 교사연수를 실시하고 효과를 검증하는 연구(모경환 외, 2010)도 시도되고 있다.

이상의 선행 연구 분석을 통해, 한국은 현재 다문화사회에 대비하기 위한 다문화교육의 필요성을 절감하고, 그것을 실행할 수 있는 교사 양성을 위해 다문화교사교육에 관한 이론적 논의와 실제 교육과정 개발에 노력을 기울이고 있음을 볼 수 있다. 이러한 선행연구를 토대로 본 장에서는 미국 대학 다문화교사교육의 실제 사례를 분석하고, 한국 다문화교사교육을 위한 시사점을 살펴볼 것이다.

Ⅲ. Purdue 대학교 다문화교사교육 프로그램 분석

1. 과목 개요 및 교육목적

예비교사를 위한 다문화교육으로 실시되는 다문화교사교육 교과명은 '다문화주의와 교육(Multiculturalism & Education: EDCI 285)'으로, 교사가 될 모든 학생이 들어야 할, 3학점의 필수 교과다. 강의계획서에 따르면, 본 수업은 예비교사들에게 다문화주의의 다양한 면과 그것이 가르치는 일의 실제에 시사하는 점을 탐구하게 하는 것이다. 이 수업은 인종, 계급, 젠더, 성적 지향, 그리고 사회그룹의 정체성 측면이 교수-학습에 미치는 영향을 탐구하고, 그것을 학교 안팎의 상황에 관련지을 수 있게 한다.

'다문화주의와 교육' 수업은 다문화주의와 다문화교육에 관련된 광범위한 주제를 가르치는데, 주된 목적은 미래 교사가 될 사람들에게 계층화된 교육시스템 안의 다문화사회 속에서 교육자가 된다는 것의 의미를 탐구해 보는 것을 돕고자 하는 것이다. 즉, 이 프로그램은 예비교사들에게 ① 다문화주의가 가르치는 일에 의미하는 바를 탐구하게 하고, ② 인종, 계급, 젠더, 성적 지향성, 여러 사회그룹의 정체성 이슈와 교수-학습을 관련지어 탐구하며, ③ 계층화된 교육시스템이 다문화사회에서 교사가 된다는 것의 의미를 탐구하게 하는 것을 목적으로 하고 있다.

강의자는 이러한 강의 전반의 교육목표를, 첫째, 다문화교육과 관련된 주제(issue)에 관한 인식(awareness)의 발달, 둘째, 다문화주의가 교사, 학교, 교실, 사회에 미치는 영향에 관한 지식의 발달, 셋째, 교육자가 다문화·글로벌 사회를 살아가는 학생들의 요구를 만족시키는 데 기여할 수 있는 비판적 사고와 반성(reflection) 스킬을 발달시키는 것으로 세분해서 제시한다. 이 중 강의자가 가장 중시하는 것은 비판적 사고 능력임을 알 수 있다. 강의자는 세분화된 강의 목표에서 비판적 사고와 반성 스킬의 발달을 진술하고 있고, 강의 내용 중 가장 먼저 '다문화교육과 비판적 사고' 간의 관련성을 가르치는 것으로 시작한다. 또한 스태프 미팅에서 강의자는 "어떻게 비판적 사고를 가르칠 수 있는가?"에 대한 주제 발표를 하였다(9월 30일, 스태프 미팅 자료).

2. 교육내용/교수방법/교재/ 평가 및 과제

가. 교육내용

수업은 다문화교육에서 비판적 사고의 중요성을 다루는 것으로 시작한다. 이어 다문화교육의 필요성을 살펴보는데, 이때 미국 내 공교육의 역사를 통해 커먼스쿨(common school)이 확립되어 가는 과정, 교육에서 흑백 간의 갈등과 이것을 조정해 가는 과정 등 구체적인 미국 공교육의 역사 속에서 논의와 토론을 전개한다. 이 과정에서 강의자는 교육에서의 평등과 공평의 주제를 다룬다. 이후 정체성과 사회화문제, 민족중심주의, 미디어 문해, 젠더, 인종, 계급, 성적지향성과 섹슈얼리티(다양한 가족구성), 이민이라는 주제가 주별로 다루어진다. 이러한 주제는 결국 사람들 간의 차이와 다양성을 야기하는 근원이다. 한국에서 다문화교육의 논의가 주로 국가, 인종, 언어적 차이에 초점을 둔 것에 비해, 보다 상세화된 주제들—성적 지향성과 섹슈얼리티, 이민 등—도 다루고 있음을 볼 수 있다.

〈표 6-1〉 주별 강의 주제

주	강의 주제	주요 개념
1	오리엔테이션	INTAC[3], 학생정보 수집, 강의계획서, 과제, 수업규칙 설명
2	비판적 사고와 다문화교육	비판적 사고
3	왜 다문화교육이 필요한가?: 보통학교와 민주주의에 관한 역사적 접근: 1770~1900	커먼스쿨(Common school), 민주주의
4	왜 다문화교육이 필요한가?: 보통학교와 민주주의에 관한 역사적 접근: 1900~1950	사회적 구성(social construction), 동화

3) Interstate New Teacher Assessment & Support Consortium의 약자로 여기에서 교사교육을 받는 예비 교사가 알고, 해야 할 10가지 기준을 제시하고 있다(Council of Chief State School Officer, 2011: 1-2).

5	왜 다문화교육이 필요한가?: '분리하되 같게'[4]에 관한 역사적 고찰	평등(equality)과 공평(equity)
6	정체성과 사회화의 역학: 미국인 정체성에 대한 성찰	민족중심주의 (ethnocentrism)
7	학업성취와 공정을 향한 작업들: 문화적 지식, 문화 자본, 문화 공동체	특권, 문화적 지식, 문화자본, 사회화의 사이클
8	정체성과 사회화의 역학 : 미디어 맥락에서	문화적 지식, 대중문화, 미디어 문해 (literacy)
9	지속성과 변화 : 교육에서 '젠더'의 중요성	젠더의 구성
10	지속성과 변화 : 교육에서 '인종'의 중요성	고정관념(stereotypes)
11	지속성과 변화 : 교육에서 '계급'의 중요성	제도적 구조, 개인의 수행능력(agency)
12	섹슈얼리티와 가족	섹슈얼리티, 성적 지향성, 가족
13	이민	이민
14	기말보고서 발표	

강의계획서에 기초해서 주별로 다루어지는 주된 내용을 정리하면 〈표 6-1〉과 같다.

나. 교수방법

사용된 교수방법은 아주 다양하다. 첫째, 강의법을 들 수 있다. 가장 일반적인 교수법으로 알려진 것이 강의법이다. 그러나 교재 내용을 설명하고 정리하는 식의 강의가 이루어지지 않고, 교재의 정해진 부분을 미리 읽어 오고, 수업시간에는

---

4) 1954년 미국 Brown 판결은 '흑백 간의 분리된 시설은 불평등이다'는 내용으로 요약된다. 이것은 남부 흑백아동 간의 교육시설 차별 시스템을 비판하고, 인종차별을 폐지하는 계기가 된다. 이 판결 결과와 시민권 운동은 일반적으로 인종적 평등에 대한 미국인의 관점에 크게 영향을 준다. 인종문제에 대한 정의에 관한 모델이 이전의 '분리하되, 같게(separate but equal)'에서 '색을 고려하지 않는(흑백을 차별하지 않는, color-blind) 법'으로 바뀌게 된다.

내용에 대한 이해를 토대로 해당 주제에 관한 토론, 전문가의 특강, 영상물 보고 토론하기 등을 통해 주제를 심화시키는 수업이 이루어졌다. 따라서 교사가 내용을 설명하는 강의법은 아주 드물게 사용되었다.

둘째, 가장 많이 활용된 교수법은 토론이다. 토론은 소규모 토론과 전체토론을 연계하여 활용한다. 전체 수강생 15명(여 13명, 남 2명)을 4그룹으로 나누어 그룹별 토론을 하게 하고, 다시 그룹별 토론 내용을 반 전체가 공유하는 방식으로 수업이 진행된다. 이때 강의자는 토론을 이끈다기보다는 학생들의 토론을 주로 듣고 종합하는 역할을 한다. 그런데 주로 학생들의 의견이 편향된 경우, 강의자는 다른 측면을 생각할 수 있는 질문을 던진다.

토론 수업에서 발견된 특징의 하나는 학생들이 토론 중에 강하게 저항을 보였던 점이다. 예를 들어, 읽기 자료 중 '인디언에 관한 편견을 다루는 내용'에 관해 토론을 하는 중에 학생들은 "나는 한 번도 인디언에 대한 편견을 가진 적이 없다."고 이의를 제기하였다. 관찰한 수업의 전체 학생은 모두 백인이었다. 많은 미국의 연구가 보여 주듯이, 초·중·고 학생들의 인구는 점점 더 다양화되는데, 반면 미국 대부분의 교사들은 백인 중산층(그 중에서도 여성)이 지배적이라는 게 현실임을 보여 준다. 이와 같은 토론 이외에도 매주 2명 또는 개인이 구두 발표를 하고, 그 내용에 대해 반 전체가 토론을 한다. 발표는 신문과 뉴스 기사 중 교육 관련 기사를 소개하고, 그것에 대한 찬반을 묻는 식으로 진행된다.

셋째, 학생들 전체가 참여하는 활동으로 본 강의에서 활용한 'privilege walk (특권을 확인하는 걷기)'[5]를 소개하면 다음과 같다. 활동 과정을 보면, 먼저 학생들 전체가 한 줄로 서고, 교사는 모두에게 여러 가지 질문을 하게 된다. 질문에 대한 답에 '예'인 경우, 한 발 뒤로 물러선다. 따라서 질문에 따라서, 학생들은 서로 다

---

5) 강의자의 설명에 따르면, 이 활동은 기록 영화 'What's Race Got to Do with It?'를 참조한 것이다 (http://www.whatsrace.org). 이 영화는 Berkely 대학교에서 15주 동안 다양한 그룹의 학생들의 여정을 기록한 영화다. 학생들은 여기에서 개인적인 자신의 이야기를 공유하고, 정해진 주제에 대해 논쟁하며, 자기가 속한 인종이 해 온 역할을 직면하게 된다. 이런 과정을 통해 다양한 인종 그룹의 학생들은 자기 자신이 가졌던 관념과 당연시해 온 가정들을 발견하게 된다.

른 줄에 서게 되어 두 그룹이 만들어지게 된다. 이때 남과 다른 줄에 서서, 자신이 의식하지 못했던 특권에 대해 알아차리는 경험을 할 수 있게 된다. 처음 시작하는 질문은 주로 대부분의 학생들이 모두 같은 답을 할 수 있는 것으로 하는 것이 좋 다. 활동 중에 교사가 던진 질문은 다음과 같다(7주 수업자료 'privilege walk').

① 어린 시절, 대학에 갈 것이라고 생각했습니까?

③ 당신의 부모는 외국인으로 생각될 수 있는 악센트를 갖고 있습니까?

④ 당신은 부모님 소유의 집에서 자랐습니까?

⑤ 당신의 가정은 가족여행을 하고, 집에 가정부나 정원사가 있습니까?

⑥ 가족 중에 알코올이나 약에 중독된 사람은 없습니까?

⑦ 홈리스(homeless)가 된 적이 없고, 돈이 없어서 하루 이상 굶어 본 적이 없습 니까?

⑧ 당신은 18세 이전에 당신의 고국을 떠나 여행해 본 적이 있습니까?

⑨ 당신은 사회보장번호(social security number)를 가지고 있습니까?

⑩ 당신은 개인교습을 받고, 사립학교에 다닌 적이 있습니까?

⑫ 당신은 당신의 인종, 민족적 배경, 성별, 종교, 사회경제적 계급 또는 성적 지향성에 관한 농담으로 불편했던 적이 없습니까?

⑭ 당신은 초등학교에서 당신 선조들의 역사와 문화에 대해 배웠습니까?

  처음 질문에서는 반 전체가 뒤로 물러서더니, 다음 질문들부터는 각각 다른 답을 하게 되어 결국 서로 다른 두 그룹에 서게 된다. 이상의 질문들 전체에 대한 활동이 끝나고, 교사는 다음과 같은 질문들을 하게 된다. '이 활동에서 무엇을 느꼈는가?' '어떤 질문에서 가장 불편했는가? 그리고 그 이유는?' '당신을 가장 잘 나타내 주는 질문은 무엇이었는가?' '어떤 질문에서 당신은 특권을 느꼈는가?, 또 그 정도는 어느 정도인가?' '당신은 '특권'을 어떻게 정의하는가?' '당신이 말한 특권에 대한 개념 정의에 대해 실제로 사람들은 어떻게 평가하는가?'

　　이러한 활동은 '학업성취와 공정'이라는 주제를 다루는 주에 문화적 지식, 문화자본과 관련된 반성적 사고를 하게 하기 위한 활동이다. 즉, 사회가 인종, 피부색, 계급 등의 요인에 따라 분화되어 있고, 특정인이 다른 사람에 비해 더 우월한 사회적 지위를 누리는 것에 관한 이론적 설명 대신 실제로 활동을 통해 각자 인식하지 못했던 특권을 알게 하기 위한 것이다.

　　넷째, 전문가(특강) 활용이다. 강의에서 다루어지는 주제가 아주 다양하다. 이 모든 주제를 강의자 혼자 가르치는 것이 아니라, 주제와 관련된 전문가를 활용한다. 예를 들어, '인종' 주제를 다루는 수업은 강의실이 아니라, 대학 캠퍼스 내 '흑인문화센터(Black Culture Center)'에서 이루어졌다. 흑인문화센터 관계자가 흑인으로서 자신의 개인사, 부모 이야기 등 구체적이고 개인적인 이야기를 하는 형식으로 "왜 다양성이 교사로서 직업적 성장과 개인적 성장을 위해 중요한가?"라는 특강을 한다. 그리고 흑인문화센터 내 전시물과 도서관을 소개한다. 또, '성적 지향성' 주제를 다룬 주에는 '학생 다양성 서비스센터(Student Diversity Services Office)'에서 일하는 관계자를 초청하여, 동성애적 성적 지향성을 지닌 본인의 이야기를 하고, 학교교육에서 왜 이런 주제를 다루어야 하는지에 대해 언급한다. 전문가 특강 이후에는 학생들의 질문과 특강자의 답변이 이어진다. 이미 다문화교육과 다문화교사교육에 대한 이론과 실천의 역사가 길어서 다문화교육과 관련된 주제가 세분화되어 있다. 주제를 다루는 방식 역시 이론적 논의를 소개하는 것에 초점이 있지 않고, 주로 구체적이고 미국 사회 안에서 실제 쟁점이 되는 점을 다루는 것이 특징이다.

　　다섯째, 미디어매체의 활용이다. 다루는 주제와 관련된 영화를 활용한다. 이러한 매체의 활용은 이론적 설명보다 짧은 시간에 내용 전달과 공감이 일어나는 데 효과적으로 보인다. 구체적으로 활용한 미디어 자료는 미국 공교육사를 다룬 다큐멘터리 형식의 영화, 미디어 문해를 다루는 주에는 광고 영상물, 미국에 이민 온 한국인 가족과 그 자녀가 학교에서 언어장벽으로 인해 겪는 일상을 담은 영화 등을 활용하였다.

다. 교재

사용된 교재는 세 권이다. 학생들은 세 권의 교재 내용 중 수업에서 다루는 주제와 관련된 부분을 수업 전 미리 읽어 와야 한다. 교재에 관한 개괄적인 설명을 하면 다음과 같다.

① Doing Multicultural Education for Achievement and Equity

이 책은 Grant와 Sleeter가 공동 집필한 책으로, 집필 자체가 교사가 될 사람들을 위한 것이라고 되어 있다. 내용은 크게 두 부분으로 나눌 수 있는데, 전반부 1, 2, 3장은 각각 교사, 학생, 사회 세 영역에 대해 다룬다(1장: 훌륭한 교사 되기, 2장: 학생과 학업 성취, 3장: 사회-학교에서의 공평을 위하여). 후반부 4장에서 8장은 교실 수업의 여러 측면들을 다룬다. 장마다 '반성(reflection)' 영역이 있어서, 읽은 내용에 대해 각자 자신의 생각을 적고 정리할 수 있게 하였다.

책 내용 중 가상의 학생들이 각자 자신의 의견을 말하는 내용을 포함하고 있어 예비교사들로 하여금 인종, 젠더, 학업성취 등에 관한 복잡한 이슈에 대해 자신들의 생각과 경험을 성찰하고 보다 균형 잡힌 관점을 갖게 하고자 한다.

② School: The story of American Public Education

이 책은 제목대로 미국 공교육의 역사를 적고 있다. 1770~1900년 커먼스쿨의 시기, 1900~1950년 공교육으로서의 미국, 1950~1980년 '분리하되, 같게'의 시기, 1980~2000년 시기로 나누어 미국 공교육의 역사를 서술한다. 시기별로 흑백 간의 갈등을 어떻게 조정했는지에 대한 구체적 설명이 포함된다.

③ EDCI 285: Multiculturalism & Education

'다문화주의와 교육' 수업 총괄 책임을 맡는 조정자가 이미 다른 곳에 출판된 글들을 편집해서 만든 교재다. 책은 모두 24장으로 이루어져 있는데, 한 장이 3~4쪽의 짧은 글들로 이루어져 있다. 내용은 언어·인종·문화적 배경이 다른 사람들이 미국의 교육(넓게는 문화)적 상황 속에서 겪게 되는 구체적인 이야기, 미디어의 혼란스런 메시지 분석, 글로벌 사회에서의 정의 문제, 학교 내 폭력(bullying) 등 다양하다.

이 책에 실린 글은 이론적 지식이라기보다는 내러티브적 문헌에 가까운 것으로, 다양한 배경의 학습자들의 희망, 공포와 불안, 요구와 욕망들을 구체적이고 깊이 있게 묘사하고 있다. 학생들은 이러한 글을 읽으면서 미국에서 백인으로서 살아가는 자신들의 삶과 매우 다른 '그들'의 삶을 구체적으로 경험하게 된다. 또, 매주 읽은 내용에 대한 비형식적 반성의 글쓰기 과제를 제출한다. 이와 같이 구체적인 삶의 모습을 드러내 주는 내러티브적 문헌을 읽고, 그것에 대한 반성적 글쓰기를 통해 예비교사들은 자신들이 당연시해 온 신념과 가정들을 성찰하고, 차이와 다양성에 대해 새로운 이해를 하게 된다.

라. 평가 및 과제

학생에 대한 평가의 총점은 1,000점이고, 세부 평가 항목은 다음과 같다.

출석과 참여	퀴즈와 과제	성찰 보고서	미디어분석 보고서	기말 보고서	구두발표	비형식적 반성	총합
200점	150점	100점	100점	200점	100점	150점	1,000점

① 비형식적 반성(informal reflection)

해당 주에 읽어야 하는 내용을 읽고 그것에 대한 비평문을 적는 보고서다. 이 보고서는 블랙보드(black board)[6]를 이용해 제출하고, 교사는 온라인으로 피드백을 한다.

학생들은 매주 정해진 읽기 자료를 읽고 토론할 준비를 하고 출석할 것이 요구된다. 강의자에 의하면, 이것은 읽은 내용에 대해 비판적으로 사고할 수 있는 능

---

6) blackboard는 교과목 강의를 돕는 대학 내 인터넷 사이트로, 강의계획서 탑재, 과제 제출 및 과제에 대한 피드백 등 교사-학생 간 상호작용이 이루어지는 공간이다.

력을 발달시키고 반성적 실천가가 되는 데 필요한 스킬을 갖게 하기 위한 것이다
(강의계획서, 2쪽).

② 형식적 글쓰기(formal reflection): 성찰 보고서와 미디어 분석보고서

성찰 보고서(reflection paper)는 학생들 각자 다문화 관련 행사에 참석하고, 그 경험을 적은 보고서다. 예를 들어, LGBTI 공동체(레즈비언, 게이, 바이섹슈얼, 트랜스젠더 아이덴티티 공동체)를 방문한 경험, 이슬람 예배에 참석한 경험, 대학 내 다문화 관련 동아리에 참석하여 인디언에 관한 영화를 본 경험 등을 성찰하고 있다.

또 다른 형식적 글쓰기는 미디어 분석보고서다. 미디어 분석을 위해 TV쇼의 에피소드 하나를 선택한다. 선택한 TV쇼에는 적어도 두 가지 이상의 사회적 정체성(인종, 성별, 계급, 성적 오리엔테이션, 국가적/국제적 정체성 등)이 나타나야 한다. 또 쇼가 시작되기 전후로 하는 광고도 분석 대상에 포함시킬 수 있다.

강의자가 보고서에 포함시켜야 할 내용으로 요구한 것은 ① TV쇼의 요약(분석 초점이 되는 인물과 이슈, 그리고 선택 이유), ② 사회적 정체성에 관한 토론 내용(이미지, TV쇼의 내용은 우리에게 다양성에 관해 무엇을 가르쳐 주었는지), ③ TV쇼에 그려진 생활양식의 분석(TV쇼에서 무엇이, 누가 그려지고 있는가? 그리고 TV쇼에 누가, 무엇이 빠져 있는가? 그리고 선택한 TV쇼의 인구통계학적 청중은 누구라고 생각하는가?, TV쇼와 광고 간의 관계)에 관한 것이다.

③ 기말보고서: Multicultural Action Project

기말보고서는 3~4명이 한 조가 되어 다문화 실행연구를 하고, 그 과정에서 저널쓰기, 마지막 주에 실행연구 요약 발표하기, 보고서 제출로 이루어진다.

강의자에 의하면, 실행연구의 목적은 다문화주의, 학교, 사회 간의 관계를 탐구하는 것이다. 이를 위해 학생들은, 첫째, 다문화교육과 관련된 이슈를 국가-주-지역 수준에서 분명하게 한다. 둘째, 선택한 이슈를 이해하기 위해 연구하고, 셋째, 이슈와 관련된 그룹, 예를 들어 교사, 학생, 학부모, 지역사회 구성원 등을 인터뷰하고, 넷째, '시민'으로서 이 이슈에 대해 두 가지를 실행한다. 이 실행연구의 목

적은 변화를 위해 사려깊은 행위를 하도록 하는 것이다.

강의자가 예시를 보인 가능한 행위들은 지역 신문 편집자에게 편지하기, 상원 의원이나 관련된 이슈와 관련된 담당자에게 자신들의 관점을 표현하기(편지와 그 것에 대한 답신 받기), 선택한 이슈를 널리 알리기 위해 평화적인 공적 모임을 갖 기, 연구한 이슈를 알리기 위한 웹사이트 개설하기 등이다. 이와 같이, 기말보고 서는 학생들이 직접 다문화교육과 관련된 이슈를 선택해서 연구하고, 연구가 진 행된 동안 얻은 것을 토대로 실제로 행위하는 것을 목적으로 한다. 각 그룹의 주 제는 '사이버 폭력(cyber bullying)' '논쟁적인 학교마스코트' 'No ESL students Left Behind'[7], "학내 영양의 문제' 등이다.

④ 구두 발표

개별 또는 2인으로 그룹발표가 있다. 이것은 학생들이 쟁점이 되는 문제를 명 확하고 간결하게 정의하고 발표할 수 있는 능력을 발달시키기 위한 것이다.

IV. 다문화교사교육 프로그램 운영의 특징

1. 다문화 현장 경험의 중시: 해외현장경험 프로그램과의 연계

교사교육이 현장 경험과 병행되어야 한다는 것은 당연한 주장이다. 다문화교 사교육 역시 대학에서 배운 이론적 지식이 실제 교실에서 다문화적 교사 역량으 로 발휘되기 위해서는 예비교사의 현장 경험이 중요하다. Purdue 대학교의 다문 화교사교육 강좌는 현장 경험을 강조하면서, 해외현장경험(Study Abroad) 프로그 램(7장 참조)과 연계해 운영한다.

---

7) 이것은 'No Child Left Behind', 즉 어떤 아이도 뒤처지는 아이 없이, 전원 모두 일정 성취기준에 도달 하겠다는 의미의 말을 조금 바꾼 것이다. ESL(English as a Second Language: 제2언어로서의 영어를 사 용하는 자)는 미국 내 영어권이 아닌 곳에서 이주해 온 학생들을 지칭한다.

해외현장경험 프로그램은 교사가 될 학생들에게 다양한 문화적 체험을 하게 하기 위해 학기 중에 외국의 다른 문화적 체험을 하게 하는 코스다. Purdue 대학교 사범대학의 경우 7개의 해외현장경험 블록이 있다. 그중 다문화교사교육 교과목과 연계된 블록은 '온두라스 프로그램(Honduras Study Abroad Program)'으로 중앙아메리카 Honduras(온두라스)를 방문하여 그곳의 문화를 체험하고, 실제로 그곳의 공립학교에서 초·중생들을 가르치는 경험을 하는 것이다(Purdue College of education, 2011: 20).

이 프로그램의 목적은, 첫째, 주로 백인, 중산층, 여성이 대부분인 예비교사들에게 그들의 배경과 전연 다른 문화적 경험을 하게 함으로써 다양한 배경의 학생들을 가르치도록 준비시키는 것이고, 둘째, 글로벌한 관점을 갖게 하며, 국제적 이슈인 사회정의에 관한 인식 능력을 기르기 위함이다(Phillion, Malewski, & Wang, 2009: 323-324).

현장 경험이 예비교사를 변화시키고, 상황에 적합한 지식을 갖게 한다는 연구(Sleeter, 2001)에 기초해 미국 대학들은 해외현장경험 프로그램을 많이 활용한다. Purdue 대학교 역시 2004년부터 연구하여 도입하였고, 2007년까지 63명이 참여했으며, 이후 교사교육 필수교과와 연계하여 실시하고 있다. 이 프로그램에 참여하는 데 드는 비용은 초기에는 대학 본부에서 지원해 오다가 이제는 수강생들의 자비 부담(3주 일정 비용이 5,000달러 정도)으로 이루어지고 있다.

필수 과목인 '다문화주의와 교육' 과목을 수강하거나, 대신 온두라스 프로그램을 선택할 수 있다. 다문화교육 관련 필수 과목인 EDCI 250을 한 학기 300명 정도 수강하는 반면, 1년에 10~12명 정도가 온두라스 프로그램을 선택한다[8].

'현장 경험을 위한 장소가 왜 온두라스인가?' 이에 대해 프로그램 개발자의 설명을 보면 다음과 같다. 먼저 온두라스 지역 공립학교 학생들은 이중언어 정책에 따라 스페인어와 영어를 사용한다. 대학생들이 가서 가르치는 아이들은 온두라

---

8) '다문화주의와 교육'은 1년에 2번(가을학기, 봄학기) 개설되고, 온두라스 프로그램은 1년에 한 번(봄학기가 끝난 5월 중) 진행된다.

스 수도와 수도 근처 도시 아이들로 이중언어 사용자다. 예비교사들은 이들을 가르쳐 봄으로써 다문화적 체험을 하게 된다.

둘째, 본 연구 대상 대학이 위치한 주는 인디애나(Indiana) 주다. 인디애나 주는 히스패닉 계 이민자들이 정착한 주 10개 중의 하나로 2000년 시점에서 히스패닉 계 이민자들이 과거보다 400% 증가 추세에 있고, 이러한 추세는 2025년까지 지속될 전망이다(U.S통계, 2004; Proposal for College of Education Study Abroad 1쪽에서 재인용).

3주 기간 동안 학생들은 1주에 2회 수업에 참석한다. 수업에서 강의자와 학생들은 만나서 인종, 민족, 성별, 계급에 관한 이슈에 성찰할 수 있는 읽기 자료를 읽는다. 3주 프로그램을 마치고 제출하는 과제는 자서전 쓰기와 반성적 저널쓰기다. 이것을 통해 학생들은 3주간의 경험에 대한 자신의 성찰을 기록한다. 이외에도 온두라스 초·중등학교에서 수업을 관찰하고 그곳 학생들의 활동을 돕는다. 또한 온두라스 문화유적지 탐방도 이루어진다(Phillion, Malewski, & Wang, 2009: 326).

2. 스태프 미팅을 통한 수업 협의

'다문화주의와 교육' 수업은 필수 교과로 여러 반이 개설된다. 따라서 한 명이 아닌 여러 명의 강의자가 수업을 하게 된다. 스태프 미팅 참여자는 강의를 담당한 강의자들과 이 강의 운영의 책임을 맡고 있는 조정자로 이루어진다. 스태프 미팅에서는 수업의 교재 및 대략적인 교육내용의 선정에서부터, 실제 수업 과정에서 발견된 문제점, 강의자별로 주별 주제를 접근하는 교수방법의 공유, 학생들의 보고서 평가의 문제 등 강의에 대한 전반적인 것을 협의를 통해 해결하고 있다. 스태프 미팅 참가자는 강의자 6명, 조정자 1명이고, 주로 일주일에 1회 이루어진다.

모임의 진행은 강의자들이 돌아가면서 발제를 하고, 각자의 수업 시간에 특별히 문제가 되는 점을 함께 의논하는 방식이다. 또한 강의자별로 어떤 주제에 대해 자신이 시도한 교수방법을 이야기함으로써 같은 과목을 가르치는 강의자가 교수방법 면에서 지식과 노하우를 공유한다. 평가에 있어서도 학생들로부터 받은 보고서 몇 개를 예시로 함께 읽어 보고 어느 정도의 등급을 줄 것인지에 대해서도 함께 고민한다.

V. 맺는말

1. Purdue 대학교 다문화교사교육 프로그램에 대한 논의

가. 교육목적

강의자가 강조하는 교육 목적은 예비교사의 반성적 사고 능력의 개발이다. 강의자는 구체적으로 다문화주의가 교사에게 그리고 가르치는 일에 의미하는 점, 인종, 계급, 젠더, 성적 지향성, 여러 사회그룹의 정체성과 같이 차이를 만들어 내는 이슈와 교수학습의 관련성, 계층화된 교육시스템과 다문화사회 속에서 교사가 된다는 것의 의미를 관련지어 탐구하게 함으로써 예비교사의 반성적 사고 능력을 발달시키는 것을 목적으로 한다.

또, 강의자는 강의계획서에서 과제를 설명하면서, '……교사로 하여금 '반성적 실천가(reflective practitioner)'가 되도록 돕는다.'고 명시한다.

'반성적 실천가'는 반성적 교사교육에서 사용되는 수사다. 반성적 교사교육은 기술적 합리성에 문제제기하는 Schön이 대학에서 배운 이론을 수동적으로 적용하는 데서 오는 문제점을 지적하고, 기술적 숙달에 초점을 두는 교사교육이 아니라, 자신의 실천을 반성함으로써 전문가적 지식을 획득해 가는 반성적 실천가로서의 교사를 양성하는 것을 강조하는 것으로, 오늘날 교사교육 분야에서 많은 지지를 받고 있다.

관찰한 이 수업은 다문화교육에 필요한 특정한 교육내용, 교수방법의 숙달이 목적이 아니라, 학생들 자신의 경험과 관점에 대해 비판적 사고와 반성을 하게 함으로써 인식과 관점을 변화하게 하는 수업을 추구하고 있다. 이것은 다문화교사교육이 변혁적 학습이 되어야 함을 역설하는 Jenks 등(2001)의 논의와 맥을 같이 한다고 할 수 있다. '변혁적 학습'이란 교사의 처방전을 일방적으로 따르는 것이 아니라 학습자의 자발적 참여에 의해 학습자 자신의 인식과 관심에 변혁이 일어나는 것을 뜻한다. 다문화교사교육은 다문화교육에 관한 이론적 모형을 아는 데 그치지 않고, 자신의 철학적 입장과 당연시해 온 가정들을 성찰하고 비판적으로 사고할 수 있게 되는 것을 의미한다.

관찰한 수업의 교육 목적이 반성적 실천가를 강조한다면, 현재 한국 다문화 교사교육의 목적으로 가장 자주 언급되는 것은 교사의 '다문화적 역량(multicutural competence)'이다. 이것은 다문화교육을 할 수 있는 교사의 지식, 기능, 태도를 모두 포괄한다. 그러나 나장함(2011: 173)은 다문화교사교육의 목표를 다문화적 역량으로 개념화하는 것에는 구조적 차원에서의 인종, 성별, 계층에 따른 불평등의 문제를 잘 드러내지 못하며, 구조적 변화보다는 대인관계 변화에 관심을 두는 경향이 있음을 비판한다. 이러한 비판은 다문화교사교육의 방향과 목적을 논의하는 데 있어서 '불평등과 사회정의' 같은 보다 넓은 구조적 맥락을 고려할 필요가 있음을 시사한다.

또한, '누구를 위한 다문화교사교육인가?' 하는 문제는 다문화교육의 의미와 목적에 근거해서 결정될 것이다. 다문화교육이란 현재 한국 사회에서 일반적으로 이해하는 것처럼, 소위 '다문화가정'이라고 불리는 특정 그룹을 한국의 주류 문화에 적응시키기 위한 특정 프로그램이라는 의미에 한정된다고 생각하지 않는다. 다문화교육의 의미는 차이와 다양성이 부각되는 21세기 새로운 시대에 나와 다른 차이를 보이는 타자와 어떻게 함께 살아갈 것인가, 또 이와 같이 다양성을 갖는 학습자 모두에게 공평한 교육을 고민하는 인간과 문화에 대한 관점이요, 그렇게 교육하기 위한 교육에 대한 관점으로 이해되어야 할 것이다.

따라서 다문화교사교육은 소위 '다문화가정' 학생들의 한국에의 적응을 돕기 위한 것에 목적이 있는 것이 아니다. 우리 안에 두드러지게 나타나는 차이와 다양성을 어떻게 바라볼 것인지, 사회 안에서 그러한 차이는 어떻게 분화되어 서로 다른 사회적 지위로 나타나는지, 또 교육 시스템 속에서 그러한 차이는 어떻게 작용하는지, 그러한 차이에 상관없이 누구나 평등한 공교육을 받으려면 어떻게 해야 하는지, 그러한 교육을 위해 교사로서 나는 무엇을 할 수 있는지 등에 관한 비판적 사고 능력이 다문화사회에서 교사가 갖추어야 할 필수 덕목이 될 것이다. 즉, 다문화교사교육의 목적은 소수 다문화가정 학생들에게 무엇을 어떻게 가르칠 것인가에 대비하기 위한 것이 아니다. 다문화교사교육은 21세기를 살아갈 모두를 위한 교육으로서의 다문화교육 실현을 위해 다문화사회에서 가르치는 일과 교사됨의 의미에 관한 반성을 통해 다문화적 역량을 갖추게 하는 것을 목적으로 해야 할 것이다.

나. 교육내용

수업은 학생들로 하여금 다문화사회에서 가르치는 자로서의 비판적 사고 능력을 발달시키기 위해 다문화교육에서 비판적 사고의 중요성을 다루는 것으로 시작한다. 이 주제에 해당하는 읽기 자료는 자신의 관점과 믿음에 영향을 미친 가정(부모), 학교 교육의 요소들을 성찰하게 한다(Grant & Sleeter, 2011: 10-18). 3~5주에 다문화교육의 필요성을 다루는데, 여기에서 미국 공교육의 역사를 탐구한다. 해당 주의 읽기 자료에서는 인종에 따라 지능이 다르다는 가정이 잘못된 것이었음을 적은 글을 읽고, 흑백 간 학교 통학 버스 논쟁을 다룬다. 6주에는 미국인의 정체성에 대한 성찰을 통해 아메리칸과 그 외 사람들로 구분하는 자문화중심주의를 다룬다. 7주에 학업성취와 공평을 다루면서, 의식하지 못했던 백인으로서의 특권의식을 확인하게 한다. 그리고 어떤 요인이 학업성취의 차이를 가져오는지 살펴보면서 문화적 지식, 문화자본에 대한 내용을 다룬다. 이 주제를 다루면서 강의자는 인종에 따른 학업성취 분포 차이를 나타내는 통계자료를 보여 주고 토론을 한다. 이와 같이, 본 수업의 교육 내용은 사회불평등과 학교교육의 관계, 사회정의를 위한 교육에 관한 내용도 포함시키고 있다. 정체성과 사회화의 역학관계를 다루는 8주에는 디즈니 영화분석을 통해 어떻게 문화가 생산되는지 토론하며, 읽기 자료로 '인디언들이 왜 추수감사절에 감사할 수 없는가?'에 대한 글(Dorris, 1978: 17-22)을 읽고 반성적 글쓰기를 하게 한다. 9~13주 동안은 차이와 다양성을 야기하는 근거인 젠더, 인종, 계급, 성적지향성, 이민의 주제를 차례로 다룬다.

이상의 내용을 볼 때, '다문화주의와 교육' 수업은 사람의 생각과 관점이 인종, 민족, 젠더, 계급 등의 요소들이 개입한 삶의 경험에 영향을 받는다는 사회문화적 의식에 기초한다. 지식 역시 보편적인 것이 아니라, 사회문화적으로 구성된 것이라고 가정한다. 교육내용은 자신이 속한 문화에 대해 비판적으로 성찰하고, 사회 안에서 지식과 권력이 어떻게 창출되고 작동하는가, 사회화를 통해 지배문화가 어떻게 사회적 불평등을 영속시키는가, 그러한 사회적 불평등이 학교 시스템 속에서 어떻게 나타나는가를 탐구하게 한다. 이런 점에서 '다문화주의와 교육' 수업의 교육 내용은 비판적 관점의 다문화교육을 지향하고 있음을 알 수 있다.

다문화교육에 대한 분류는 학자마다 다르지만, 비판적 관점의 다문화교육은 현재 지배적인 사회구조의 모순을 비판하고, 사회정의를 위한 변혁을 주장한다. 다문화교육에 대한 비판적 접근은 McLaren(1995: 42)이 '변혁적인 정치적 의제가 빠진 다문화주의는 또 다른 사회질서에 순응하게 하는 형태에 불과하다.'고 주장하는 논의나 Grant와 Sleeter(2006)의 분류 중 평등한 기회와 문화다원성의 전제 하에 교실에서 교사가 권력과 특권에 대해 언급하고 지배적인 헤게모니의 전복을 꾀하며 모든 학생들을 위한 평등한 교육을 지향하는 접근(Gorski, 2009: 310에서 재인용)처럼, 현재 지배적인 문화적 가정에 대해 비판적이고, 사회정의를 위한 교육을 지향하며, 다양성을 입으로만 찬양하는 것이 아니라, 그것을 위한 구체적인 실행과 변혁을 강조한다.

미국 대학에서 교사교육으로 다루는 다문화교육의 경향이 특정 문화와 역사에 대해 토론하는 것으로부터 비판적 교육학과 사회정의에 근거하여 광범위하게 권력을 분석하는 것으로 이동하고 있다고 한다(Schoorman et al., 2010: 79). 이러한 경향대로 '다문화주의와 교육' 수업의 교육 내용 역시 단순히 다양성을 강조하는 것에 그치지 않고, 사회정의를 위한 교육을 추구한다.

Banks의 주장대로, 다문화교육의 주된 목적은 다양한 인종적, 민족적, 사회계급적 차이에 상관없이 교육 평등을 경험할 수 있도록 학교와 교육제도를 개선하는 것이다(2005: 3). 이를 위해서 다문화교육은 단지 다양성에 환상을 주는 것이거

나, 서로 다른 문화를 여행하는 피상적 접근을 넘어서 차이와 다양성에 관한 보다
구조적이고 비판적인 분석을 포함하는 비판적 관점에서 내용 구성이 필요하다고
생각된다.

다. 교수방법/ 평가 및 과제

자주 사용된 교수방법은 토론이었다. 과제는 반성적 글쓰기와 실행연구를 강
조한다. 이것은 모두 강의를 듣는 학생들의 참여를 활성화하기 위한 것으로 보인
다. 기말보고서로 택한 Action Project는 실행연구(Action Research)[9]다. 실행연구
는 우리가 역사의 현 시점에서 발현되고 있다고 믿는 참여적 세계관에 기반하여,
인간에게 가치 있는 목적을 추구하는 데 필요한 실천적 지식(practical knowledge)
을 획득해 가는 참여적이고 민주적인 과정이다(Reason & Bradbury, 2001: 1). 이렇
게 정의되는 실행연구의 대전제는 연구자와 연구 대상의 일체성에 있으며, 연구
자 자신이 연구의 수행 과정 및 그 결과의 혜택을 직접 누린다는 점이다(이용숙
외, 2004: 365). 전통적인 강의법 대신 반성적 성찰을 강조하는 경향은 학습자가
지식이나 교육내용을 단순히 수동적으로 받아들이는 것이 아니라, 내적 성찰을
통해 능동적이고 주체적으로 이해하고 적용하는 점에 초점을 둔 방법론이다
(Hatton & Smith, 1995: 김병찬, 2009: 286에서 재인용).

학생들로 하여금 반성적 성찰을 하게 하기 위한 구체적 방법으로 성찰적 저널
쓰기가 많이 활용된다. 저널쓰기는 학습한 것을 기록으로 남기는 것인데, 개인의
경험 및 그에 대한 의미를 자유로운 형식으로 기록하는 것이다.

본 강의에서 활용한 저널쓰기는 학습이나 교육과정에서의 경험, 느낌, 생각 등
을 기록함으로 해서, 학습자들의 반성적 사고 촉진 및 비판적 관점 향상 등의 효
과를 얻고자 하는 방법이다(Yinger & Clark, 1981: 김병찬, 2009: 286에서 재인용). 관
찰한 수업의 주된 목적이 학생들의 반성적 사고 능력을 개발하기 위한 것으로, 이

---

9) Action Research는 '실행연구' '실천연구' '현장연구' 등 다양한 용어로 번역되어 사용되고 있다. 본장
에서는 실행연구라고 번역하여 사용할 것이다.

러한 목적을 달성하기 위해 효과적인 방법이 저널쓰기와 실행연구라고 할 수 있다. 실행연구와 반성적 저널쓰기는 모두 학생들이 능동적으로 참여하게 함으로써 다문화적 현상과 주제를 성찰하고 과제를 하는 과정에서 스스로 비판적 안목을 갖게 하기 위한 것이다.

장인실(2003: 425)은 교원양성기관에서의 교수법이 주로 설명 위주, 필기식 강의가 주를 이루고 있음을 지적하면서, 예비교사들이 직접 경험할 수 있는 교육과정 개발의 중요성을 역설한 바 있다. 그런데 한국의 다문화교사교육 관련 논문을 분석한 나장함(2011: 185)에 의하면, 한국 다문화교사교육 역시 현장경험과 반성적 글쓰기를 강조하는 식으로 조직되어 있다(나장함, 2011: 185). 교사교육을 받는 예비교사의 지식, 기능, 태도에서의 변화가 일어나기 위해서는 교사를 수동적으로 만드는 교사교육 방법을 극복할 수 있어야 한다. 이를 위한 구체적 방법으로 현장체험, 반성적 글쓰기와 실행연구를 통한 능동적 참여가 강조된다.

라. 교재

관찰한 수업에 사용된 교재의 특징은 먼저 교재의 내용과 교재의 활용으로 나누어 말할 수 있다. 먼저 교재는 수업 내용이 요약되어 있는 것이 아니라, 수업에서 다룰 주제에 관한 지식을 포함하며, 학습자가 미리 읽고 내용에 대해 개인적인 성찰을 하는 데 활용된다.

교재 내용 중 특징적인 것은 다문화적 상황을 말해 주는 구체적인 이야기들의 모음집에 해당하는 것이다. 즉, 교재 내용이 다문화적 내러티브를 제공하고 있다. 내러티브란, 우리말 '서사'의 번역어로 시간적이고 인과적인 관계를 고려하여 사건들과 경험들을 말하는 이야기와 이야기하기를 뜻한다(Tappan & Brown, 1989: 185).

Sleeter(2001: 218)에 의하면, 교사교육 프로그램이 삶의 경험에 기초할 때 성공할 수 있다. Nussbaum과 Green은 내러티브가 타자를 이해하고 공감할 수 있게 하는 데 효과적임을 논의한다. Nussbaum(1997: 10-11)이 말하는 '내러티브적 상상력(narrative imagination)'은 나와 다른 사람의 입장을 이해할 수 있는 것을 말한다. 즉, 내러티브 상상력은 다른 사람의 이야기를 읽고 그들이 갖는 감정, 바람, 욕망을 이해하게 한다.

Green(1995) 역시 문학적 상상력(literary imagination)이 우리(가르치는 자)와 가르치는 자가 '그들'이라고 부르는 타자(학생들을 말함, 연구자가 보충) 사이에 있는 텅 빈 공간을 가로지를 수 있게 해 준다고 말하면서, 내러티브야말로 나와 다른 이의 입장을 공감할 수 있게 해 줌을 강조한다. 내러티브는 공감과 감정이입, 즉, 타인의 이익(선)을 위한 우리들 자신의 상상력을 발휘하여 타자를 우리가 하는 배려의 대상이 되게 할 수 있는 정서를 발달시킬 수 있다(Nussbaum, 1997: 13).

이와 같이 내러티브가 타자를 이해하고 공감할 수 있다는 철학적 논의에 기초하여 Phillion은 다문화교육과 다문화교사교육의 교육과정이 내러티브에 의존해야 함을 역설한다. 왜냐하면 다문화교육이 다문화교육에 대한 이론적 논의만으로는 실제 효과를 보기 힘들며, 미국의 다문화교사교육의 경우 대부분의 교사가 될 사람들은 미국 중산층 계급(주로 여성들)인데, 그들이 그들과 다른 다양한 인종과 피부색을 지닌 소수자인 학생들을 보다 잘 이해하고 공감하기 위해 다문화교사교육을 위한 교육과정으로 삶의 경험을 이야기하는 내러티브가 중요하기 때문이다. 따라서 Phillion과 He(2004: 6)는 구체적이고 일상적 경험에 초점을 맞춘 기억, 자서전 등 '삶에 기반한 문학적 내러티브(life-based literary narratives)'야말로 다문화교육의 이론에 생명을 불어넣을 수 있다고 강조한다.

> 삶에 기반한 문학적 내러티브는 구체적인 사람들의 이름, 얼굴, 경험, 행위, 감정과 느낌 등으로 채워져 있다. 학생들은 이런 텍스트를 읽으면서 캐릭터들의 복잡한 삶, 시간의 흐름에 따른 경험의 변화, 그 캐릭터를 둘러싼 사람들(예를 들어, 교사)에 대해 볼 수 있다(Phillion & He, 2004: 6).

마. 해외현장경험 프로그램과의 연계

위에서 살펴본 교사교육 프로그램 운영의 특징은 해외현장경험(Study Abroad)이라는 체험 프로그램과의 연계와 강좌 강의자들 간의 협의다. 강의자들 간 협의를 통한 수업 개선은 다문화교사교육이 아니더라도 수업 개선을 위해 고려할 만한 점이라고 생각한다. 따라서 여기에서는 해외현장경험 프로그램의 의의와 시사점을 중심으로 살펴보면 다음과 같다.

해외현장경험 프로그램은 자신에게 익숙한 문화와 다른 문화를 체험함으로써, 차이에 대한 것을 경험할 수 있으며, 또한 언어도 다른 곳에서 지냄으로써 짧은 시간이지만 주류가 아닌 소수자의 경험을 해 볼 수 있는 좋은 기회일 것이다.

따라서 많은 연구는 이런 프로그램에 참여한 예비교사들이 문화 간 공감 능력, 다른 문화의 사람들과 개인적 관계를 형성하는 능력을 발달시킨다는 점에서, 교사교육에서 해외현장경험 프로그램의 활용을 지지한다(Mahan & Stachowski, 1990; Phillion, Malewski, & Wang, 2009).

중서부 미국 대학생 중 이러한 프로그램에 참여한 백인이며 중산층인 예비교사들을 심층면접한 연구(Aglazor, Phillion, & Malewski, 2011: 21)에 따르면, 백인 예비교사들은 이 프로그램을 통해 아주 짧은 시간이지만 매우 다른 문화적 환경 속에서 소수자가 되는 경험을 했다고 말한다. 그들이 직접 소수자가 되어 본 경험은 프로그램을 마친 후 반성적 저널쓰기에서 반복해서 나타나는 주제다. 자신, 세계, 글로벌 이슈에 관해 성찰하면서, 프로그램 참여자들은 자신들 주위의 소수자들에 대해 새로운 관점과 이해를 하게 되었다고 말한다. 이런 점에서 Mahan과 Stachowski(1990: 14)는 해외현장경험 프로그램이 교사가 될 학생들의 관점을 넓히고 다양성을 이해하게 되는 데 도움이 되는 점에서 다문화교사교육에서 중요하다고 주장한다.

그러나 이러한 프로그램은 한계점도 갖는다. 가장 큰 한계점은 비용 문제다. 현지에 가서 직접 체험하는 데 많은 비용이 들기 때문에 모든 예비교사들이 이 프로그램의 혜택을 보기는 힘들다. 이외에도 Purdue 대학의 온두라스 프로그램 개발자이자 운영자인 Phillion은 다음과 같은 위험도 지적하고 있다(Phillion et al., 2008). 이들은 프로그램에 참가한 예비교사들(백인, 중산층, 여)을 대상으로 심층 면접한 결과, 이 프로그램을 마치고 미국인(백인)으로서의 특권의식을 강화하는 의도하지 않은 결과를 야기할 수도 있음을 발견한다. 따라서 이 프로그램 개발자들은 이러한 프로그램을 경험하는 동안 학생들이 경험한 것에 대해 보다 깊이 있게 성찰할 수 있는 종합적이고 상황에 적합한 방법을 탐구할 필요가 있다고 지적한다.

미국의 많은 대학에서 사용하는 해외현장경험 프로그램이 다문화교사교육에 줄 수 있는 시사점은 분명하다. 즉, 다문화적 현장에 대해 직접 체험함으로써 다문화적 지식과 공감 능력을 갖게 한다는 점이다. 한국에서 적용한다면, 한국에서 많이 볼 수 있는 베트남, 필리핀 등으로의 현장 체험을 추진해 볼 수 있을 것이다.

그러나 이러한 프로그램의 위험함은 프로그램의 도입과 운영에 있어서 학생들이 자신들의 경험을 성찰하고, 자신의 문화와 다른 문화 간의 관계를 살피는 데 있어서 보다 반성적이고 비판적인 성찰을 할 수 있게 하는 방법도 모색해야 함을 경고한다.

2. 시사점

'백인, 중산층, 여성이 주를 이루는 교사들이 점점 늘어나는 다양한 배경의 학생들을 어떻게 이해하고 공감하며 가르칠 수 있을까?' '어떻게 그러한 교사로 교육할 수 있을까?' 이것이 현재 미국 교사교육의 주된 고민으로 보인다.

다문화적 경험이 부족하고, 인종 차별에 대한 인식이 부족한 백인 중산층 교사들은 자신의 삶이 다른 사람들이 세상을 경험하는 것과 어떻게 다른지 이해하는 데 어려움을 갖는다(Howard, 1999). 한국의 다문화교사교육의 상황 역시 크게 다르지 않다. 현재 학교교육을 하고 있는 교사들이나 교사가 될 사람들은 차이와 다양성이 두드러지게 나타나는 다문화사회에 대한 이해나 경험이 부족하다. 반면, 학생들의 인구 구성은 빠르게 변화해 점점 더 다양해지고 있다. 어떻게 한국의 주류 문화적 배경 속에서 자라고 다문화적 상황에 대한 이해나 성찰이 부족한 교사들이 그와 전연 다른 언어, 인종, 문화적 배경을 가진 학생들을 공감하고 가르칠 수 있을까?

이러한 고민은 빠른 시일 안에 해결할 수 있는 문제가 아니다. 우리가 우리자신이 당연시해 온 신념과 가정들에 의문을 가지며, 끊임없이 문제를 제기하고, 해결책을 탐색해 감으로써 보다 성숙한 다문화사회를 만들어 갈 수 있을 것이다. 따라서 다문화교사교육자 역시 다문화교육에 대한 지식의 전달자라기보다는 자신 역시 지속적으로 당연시해 온 가정과 신념들을 성찰하면서, 교사가 될 학생들로 하여금 비판적 사고와 반성을 통해 반성적 실천가가 되게 하는 공동의 탐색자로서의 역할을 가정할 수 있어야 할 것이다.

이상에서 분석한 결과를 토대로 한국의 다문화교사교육에 던지는 시사점을 정리하면 다음과 같다. 첫째, 다문화교사교육은 소수 다문화가정 학생을 교육하기 위한 다문화교사교육이 아니라, 21세기를 살아갈 시민 누구에게나 필요한 모두를 위한 교육의 관점으로 이해되어야 할 것이다. 다문화교사교육은 다문화사회에서 다양한 배경의 학생들을 가르칠 수 있는 역량을 갖춘 교사를 교육하기 위한 것이다. 다문화교육은 결국 나와 다른 차이를 가진 사람들이 인종적, 언어적, 문화적 차이에 상관없이 누구나 평등한 교육을 받을 수 있는 것을 목적으로 한다.

따라서 다문화교육은 특정 그룹에게 어떤 특수한 내용과 방법을 가르치는 도구적이거나 기능주의적 교과목이 아니라, 21세기 부각해야 할 교육의 관점으로 자리매김할 필요가 있다. 즉, 다문화교사교육 역시 이러한 관점을 교육할 수 있는 다문화적 역량을 교육하기 위한 것이다. 이를 위한 교육의 목적은 비판적 사고와 반성을 통해서 가능할 것이다. 따라서 한국의 다문화교사교육은 즉각적으로 적용할 수 있는 조리법이나 처방전 같은 교사교육의 모형을 찾는 대신, 비판적 사고와 성찰을 통한 끊임없는 인식과 관점의 변화를 추구하는 교사교육의 방향을 고민해야 할 것이다.

둘째, 다문화교사교육 역시 일반적인 교사교육의 논의에서 강조되는 것을 간과해서는 안 된다. 즉, 교사를 수동적이고 기능적인 지식의 전달자가 아니라, 비판적 사고와 반성 능력을 갖추어 반성적 실천가가 될 수 있도록 교육할 수 있어야 할 것이다. 이러한 교사교육의 방향과 철학에 기초해서 다문화교사교육의 목적, 교육내용, 교수방법에 대한 구체적인 논의를 진행할 수 있어야 할 것이다. 관찰한 수업이 지식의 이해에 초점을 둔 강의법 대신 학생들의 능동적 참여를 강조하는 저널쓰기와 실행연구를 강조하는 것은 이러한 점을 잘 보여 준다.

셋째, 다문화교육과 다문화교사교육을 위한 교육과정의 일부로서 한국의 상황과 맥락에 근거하며, 소수 그룹의 생생한 경험을 들려줄 수 있는 내러티브적 문헌을 개발할 필요가 있다. 다문화교육이 소수 다문화가정 학생들을 위한 것이 아닌 모두를 위한 다문화시민성 교육으로 자리 잡아야 한다. 하지만, 동시에 주류 집단과 다른 소수 그룹의 문화적 배경에 대한 지식의 학습과 이해도 함께 이루어져야 한다. 교실에서 다양한 배경의 학생들을 가르치려면 그들에 대한 이해가 있어야 하기 때문이다. 다문화교육은 궁극적으로 나와 다른 사람들에 대한 이해에서 출발해야 한다. 언어, 인종, 문화적 배경과 살아온 삶의 경험이 다른 사람들을 이해하는 일은 쉬운 일이 아니다. 이를 위해서는 내러티브적 상상력을 발휘할 수 있어야 하고, 그러한 상상력을 발휘할 수 있게 하는 것은 다문화교육에 대한 이론적 문헌이 아니라, 내러티브적 문헌일 것이다.

넷째, 다문화교사교육은 이론과 실천의 괴리 극복을 위해 인지적 측면과 정서적 측면, 거시적 접근과 미시적 접근, 그리고 강의실의 수업과 현장 체험을 통합하고 그러한 접근들을 넘나들고 가로지르면서 이루어져야 할 것이다. 다문화교사교육은 교사가 될 학생들로 하여금 비판적 사고와 반성을 통해 점점 글로벌화되는 사회 안에서 차이를 야기하는 인종, 젠더, 계급 등의 이슈와 평등, 사회정의와 관련된 주제들을 명확하게 인식할 수 있어야 한다. 따라서 다문화교사교육의 내용은 이러한 사회구조적 분석을 포함해야 한다. 그러나 예비교사들에게 이러한 문제를 접근하도록 하기 위해 이론적 지식을 가르침으로써가 아니라, 소수 그룹의 구체적인 삶의 이야기를 담은 내러티브 문헌을 읽고 반성적 글쓰기를 하게 함으로써 접근하는 것이 중요하다. 이러한 접근을 통해서 이론적 인식만이 아니라 정서적 공감도 함께할 수 있을 것이다.

또한, 다문화교사교육은 교사들에게 차이와 불평등, 교육과 사회정의, 차이를 야기하는 주제들에 대해 구조적으로 접근할 수 있는 인식 능력을 길러 주어야 한다. 이를 위해 거시적 접근이 필요한데, 또한 다양한 배경의 소수그룹에 대한 이해와 공감을 위한 미시적 접근도 필요하다. 문화 간 인식에서 자주 나타나는 피상적인 고정관념(스테레오타이핑)이 아니라 그들이 보이는 차이에 보다 섬세하게 반응할 수 있으려면, 소수 그룹의 사람들이 어떻게 상호작용을 할 수 있는지도 볼 수 있어야 한다. 즉, 다문화교사교육은 거시적인 구조적 분석과 미시적 상호작용에 대한 이해도 요청된다. 아울러 다문화적 역량은 강의실 안의 수업을 통해서만 개발되는 것이 아니라, 학생들이 직접 겪은 문화적 체험, 그리고 그 경험에 대한 반성에 의존한다.

참고문헌

교육부(2007a). 2007년도 다문화가정 자녀 교육 지원 계획.

교육부(2007b). 초중등학교 교육과정 총론(2007. 2. 28).

김병찬(2009). 교직과목 수업에서 '저널쓰기'의 의미 탐색. 한국교원교육연구, 26(1): 285-313.

나장함(2011). 다문화교사교육과정 연구에 대한 분석. 교육과정연구, 29(2): 173-197.

모경환(2009). 다문화교사교육의 현황과 과제. 한국교원교육연구, 26(4): 245-270.

모경환 외(2010). 다문화 교사 연수 프로그램의 사례 분석. 시민교육연구, 42(4): 31-53.

윤희원 외(2006). 다문화 가정 지원 우수 사례 연구. 서울대학교 사범대학.

이민경(2011). 교원양성기관에서의 다문화 교육과정 방향성 고찰. 학교교육연구, 6(2): 25-39.

이용숙 외(2004). 실행연구(Action Research)를 통한 연구와 교육실천의 연계성 강화. 열린교육연구, 12(1): 363-402.

장원순(2009). 한국사회에 적합한 다문화교사교육과정에 관한 연구. 사회과교육, 48(1): 57-79.

장인실(2003). 다문화교육이 한국 교사 교육과정 개혁에 주는 시사점. 교육과정연구, 21(3): 409-431.

장인실(2008). 다문화교육을 위한 교사교육 교육과정 모형 탐구. 초등교육연구, 21(2): 281-305.

허창수 외(2010). 다문화 교사연수 프로그램 분석을 통한 교육과정 제언. 교육과정연구, 28(4): 77-101.

Aglazor, G., Phillion, J., & Malewski, E. (2011). Study abroad: An Added Dimension to

Preservice Teacher Education Programs. *Multicultural Review, 19* (4)/20(1): 17-25.

Banks, J. (2005). Multicultural Education. Historical development, Dimensions, and Practice. In J. Banks (Ed.), *Handbook of research on Multicultural Education.* San Francisco: Jossey-Bass.

Cochran-Smith, M. (2003). Standing at the Crossroads: multicultural teacher education at the beginning of the 21st century. *Multicultural perspectives, 5* (3): 3-11.

Council of Chief State School Officer. (2011). In N. Dolby (Ed.), *EDCI 285: Multiculturalism & Education.* San Diego CA: University Readers.

Dorris, M. (1978). Why I'm not thankful for Thanksgiving. In N. Dolby (Ed.), *EDCI 285: Multiculturalism & Education.* San Diego CA: University Readers.

Gay, G. (1977). Curriculum for multicultural teacher education. In F. H. Klassen & D. M. Golinick (Eds.), *Pluralism and the American teacher: issues & case studies.* Washington, DC: American Association for Colleges of Teacher Education.

Gay, G. (2000). *Culturally Responsive Teaching.* New York: Teachers College, Columbia university.

Gorski, P. (2009). What we're teaching teachers: An Analysis of multicultural teacher education coursework syllabi. *Teaching & Teacher Education, 25*: 309-318.

Grant, C., & Sleeter, C. (2011). *Doing Mlticultural Education for Achievement and Equity.* NY: Routledge.

Green, M. (1995). *Releasing the imagination: Essays on the education, the art, and social change:* San Francisco: Jossey-Bass.

Howard, G. R. (1999). *We can't teach what we don't know: white teachers, multicultural schools.* New York: Teachers College Press.

Jenks, C. et al. (2001). Approaches to Multicultural Education in Preservice Teacher Education: Philosophical Frameworks and Models for Teaching. *The Urban Review, 33* (2): 87-105.

Ladson-Billings, G. (1995). But That's just good teaching! the case for culturally relevant pedagogy. *Theory into Practice, 34*(3): 159-165.

Mahan, J. M., & Stachowski, L. L. (1990). New Horizons: Student teaching abroad to enrich understanding of diversity. *Action in Teacher Education, 12* (fall): 13-21.

McCarthy, C. et al. (2005). Contesting Culture: Identity & Curriculum Dilemmas in the age of Globalization, Postcolonialism, and Multiplicity. In McCarthy, C. et al. (Eds.), *Race, Identity, & Representation in Education.* London: Routledge.

McLaren, P. (1995). White Terror and Oppositional Agency: Towards a Critical Multiculturalism. In C. Sleeter, & P. McLaren (Eds.), *Multicultural education, Critical Pedagogy, and the Politics of Difference*. New York: SUNY Press.

Mondale, S., & Patton, S. (2001). *School: The Story of American Public Education*. Boston: Bescon Press.

Multiculturalism & Education: EDCI 285 강의계획서: 1-12.

Nussbaum, M. (1997). *Cultivating humanity: A classical defense of reform in liberal education*. Cambridge, MA: Harvard University Press.

Phillion, J. et al. (2008). Promise & perils of study abroad: White priviledge revival. In T. Huber (Eds.), *Teaching & learning diversity: international perspectives on social justice and human rights*. Greenwich, CT: Information Age.

Phillion, J. & He, M. F. (2004). "Using life-based literary narratives in multicultural teacher education." *Multicultural Perspectives, 6*(3): 3-9.

Phillion, J. & Malewski, E. (2008). Honduras study abroad Program. 학장과의 미팅자료.

Phillion, J., Malewski, E., & Wang, Y. (2009). Reimagining the curriculum in study abroad: Globalizing multiculturalism to prepare future teachers. *Frontiers: The Interdisciplinary Journal of study abroad*, 18: 323-339.

Purdue University Office of International Programs. Proposal for College of Education study abroad.

Purdue College of Education (2011). "Global Learning". *Take Note*.

Reason, P., & Bradbury, H. (Eds.) (2001). *Handbook of Action research*. London: Sage Publication.

Schoorman et al. (2010). Moving beyond 'diversity' to 'social justice': the challenge to re-conceptualize multicutural education. *Intercultural Education, 21*(1): 79-85.

Sleeter, C. (2001). Epistemological diversity in research on preservice teachers preparation for historically underserved children. *Review of Research in Education, 25*: 209-250.

Tappan, B., & Brown, M. (1989). Stories told and lessons learned. *Harvard Educational Review, 59*(2): 182-205.

Villegas, A. & Lucas, T. (2007). The culturally responsive teacher. *Educational Leadership, 64*(6): 28-33.

http://www.ncate.org

http://www.whatsrace.org

제7장

해외현장경험 프로그램과
다문화 교사교육

이 글은 다문화교사교육을 위한 '해외현장경험 프로그램(Study Abroad)'을 도입하는 것에 대해 탐색해 보기 위한 것이다. 다문화교사교육을 위한 해외현장 실습이 교사의 다문화적 인식과 태도 변화, 자신의 문화적 가정에 대한 반성, 글로벌 마인드 발달에 효과적이라고 한다. 그런데 한국에는 아직 다문화교사교육을 위한 해외현장경험 프로그램은 도입되어 있지 않다. 한편, 한국 다문화교사교육에 관한 논의들은 다문화교사교육을 위해 이론 강좌만으로는 한계가 있으므로 현장실습이 병행되어야 함을 강조한다.

이 장에서 살펴본 구체적 현장경험 프로그램은 Purdue 대학교 교사교육 이론 강좌와 병행해서 실시하고 있는 Honduras Study Abroad 프로그램(이하 온두라스 프로그램)이다. 이 프로그램을 구안, 설계, 실행하고 있는 교수는 이 프로그램의 장점을 '백인 예비교사가 낯선 곳에서 철저하게 소수자(minority) 경험을 해 보는 것'이라고 말했다. 다문화교육이든 다문화교사교육이든 내가 당연시해온 동질적인 것과 다른 것, 즉 '다름'을 어떻게 바라보고 관용할 수 있느냐의 문제가 아닐까?

II절에서는 다문화교사교육의 여러 접근과 다문화교사교육을 위한 해외현장경험 프로그램의 효과를 살펴볼 것이다. III절에서는 한국 다문화교사교육을 위한 해외현장경험 프로그램을 모색하기 위해 미국 중서부 대학에서 다문화교사교육의 일환으로 실시하고 있는 온두라스 프로그램 사례를 분석하고, 다문화교사교육을 위한 해외현장경험 프로그램의 장·단점을 살펴볼 것이다. 이것을 토대로 IV절에서는 한국형 다문화 교사 교사교육을 위한 해외현장경험 프로그램 구상 원칙에 관해 시론적 논의를 할 것이다.

I. 서 론

오늘날 전 지구적으로 이동이 잦아지고 있다. 다양한 이유로 사람들이 국가 간 경계를 넘나들면서 한 국가의 인구 구성이 다양화되고 있다. 우리나라도 예외가 아니다. 이러한 사회변화에 대응하기 위해 다문화교육에 대한 관심이 급증하고, 다문화교육의 이론적 논의와 실천이 이루어지고 있다. 그런데 다문화교육을 실현하기 위해서는 먼저 다문화교육을 실천할 수 있는 교사가 준비되어야 한다. 다문화사회로 진행되면서 학생의 인구 구성 역시 점차 다양화되고 있는데, 이들을 가르치는 교사 대부분은 한국에서 태어나 교육받은 이들이다. 교사교육 단계에서부터 다문화에 대응하기 위한 준비가 되지 않는다면, 앞으로 점점 더 증가할 학생 인구 구성의 다양성 속에서 가르치는 일은 더 힘들어질 것이다. 다인종국가로 출발한 미국 역시 오랜 시간 다문화교육에 대한 이론적 논의와 실천을 축적해 왔음에도 불구하고, 다문화교사교육의 어려움을 다음과 같이 말한다. '다문화적 경험이 부족하고, 인종 차별에 대한 인식이 부족한 백인 중산층 교사들은 자신의 삶과 전혀 다른 삶을 사는 사람들이 자신들이 세계를 경험하는 것과 어떻게 다르게 세상을 경험하는지 이해하는 데 어려움을 갖는다'(Howard, 1999). 즉, 미국 다문화교사교육의 고민은 '백인 교사'라는 말로 요약할 수 있다. 즉, '백인, 중산층, 여성이 교사의 대부분을 차지하는데, 이들이 점점 늘어나는 다양한 배경의 학생들을 어떻게 이해하고 공감하며 가르칠 수 있을까?' '어떻게 그러한 교사로 교육할 수 있을까?' 하는 점이 다문화교사교육의 당면 문제다. 한국 역시 이러한 도전에 직면해 있다.

교육은 사회변화를 수용하고 변화에 대응하려는 노력을 해야 한다. 최근 한국 사회의 다문화 경향은 교육에 새로운 도전을 주고 있다. 교육 현장에 던지는 도전 은 그 교육을 수행할 교사를 양성하는 교사교육에서도 마찬가지다. 즉 다문화사 회를 살아갈 미래 세대를 가르칠 수 있는 능력이 새롭게 교사의 전문성으로 요구 된다. 따라서 인구 구성의 다양화에 대응할 수 있는 교사 양성을 위해, 교사교육 은 다양한 문화 포용적인 프로그램을 필요로 한다. 한국은 다문화사회에 대응하 기 위한 다문화교육 실현을 위해 선결되어야 할 것이 다문화교사교육이라는 점 에 주목하여 교원양성대학을 중심으로 다문화교사교육을 시작하고 있다. 다문화 교사교육에 대한 이론적 논의도 교육내용과 방법 등 다양하게 이루어지고 있다 (나장함, 2011; 모경환, 2009; 장원순, 2009; 장인실, 2008; 정윤경, 2012; 허창수 외, 2010).

다문화교사교육 방법으로 이론 강좌와 병행하여 다문화적 현장 실습의 중요성 이 제기되고 있다(Stachowski & Mahan, 1998; Sleeter, 2001; Mahon & cushner, 2002; Phillion et al., 2009). 이들 연구는 다문화적 현장경험이 예비교사의 상호문화능력 의 발달과 다양한 문화적 배경의 학생들을 문화적으로 섬세하게 가르칠 수 있도 록 준비시키는 효과적인 방법임을 역설한다. Sleeter(2001)는 현장경험을 병행하 는 다문화교사교육의 효과에 관한 연구를 개관한다. Sleeter(2001)에 의하면, 다문 화적 현장 실습이 예비교사를 긍정적으로 변화시켰다고 하는 연구(Bondy, Schmitz, & Johnson, 1993 외 3편)가 많은 반면, 몇몇 연구(Haberman & Post, 1992) 는 현장경험이 오히려 예비교사의 고정관념을 고착시키고, 현장경험 동안 자신 들의 지각을 검토하는 데 효과적으로 관여하지 못했음을 보여 준다. 이에 Sleeter 는 다문화교육의 이론 강좌와 현장경험이 예비교사에게 얼마나 큰 차이를 내는 지 분명하지 않지만, 분명한 것은 점증하는 다양한 배경의 학생들을 가르칠 예비 교사들이 자신의 문화적 가정에 대해 한 번도 검토해 보지 않고 현장에 나가서는 안 된다고 말한다.

많은 연구(Bennett, 1998, 2004; Hall, 1998; Tayor, 1994)는 자신의 문화적 가정을

성찰하고, 또 스스로 문화적 아웃사이더가 될 수 있는 문화적 불일치 경험이 문화적 의식과 상호문화적 감수성을 증진하는 잠재력이 된다고 역설한다. 또 이러한 문화적 불일치를 경험하게 할 수 있는 것은 다른 문화에 몰입해 보는 프로그램이다. 따라서 교사의 상호문화적 능력을 발달시키고자 하는 교사교육 프로그램은 예비교사들에게 그들 자신의 문화와 전혀 다른 문화에 몰입할 수 있는 경험을 제공해야 한다(Marx et al., 2011: 43에서 재인용). 여기서 몰입이란 일정 기간 다른 문화적 맥락에 노출되는 실습 경험을 말한다.

미국 Indiana 대학교에서 시행한 실습 프로그램인 '문화몰입프로젝트(Cultural immersion project)' 실시 이후 프로그램 참가자를 대상으로 설문한 연구에 따르면, 참가자는 국제적인 문화적 상황에 참여하는 것은 '그 대상국가 사람들이 어떻게 사는지, 그들이 무슨 생각을 하고, 무엇을 가치 있게 평가하는지 더 잘 이해하게 해 주었다. 이것은 교육자가 다른 문화적 배경의 아동을 가르치는 데 중요한 것이다.'라고 응답한다(Stachowski & Mahan, 1998: 158-159).

요컨대, 점증하는 다양한 배경의 학생들을 가르치기 위해 교사는 문화적 차이가 교육에서 어떻게 영향을 미치는지 세심하게 고려할 수 있어야 한다. 이를 위해 문화적 차이에 대한 지식과 문화다양성에 관한 인식, 다른 문화에 대한 감수성과 의식, 자신이 당연시해 온 문화적 가정들에 대한 성찰이 필수적이다. 이러한 것이 일어나게 하는 데 효과적인 것은 바로 자국의 문화와 다른 문화적 맥락에 일정 기간 노출되어 몰입을 경험하는 것이다. 이것을 다문화교사교육 실습 형태로 프로그램화한 것이 '해외현장경험 프로그램'이다.

최근 국내에서도 교사교육에 해외의 다양한 문화를 체험할 수 있는 실습 프로그램을 활용하고 있다(정혜영, 2012; 최윤정 외, 2011). 그러나 이것은 다문화교사교육을 위한 현장체험이라기보다는 단지 국제적 마인드 발달에만 초점을 둔 것이 대부분이다. 한편, 한국 다문화교사교육에 관한 논의들 역시 다문화교사교육을 위해 이론 강좌만으로는 한계가 있으므로 현장실습이 병행되어야 함을 강조한다(박윤경, 2007; 모경환, 2009; 전세경, 2011; 박명희 외, 2012). 박명희 등(2012: 172)은 지식 위주 교육이 다문화적 태도와 유의미한 상관관계가 적음을 지적하고, 타문화에 대한 인식과 태도 변화를 이끌 수 있는 보다 적극적인 프로그램 실행의 필요성을 제기한다. 전세경(2011) 역시 교육대학 다문화교육 강좌 구성과 운영 실태를 분석 후, 다문화교육 강좌가 체험, 특강, 실습 등을 통한 경험적 내용이 균형 있게 구성될 것을 제안한다. 특히 박윤경(2007)은 Allport의 접촉가설에 근거하여 초등 예비교사들의 다문화 접촉 프로그램을 기획, 실행 후 다문화 접촉의 교육적 의미를 밝히고 있다. 이 연구에 의하면, 다문화 접촉 경험이 타문화에 대한 편견을 완화시킬 뿐만 아니라 자신들의 문화 이해방식에 대해 반성적으로 성찰하게 한다.

'단기간의 접촉경험의 교육적 효과를 보다 체계화하여 예비교사들로 하여금 다른 문화에 접촉하여 문화적 편견을 해소할 수 없을까?' '문화적 불일치를 경험하고 스스로 문화적 아웃사이더가 되는 과정에서 자신의 문화적 가정에 대해 성찰할 수 있게 할 수는 없을까?' '문화접촉 경험의 아이디어를 보다 장기적인 기간, 보다 철저하게 예비교사들이 자신들을 낯설게 바라보고 문화적 아웃사이더가 될 수 있는 상황인 해외현장경험에 적용할 수는 없을까?' 박윤경(2007)의 연구는 예비교사의 인식과 태도변화에 영향을 줄 수 있는 해외현장경험 프로그램을 다문화교사교육에 도입할 수 있는 가능성을 시사한다. 예비교사들이 자신의 문화적 태도를 스스로 성찰해 보는 것, 즉 특정 문화에 대한 편견이나 고정관념을 갖고 있지는 않은지 점검하고 자신이 당연시해 온 문화적 가정을 점검함으로써 인식의 전환에 이르고, 이것을 통해 자신의 위치와 정체성에 대해서 재인식하게 되는 과정은 다문화교육의 출발점이 될 수 있다. 그리고 이러한 과정이 일어나는 가장 효과적인 시공간은 바로 자신에게 익숙한 문화와 다른 문화적 시공간 속에서 자기 스스로가 타자가 되고 소수자가 되는 체험을 통해 가장 효과적으로 이루어질 수 있을 것이다.

이에 이 장에서는 다문화교사교육을 위한 해외현장경험 프로그램 도입에 관한 탐색을 목적으로, 외국의 해외현장경험 프로그램의 실제를 분석하고, 그러한 프로그램이 다문화교사교육에 갖는 시사점을 도출해 보고자 한다. 다문화교육을 위해 예비교사들이 자신의 문화적 가정에 대해 성찰하고, 문화다양성에 대한 인식을 높이며, 타자에 대한 고정관념과 편견을 줄이는 등 다문화적 역량을 갖출 필요가 있다. 그리고 해외 다문화현장에 대한 체험이 이러한 것을 가능하게 하는데 효과적이라고 보기 때문이다. II절에서는 다문화교사교육의 여러 접근과 다문화교사교육을 위한 해외현장경험 프로그램의 효과를 살펴보고, III절에서는 한국 다문화교사교육을 위한 해외현장경험 프로그램을 모색하기 위해 미국 중서부 대학에서 다문화교사교육의 일환으로 실시하고 있는 온두라스 프로그램 사례를 분석한 후, 다문화교사교육을 위한 해외현장경험 프로그램의 장·단점을 논의할 것이다. 이것을 토대로 IV절에서는 한국형 다문화교사교육을 위한 해외현장경험 프로그램 구상 원칙을 모색해 볼 것이다.

II. 다문화교사교육과 해외현장경험 프로그램

1. 교사의 다문화적 역량

다문화교육을 위해 무엇보다 필요한 것은 다문화교육을 실천할 수 있는 교사다. 다문화교육을 실행하기 위해 교사에게 요구되는 자질이 교사의 다문화적 역량이다. 다문화 교사교육과정을 분석한 나장함(2011)에 따르면, 다문화교사교육의 목표로 가장 빈도가 높은 것이 다문화적 역량이다. 다문화교사교육의 목표인 교사의 다문화적 역량(multicultural competences)에는 구체적으로 어떤 것들이 포함되는가?

Gay(1977)는 다문화교사교육의 구성 요소로 지식, 기술, 태도를 들고 있다. 즉, 다문화교육을 할 수 있으려면 교사는 소수 그룹에 대해 알아야 하고(knowledge), 교사 자신이 인종적·문화적 차이에 대해 자신이 갖고 있던 기존의 태도와 감정을 검토할 수 있어야 하며(attitude), 새롭게 갖게 된 지식과 섬세함을 교실 수업으로 옮길 수 있는 기술이 필요하다(Goodwin, 1997: 10에서 재인용).

모경환(2009: 248) 역시 교사의 다문화적 역량에는 지식, 기술 그리고 가치와 태도가 포함된다는 관점에서 구체적으로 교사의 다문화적 역량에 대해 교사 자신의 문화적 태도에 대한 반성 능력, 사회의 문화적 다양성에 대한 이해, 다문화 가정 출신 학습자의 특수성에 대한 지식, 다문화교육 자료를 개발하고 활용할 수 있는 능력과 효과적인 교수전략 탐색 능력 및 교수에 대한 자신감, 소수자에 대한 관용과 배려, 다문화적 갈등상황 해결 능력 등을 망라한다. 장원순(2009: 67)은 한국사회에 적합한 다문화교사교육 과정을 탐색하면서 교사의 다문화적 역량을 '한국사회의 문화적 특성과 여러 문제 이해' '다문화교육과정의 구성' '다문화 교수학습 능력' '민주 시민 자질 육성' 등으로 세분한다.

이와 같이 개념화되는 교사의 다문화적 역량에는 교사 자신의 반성, 편견 감소, 평등, 사회적 불평등, 성찰 등의 용어가 등장한다. 그러나 이러한 개념화는 주로 교사 개인적 차원의 성찰이나 문제해결에 초점을 두고 있으며, 보다 구조적 차원에서 인종, 성별, 계층에 따른 불평등을 드러내지 못하는 한계가 있다고 비판받는다(나장함, 2011). 따라서 나장함(2011: 191)은 다문화교사교육의 주류 담론인 다문화적 역량 개발 논의가 다문화교육의 본질—즉, 문화적 차이에 상관없이 모든 이들에게 평등한 교육 기회를 보장하는 것—을 회복하려는 노력이 필요하다고 역설한다.

다문화적 역량을 위한 다문화교사교육의 교육과정은 어떻게 구성되고 있는가? 한국 다문화교사교육 과정은 대개 Gay가 다문화교사교육의 요소로 언급한 지식, 태도, 기술의 세 요소를 포함한다. 또 공통적으로 현장체험과 반성적인 자서전적 글쓰기를 강조한다(나장함, 2011: 187-189). 한국 다문화교사교육 교육과정 모형을 탐구하는 장인실(2008) 역시 지식, 태도, 기술의 세 요소가 포함된 Baker의 교사교육 모형을 기초로 한 지식 습득, 태도 발전, 실행 세 단계에 기초해서 모형을 탐색하고 있다.

그렇다면 다문화교사교육에 포함되어야 할 지식에는 무엇이 포함되는가? '다양성을 위한 교사교육' 관련 연구에서 자기지식(self-knowledge), 문화적 지식(cultural knowledge), 상황에 기반을 둔 수업, 현장실습이 다양성을 위한 교사교육에 효과적이라고 한다(Melnick et al., 1997: 29-32). 문화적 지식이란 문화에 관한 지식이다. 여기에는 한국사회의 문화에 대한 이해는 물론이고, 한국 주류 문화와 다른 소수 문화(적 배경)에 관한 지식을 말한다.

Melnick 등(1997: 29)은 '자기지식'이란, 예비교사로 하여금 자기 자신을 문화적으로 다양한 사회의 구성원으로 사회화하고, 자기의 것과 다른 문화의 가치를 알게 하는 것이라고 한다. 이것은 자신의 문화적 태도에 대한 반성 능력(모경환, 2009), '나'와 '우리 사회'가 보유하고 있는 고정관념과 편견을 반성적으로 검토하는 것(조대훈 외, 2009: 42)을 통해 갖게 되는 인식의 전환을 의미하는 것이라고 생각된다. 이러한 자기지식은 결국 예비교사가 자신의 문화적 차이에 대한 인식과 태도를 객관적으로 볼 수 있는 것으로 다양한 문화를 대하는 상호문화적 인식과 태도를 갖추는 출발점이 될 것이다.

태도에는 차별과 편견 없는 태도(장인실, 2008), 다양성에 대한 태도(모경환, 2009)가 포함되며, 기술은 이러한 지식과 태도를 바탕으로 실제로 다문화교육을 실행하는 데 필요한 교수 기술을 뜻한다.

2. 해외현장경험 프로그램과 교사교육

왜 다문화교사교육 관련 연구는 공통적으로 현장 체험과 실습을 강조하는가? 이들 연구는 모두 다문화교육을 위한 지식과 태도, 그리고 다문화 교육을 실행할 기술이 대학 강의실 안에서 이루어지는 강좌만으로 길러지는 데 한계가 있다고 보기 때문이다. 즉, 이상에서 논의한 문화적 지식과 자기 지식, 편견 없는 태도, 다문화교육을 실행할 기술 습득은 모두 다문화적 상황에서 다양한 문화를 직접 경험하는 것을 통해 효과적으로 이루어진다.

그렇다면 구체적으로 다른 문화에 대한 직접 경험이 다문화 교사교육에 기여하는 점은 무엇일까? 먼저 문화적 불일치 경험의 의의를 들 수 있다. Marx 등(2011)은 한 학기 동안 해외현장 실습을 경험한 예비교사를 대상으로 한 질적 연구다. 이 연구는 한 명의 미국인 예비교사가 익숙한 자신의 문화와 다른 곳에서 낯선 문화적 불일치를 경험하고 스스로 문화적 아웃사이더가 되는 과정을 통해 보다 문화적으로 의식하게 되고 문화적 차이에 섬세해짐을 보여 준다. 이와 같은 점에서 많은 연구는 다른 문화에 대한 체험과 실습을 강조한다(Mahan & Stachowski, 1990; Engle & Engle, 2003; Dolby, 2004; Phillion et al., 2009).

다문화교육은 문화적 차이와 문화적 차이가 교육에 미치는 영향을 인식할 수 있을 때 가능하다. 이를 위해 교사 자신의 문화적 감수성이 발달되어야 한다. 문화적 감수성을 발달시키는 데는 스스로 문화적 불일치를 경험하고 그 속에서 문화적 아웃사이더이자 타자가 되어 보는 경험만한 것이 없다고 생각된다. 당연시해 온 자신의 문화적 가정에 문제를 제기하고 성찰하며, 타문화를 포함한 타자에 대한 고정관념과 편견을 볼 수 있게 하는 조건은 바로 자신이 익숙하게 지내 온 문화를 떠나 낯선 문화 속으로 들어가는 상황이다. 즉, 해외현장경험의 장이 줄 수 있는 가장 큰 의의는 예비교사들로 하여금 자신과 타자에 대한 가정을 새롭게 검토할 수 있는 기회를 제공하는 것이다.

해외현장경험의 의의를 설명하는 또 다른 근거는 '접촉가설'이다. Banks 등(2003)은 집단 간 접촉이 다른 문화 집단에 대한 고정관념을 줄여 줄 수 있다고 하며, Pang(1994)은 교사가 학생들이 속한 집단과 접촉하여 그 집단의 문제를 더 잘 알수록 자기 교실에 있는 그 집단 학생들과 더 깊은 연계감을 느낄 수 있다고 한다(박윤경, 2007: 155에서 재인용).

접촉가설이란, 1954년 Allport가 집단 간 접촉이 집단 간 편견을 감소시킨다고 한 것을 이른다. 그러나 Allport 역시 집단 간 접촉이 자동적으로 집단 간 관계를 개선한다고 보지는 않는다. 특정 조건이 충족되어야 집단 간 편견이 줄어들 수 있다고 본다. 특정 조건이란, 집단 간 동등한 지위, 협동적으로 공동의 목표 추구, 빈번한 접촉으로 우정으로 발달할 수 있는 관계, 제도적·사회적 지원이 있을 경우다. 이후 Pettigrew(1988)도 이런 조건의 충족이 중요함을 강조한다(추병완, 2011: 146-148에서 재인용). 따라서 접촉가설에 근거해 해외현장실습을 계획할 때, 이러한 조건 충족을 고려하는 것이 중요하다.

박윤경(2007)은 접촉가설에 근거하여 초등 예비교사들의 다문화 접촉 프로그램을 기획, 실행하고 다문화 접촉의 교육적 의미를 밝히고 있다. 예비교사들은 안산시 외국인 노동자 마을과 서울 이태원 이슬람 서원에 접촉한다. 접촉 경험을 통해 예비교사들은 자신들이 재현해 온 외국인 노동자와 이슬람의 이미지가 자신들이 재현해 온 '그들'의 이미지였음을 인식하고, 이것은 답사 후 빠르게 수정된다. 또한 타문화 인식 태도에 대한 반성을 하면서(오해와 편견이었음을 인정), 문화인식 오류의 원인에 대한 비판적 성찰(오해와 편견은 주로 대중매체를 통해 전달되는 타자에 대한 고정관념에 의존하고 접촉이 부재했음)까지 이르며, 마침내 문화상대주의적 관점을 갖게 된다('그들'이라고 생각한 그들과 접촉하면서 그들 문화에 대한 그들의 관점을 접하게 된다). 이러한 연구과정을 통해 박윤경(2007: 177)은 다문화 접촉 경험이 이중의 교육적 효과를 갖는다고 주장한다. 즉, 다문화 접촉 경험은 타문화에 대한 편견을 완화시킬 뿐만 아니라, 다시 자신들의 문화 이해방식에 대해 반성적으로 성찰하게 한다는 것이다.

이 연구에서 시도한 다문화 접촉 경험은 국내 다문화 현장에 해당하는 것이다. 다문화교사교육에서 현장 실습의 중요성을 주장하는 연구들 역시 주로 국내 다문화 현장인 다문화 연구 학교, 다문화교육센터, 안산 외국인 노동자 마을, 이슬람사원 등에 국한하고 있다. 다문화 접촉 경험의 아이디어를 보다 장기적인 기간으로 연장하고, 예비교사들이 자신들을 더 철저하게 낯설게 바라볼 수 있는 상황인 해외현장경험에 적용한다면, 접촉 경험의 효과가 더 지속적이고 강화될 수 있을 것이라고 생각된다. 예비교사들이 자신의 문화적 태도를 스스로 성찰해 보는 것, 즉 특정 문화에 대한 편견이나 고정관념을 갖고 있지는 않은지 점검하고 자신이 당연시해 온 문화적 가정을 점검함으로써 인식의 전환에 이르고, 이것을 통해 자신의 위치와 정체성에 대해서도 재인식하게 되는 과정은 다문화교육의 출발점이 될 수 있다. 그리고 이러한 과정이 일어나는 가장 효과적인 시공간은 바로 자신에게 익숙한 문화와 다른 문화적 시공간 속에서 자기 스스로가 타자가 되고 소수자가 되는 체험을 통해 가장 효과적으로 이루어질 수 있을 것이다.

'해외현장경험 프로그램'은 지리적으로 본국의 경계를 벗어난 곳에서 이루어지는 교육 프로그램을 뜻하는 것으로 지난 몇 년간 점차 인기를 얻고 있으며 많은 관심을 받고 있다(Kitsantas, 2004). 미국 대학에서는 이런 프로그램의 장점을 교사교육에도 도입해 활용하고 있다. 한국 역시 예비교사로 하여금 다양한 문화를 체험할 수 있게 하기 위해 해외교생실습, 해외현장학습을 도입(최윤정 외, 2011; 정혜영, 2012)하고 있지만, 이것은 아직 다문화교사교육을 위한 프로그램 개발이 본격적으로 이루어진 것은 아니다.

Ⅲ. 다문화교사교육을 위한 해외현장경험 프로그램

한국에는 아직 다문화교사교육을 위한 해외현장경험 프로그램이 도입되어 실시되지 않았다. 본 절에서는 미국 중서부대학에서 다문화교사교육을 위한 해외현장경험 프로그램의 실제 사례를 통해 다문화교사교육을 위한 해외현장경험 프로그램의 장단점을 살펴볼 것이다.

1. 온두라스 프로그램 사례 분석

점증하는 교실 현장의 다양성에 준비시키기 위한 방법에 대해 학자들마다 다양한 주장을 한다. 그런데 이들은 공통적으로 소수문화 배경의 학생들이 그들의 잠재력을 충분히 발휘할 수 있도록 교육할 수 있게 하는 데 필요한 교사의 지식과 기술을 발달시키려면, 교사 될 사람들이 다양한 사람들과 함께 실습하는 경험을 하는 것이 필요하다고 주장한다(Goodlad, 1990: Phillion et al., 2009: 324에서 재인용).

해외현장경험 프로그램이 교사교육에 도입된 목적은, 첫째, 주로 백인, 중산층, 여성이 대부분인 예비교사들에게 그들의 배경과 전혀 다른 문화적 경험을 하게 함으로써 다양한 배경의 학생들을 가르치도록 준비시키는 것이고, 둘째, 글로벌한 관점을 갖게 하며, 국제적 이슈인 사회정의에 관한 인식 능력을 기르기 위함이다(Phillion et al., 2009: 323-324). 이런 배경에서 미국 중서부대학이 실시한 다문화교사교육을 위한 해외현장경험 프로그램 실례를 보면 다음과 같다. '온두라스 프로그램'의 목적은 교사가 될 학생들에게 다양한 문화적 체험을 하게 하기 위해, 학기 중에 외국의 다른 문화적 체험을 하게 하는 코스다. 대학 내에 해외현장경험 프로그램은 여러 가지가 있지만, 다문화교사교육을 위한 교과목과 연계된 것으로 '온두라스 프로그램'을 들 수 있다. 대상국가인 중앙아메리카 온두라스를 방문하여 그곳의 문화를 체험하고, 실제로 그곳의 공립학교에서 초·중생들을 가르치는 경험을 하는 것이다(Purdue College of education, 2011: 20).

　미국 대학들은 이미 다양한 해외현장경험 프로그램을 시도하고 있는데, Purdue 대학교 역시 2004년부터 연구하여 이 프로그램을 도입하였고, 2007년까지 63명이 참여했으며, 이후 교사교육 필수교과와 연계하여 실시하고 있다. 이 프로그램에 참여하는 데 드는 비용은 초기에는 대학 본부에서 지원해 오다가 현재는 수강생들의 자비 부담(3주 일정 비용이 5,000달러 정도)으로 이루어지고 있다. 이 프로그램 운영은 사범대학 필수 과목인 '다문화주의와 교육' 과목을 수강하거나, 대신 온두라스 프로그램을 선택할 수 있다. 다문화교육 관련 필수 과목 '다문화주의와 교육'을 한 학기 300명 정도 수강하는데, 반면, 1년에 10~12명 정도가 이론 강좌 대신 '온두라스 체험 프로그램'을 선택한다(정윤경, 2012: 149-150).

　온두라스 프로그램 운영 기간은 3주다. 학생들은 일주에 2회 수업에 참석한다. 수업에서 강의자와 학생들은 만나서 인종, 민족, 젠더, 계급에 관한 이슈에 대해 성찰할 수 있는 읽기 자료를 읽는다. 3주 프로그램을 마치고 제출하는 과제는 '자서전 쓰기'와 '반성적 저널쓰기'다. 이것을 통해 학생들은 3주간의 경험에 대한 자신의 성찰을 기록한다. 이외에도 온두라스 초·중등학교에서 수업을 관찰하고 그곳 학생들의 활동을 돕는다. 또한 온두라스 문화유적지 탐방도 이루어진다(Phillion, et al., 2009: 326). 과제인 자서전 쓰기는 '인종' '민족' '젠더' '계급' 같은 주제가 드러나게 자신의 자서전을 쓰게 하는 것이다. 반성적 저널쓰기는 수업에서 읽은 교재 내용과 온두라스 프로그램에서 경험한 자신의 성찰을 연결 지어 기록하게 하는 것이다. 이 과제를 통해 학생들은 온두라스 여행에 대한 자신의 기대에 대해 비판적으로 통찰하기, 온두라스 체험을 통해 자신의 인식에서 변화된 것, 다양한 문화적 공간에서 상호작용한 새로운 가능성을 탐색할 것이 권장된다.

　이 연구가 진행된 장소는 온두라스의 작은 시골마을에 위치한 학교로 유치원 단계에서 6학년까지 있다. 이 학교에 다니는 학생들은 시골 출신이고, 학생 인구

의 40%는 국제조직이나 개인의 기부에 의한 장학금을 받는다. 이 학교 교직원은
온두라스인과 미국인이 섞여 있다. 이 연구를 계획하면서 예비교사들로 하여금
온두라스 현지 문화와 교육제도에 대해 알게 하기 위해 현지 학교의 교사, 학생,
학부모, 지역사회 구성원들과 상호작용이 일어날 수 있도록 계획하였다. 처음에
예비교사들은 수업참관을 하다가 차차 원하는 학년, 학급에 가서 보조교사 역할
을 한다. 이 기간을 통해 예비교사들은 온두라스 현지의 교육 시스템, 교수법, 학
교에 대한 이해를 갖게 된다. 하루 일과를 마친 후 이루어지는 저녁식사에는 그
날 하루 있었던 사건에 대해 비공식적이지만 심도있는 토의를 하게 된다. 주말에
는 온두라스 문화, 역사 유적지를 탐방한다(Phillion et al., 2009: 326; Aglazor et al.,
2011: 21-22).

2. 다문화교사교육을 위한 해외현장경험 프로그램의 의의 및 한계

오늘날 해외현장경험 프로그램은 여러 대학에서 많이 활용된다. 교사교육에서
도 활용되는데, 특히 다문화교사교육에서 활용될 수 있는 장점이 많아 보인다. 구
체적으로 해외현장경험 프로그램은 자신이 당연시해 온 인식과 가정을 성찰하
고, 다양한 상황에 적합한 지식을 구성할 수 있게 하는 장점을 갖는다. 예를 들어,
Aglazor 등(2011: 21)은 백인, 여성, 중산층에 속하는 예비교사들은 이 프로그램을
통해 아주 짧은 시간이지만 매우 다른 문화적 환경 속에서 소수자가 되는 경험을
했다고 말한다. 그들이 직접 소수자가 되어 본 경험은 프로그램을 마친 후 반성적
저널쓰기에서 반복해서 나타나는 주제이다. 자기 자신, 세계, 글로벌 이슈에 관해
성찰하면서, 프로그램 참여자들은 자신들 주위의 소수자들에 대해 새로운 관점
과 이해를 하게 되었다고 말한다.

이런 점에서 Mahan과 Stachowski(1990: 14)는 해외현장경험 프로그램은 '문화
적 몰입이 일어나는 교생실습 프로그램'이라고 평가한다. 즉, 예비교사가 될 학생
들은 전혀 다른 문화적 상황 속에서 사람들을 만나고 상호작용하면서 문화적·
언어적으로 다른 학생들의 관점에서 지식을 구성할 수 있는 기회를 갖게 된다는

것이다. 따라서 다문화교사교육이 이러한 현장 경험을 할 수 있는 프로그램과 연계된다면 다양한 배경을 지닌 소수 그룹에 대한 공감 능력을 증진시키고, 다양성과 차이에 대한 감수성을 높이며 보다 글로벌화된 관점을 갖는 데 도움이 될 것이다. 뿐만 아니라 이러한 체험을 통한 지식은 보다 상황과 맥락에 적합한 지식이 될 수 있다는 장점을 갖는다.

많은 연구는 해외현장경험 프로그램에서 소수자가 되어 보는 경험을 통해 예비교사들이 문화 간 공감 능력, 다른 문화의 사람들과 개인적 관계를 형성하는 능력을 발달시킨다는 점에서, 교사교육에서 해외현장경험 프로그램의 활용을 지지한다(Mahan & Stachowski, 1990; Phillion et al., 2009). 요컨대, 해외현장경험 프로그램의 의의는, 첫째, 상호문화능력[1], 즉 다문화적 역량 개발이다. 상호문화능력 또는 다문화적 역량이란 서로 다른 문화가 역동적으로 상호작용할 수 있도록 서로 차이나는 문화 간에 평등, 인정과 관용이 일어날 수 있게 하는 능력을 말한다. 자신이 살아온 문화적 배경과 전혀 다른 곳에서의 체험이 이러한 상호문화능력을 갖게 한다는 것이다.

둘째, 교사의 다문화적 역량을 기르기 위해 필요한 요소 중 자기지식과 관련해서 해외현장경험 프로그램은 그 효과가 크다고 생각한다. 자기지식이란, 자신이 속한 익숙한 문화 속에서는 인식하지 못하고 발견하지 못한 자신의 정체성에 대한 문제의식과 탐구라고 볼 수 있다(Melnick et al., 1997: 29-32). II절에서 논의한 것과 같이, 교사의 다문화적 역량을 위해서는 다른 문화에 대한 문화적 지식뿐만 아니라 자신이 당연시해 온 가정과 관점을 비판적으로 성찰하는 자기지식이 중요하다. 해외현장경험 프로그램은 참가자들에게 낯선 문화 속에서 소수자가 되는 경험을 갖게 하는 데 효과적이다. 해외현장경험 프로그램에 참여한 미국대학

---

1) 영어권에서 주로 다문화교육(multicultural education)이라는 용어를 사용하는 데 비해, 독일을 비롯한 유럽 대륙 국가들은 대개 상호문화교육(intrekulturelle Bildung bzw. erziehung)이라는 용어를 사용한다. 전자가 문화 간 공존을 강조한다면, 후자는 문화 간 상호작용의 역동성을 강조한다는 차이가 있다. 그러나 두 개념은 다양한 문화의 동등한 가치, 평등, 인정 등의 기본이념에 근거한 다양한 교육적 구상들을 지칭하는 유사한 개념으로 이해하는 것이 합당하다(Allemann-Ghionda; 김상무, 2011: 38에서 재인용).

생의 경험에 대한 내러티브는 그것을 잘 보여 준다. "난 이상하게 보이고, 또 그들과 다른 억양으로 말하는 반면, 다른 모든 사람들은 그들이 정상이라고 간주하는 식으로 말했다."(Dolby, 2004: 10). 즉, 자기 자신만이 다르고 아웃사이더라는 것을 인정하는 것이 힘들었다고 한다. 이와 같이 프로그램에 참가한 미국대학생들은 모두 미국에서 태어난 미국인으로 다른 나라에서 소수자 되기에 익숙해하지 않았다. Dolby(2004)는 이러한 '자기 자신과의 비판적 만남'이야말로 해외현장경험 프로그램의 중요한 의의라고 본다. 그녀는 말하기를 해외현장경험 프로그램이 강조하는 것이 주로 상호문화적 경험의 중요성이지만, 이 프로그램에 참가한 학생들은 이러한 경험을 통해 '자국인으로서의 자아와 비판적 만남'을 했다고 밝힌다. 즉, 미국인으로서의 정체성에 대한 성찰을 해 보게 되었다는 것은 자신이 자국 내에서 해 온 문화적 가정과 인식 등에 대한 비판적 가정을 시작할 수 있게 되었다는 의미다.

해외현장경험 프로그램이 장점만 있는 것은 아니다. 가장 먼저 경제적 비용이 많이 드는 점이 한계점이다. 많은 비용 이외에도 단기간의 해외 경험이 그 지역 문화에 대한 피상적 이해를 줄 수 있다는 문제점이 있을 수 있다. 피상적 문화체험은 오히려 타문화에 대한 편견을 심화시키고, 이러한 경험이 교사로 하여금 자신의 제한적 시각과 경험을 학생들에게 무비판적으로 전달하게 되는 결과를 낳을 수 있다.

또한 온두라스 프로그램을 기획하고 해를 거듭해 참가자들을 대상으로 연구를 축적해 온 연구는 이 프로그램의 의의와 한계를 다음과 같이 논한다(Phillion et al., 2008). 이 프로그램의 주요 목적은 예비교사들로 하여금 다양한 경험과 '사회 정의' 같은 이슈에 대한 이해를 갖게 하는 것이었다. 그런데 프로그램 참가자들은 주로 자기 자신, 자신의 개인적 느낌, 외국에서 자기가 개인적으로 느끼는 편안함과 불편함에 초점을 맞추는 경향이 있다. 물론, '사회 정의'와 관련된 주제, 예를 들어 '빈곤' 같은 사회문제에 관심을 갖기도 하지만, 빈곤의 심층적 원인에 대해서까지는 토의하지 않는다. 구체적인 예로 프로그램이 운영되는 동안 참가자들은 가난한 학교를 위해 기금마련을 하기도 했다. 연구자는 이런 측면이 소위 개발도상국가를 해외현장경험 프로그램 대상국으로 삼은 가능성이라고 말한다. 이 기금을 마련하면서 예비교사들은 공교육은 본질적으로 '사회 정의'라는 이슈에 관련되어야 한다고 말한다. 그러나 한편, 아이러니하게도 이런 기금 마련을 하면서 예비교사들은 자신을 온두라스의 가난한 학생들을 위한 시혜자로 간주하기도 한다. 연구자들은 이런 측면이 이 프로그램의 위험함이라고 지적한다. 즉, 해외현장경험은 예비교사가 낯선 환경에서 다양성에 대한 감각을 키우는 데 효과적이지만, 사회 정의라는 주제에 대한 심도 있는 고민과 성찰은 유도하기 힘들다는 것을 알 수 있다. 연구자들은 온두라스 프로그램을 통해 개발도상국의 빈곤 문제를 상호의존성이 중시되는 세계 내 구조적 불평등 문제와 관련지을 수 있게 하려고 했으나, 이러한 목적은 거의 달성되지 못했다고 한다. 따라서 연구자들은 한편으로는 예비교사들을 너무 멀리, 너무 심하게 떠밀지 않으면서, 다른 한편으로는 그들이 정치 · 경제 · 사회적으로 억압받는 다른 사람들에 대해 시혜적 수준에서의 동정심을 갖는 것 이상이 되게 하려고 노력했다고 한다. 이러한 균형을 유지하기 위해 무엇을 하고, 무엇을 읽고, 무엇에 대해 토론할지가 이 프로그램의 지속적인 도전이라고 밝힌다(Phillion et al., 2008). 최윤정 등(2011) 연구도 예비교사들의 해외현장경험 프로그램을 경험한 것을 분석하면서, 사회과 예비교사들이 해외현장경험 프로그램을 통해 국제경제에 대한 이해도와 지식은 증가하였으나 다문화를 이해하는 비판적인 시각과 분석적 사고력 발달은 상대적으로 피상적 수준에 머물렀다고 말한다. 예비교사가 문화적 차이와 다양성에 대한 거부감을 줄이는 수준을 넘어 차이에 대해 사회 · 정치적 맥락에서 읽을 수 있는 수준의 상호문화적 인식과 태도를 갖추게 하려면, 다문화교사교육을 위한 해외현장경험 프로그램은 어떻게 구성되어야 할까?

해외현장경험이 해외에서 하는 일시적 경험이 되지 않고 그 효과를 지속하려면, 경험에 대한 비판적 반성이 필수적임을 강조한다(Gay & Kirkland, 2003; Marx et al., 2011). 즉, 단지 다문화적 현장경험이 다문화적 역량을 증진시키는 것이 아니고 현장경험에 대한 비판적이고 반성적 사고가 필수적임을 알 수 있다. 따라서 해외현장경험은 다문화교육에 관한 이론 강좌와 병행되어야 하고, 현장 실습이 진행되는 동안 현장경험에 대한 비판적 반성을 돕는 저널쓰기 등이 병행되면 도움이 될 것이다. 또한 다문화교육 이론 강좌는 단순히 다양성에 대한 환호에 그치지 않고, 비판적 다문화교육의 관점이 보강될 필요가 있다. 현재 교사교육에서 시도하고 있는 해외현장경험 프로그램 도입 배경은 대개 글로벌 시대에 미래세대가 글로벌한 관점을 가져야 할 필요성에서다. 그러나 여기서 말하는 '글로벌 관점'은 다양성에 관한 수용 정도이지, 상호 책임과 상호 영향이 증가하고 긴밀하게 연결되어 가는 국제사회 속에서 사회정의와 같은 주제를 사회·정치적 맥락에서 분석하고 비판하는 것을 포함하고 있지는 않다. 따라서 다문화교사교육을 위한 해외현장경험 프로그램 개발 시, 이러한 한계점 극복을 위해 비판적이고 변혁적 수준의 다문화교육 관점이 보강되어야 할 것이다.

Ⅳ. 한국 다문화교사교육을 위한 해외현장경험 프로그램 구상

온두라스 프로그램 사례 분석을 토대로, 한국 다문화교사교육을 위한 해외현장경험 프로그램 도입과 프로그램 구상에 관한 원칙을 다문화교사교육의 목표, 내용, 방법, 운영 면에서 살펴보면 다음과 같다.

1. 목표 면: 다문화교육의 본질과 한국다문화사회의 특수성 고려

가장 빈번하게 언급되는 다문화교사교육의 목표는 교사의 다문화적 역량이다. 다문화사회에서 가르치는 데 새롭게 요구되는 교사의 전문성으로 교사의 다문화적 역량은 중요하다. 그런데 교사 개인의 역량 개발에 초점을 둔 한국 다문화교사교육의 개념화가 보다 변혁적 수준[2]의 다문화교사교육의 관점을 보강할 필요가

---

2) 나장함(2011)이 '변혁적 수준의 다문화교사교육'이라고 부르는 것은 자신의 논문에서 인용하고 있는

있다는 나장함(2011)의 비판은 되새겨야 할 것이다. 왜냐하면 미국의 경우에도 다
문화교사교육을 위한 해외현장경험 프로그램 분석 결과, 의도했던 비판적 인식
의 수준까지 미치지 못하고 있는 한계를 보인다. 한국 다문화교사교육 역시 주로
교사 개인의 역량 강화에 초점을 두고 접근하기 때문에 다문화사회에서 벌어지
는 현상을 사회·정치적 맥락에서 읽고, 변혁을 위한 실천을 강조하는 관점의 수
용과 실천은 다문화교육 실현을 위해서도 시급한 일이다. 다문화교사교육의 목
표는 다문화교육의 본질을 추구하기 위해 노력해야 하고, 또 다른 한편으로는 한
국 다문화사회의 특수성이란 조건을 고려할 필요가 있기 때문이다.

다문화교육의 본질을 실현하기 위해 다문화교사교육은 변혁적 수준의 관점을
보강할 필요가 있다. 교원의 전문성으로 글로벌 마인드가 강조된다. 글로벌 마인
드는 물론 중요하지만 이러한 수사는 주로 다양성에 대한 환호에 그치는 경향이
있다. 글로벌 마인드를 강조하면서 주로 선진국 위주 국가로 교생 실습이 이루어
지는 것도 이런 사실을 단적으로 말해 준다. 교사의 다문화적 역량은 궁극적으로
문화적 차이에 상관없이 누구나 평등한 교육을 받게 하기 위해 필요한 것이다. 이
를 위해서는 사회정의나 평등과 형평성을 위한 교육이라는 주제에 대한 교사의
자각이 필요하다.

다문화교사교육은 교사들에게 차이와 불평등, 교육과 사회 정의, 차이를 야기
하는 주제들에 대해 구조적으로 접근할 수 있는 인식 능력을 길러 주기 위해 거시
적이고 구조적 접근도 해야 하고, 다양한 문화적 배경의 소수 그룹 사람들의 상호
작용에 대한 이해를 위해 미시적 접근도 필요하다(정윤경, 2012: 159). 현재 이루어
지고 있는 해외현장경험 프로그램들은 주로 외국어와 글로벌 마인드를 강조한
다. 그런데 다문화교사교육을 위한 해외현장경험 프로그램이 다문화교사교육의
일환이라는 점을 분명히 하면, 글로벌사회 내 국가 간 차이, 이러한 차이를 야기

Gorski(2009)가 다문화교사교육을 5가지—① 타자 가르치기, ② 문화적 감수성과 관용 가르치기, ③ 다
문화적 역량 가르치기, ④ 사회·정치적 맥락에서 가르치기, ⑤ 저항과 반헤게모니 실천 가르치기—로
분석한 것 중 ④와 ⑤에 해당하는 것을 말한다(더 자세한 내용은 나장함, 2011 참조).

하는 구조적인 문제들에 대해 사회 · 정치적 맥락에서 읽고 분석할 수 있는 비판적 수준까지 목표로 해야 할 것이다. 해외현장경험 프로그램의 한계점으로 예비교사들의 비판적 인식 발달 수준까지 이르지 못한 점, 온두라스 프로그램에 참가한 예비교사들(백인, 중산층, 여성)을 대상으로 심층 면접한 결과, 이 프로그램을 마치고 미국인(백인)으로서의 특권의식을 강화하는 의도하지 않은 결과를 야기할 수도 있음(Phillion et al., 2008)을 보았다. 따라서 해외현장경험 프로그램을 다문화교사교육에 도입 시, 이러한 한계점을 극복하기 위한 방안을 모색해야 할 것이다.

한편, 다문화교사교육의 목표는 한국 다문화사회의 특수한 조건을 고려해야 한다. 물론 다문화교육이 소수 문화적 배경을 가진 이들, 예를 들어 현재 다문화가정 자녀를 대상으로 하는 것이 아님은 분명하다. 하지만 다양화되는 학생 인구 구성의 다양한 배경을 이해하고 모든 이들이 문화적 배경에 상관없이 평등한 교육을 받게 하기 위해서는 미래 교사들이 이러한 국가들에 대한 문화적 지식을 학습하고 체험하는 것이 중요하다. 이런 점을 고려하면, 교원양성기관의 해외현장경험 프로그램이 현재처럼 선진국 위주의 현장 실습에서 벗어나 한국 다문화가정 배경 국가를 중심으로 확대될 필요가 있다.

정혜영(2012)은 한국 교사교육기관에서 이루어지는 해외현장경험 프로그램을 7가지 유형으로 분석한다. 이는 ① 해외 교육실습, ② 해외 한국학교 실습, ③ 해외전공 및 교육현장 탐방, ④ 해외 인턴십, 교사 프로그램, ⑤ 해외 교육개발 협력 및 봉사, ⑥ 교환학생, ⑦ 해외 영어연수다. 이들 프로그램은 ⑤의 개발도상국가 중심의 현장 프로그램을 제외하면 모두가 영어권 선진국 교육현장을 체험하는 프로그램이다. 선진국을 대상으로 운영하는 현장경험 프로그램은 주로 선진국의 교육현장에 파견하여 교수방법 및 국제 교육과정, 언어 및 문화체험의 기회를 제공함으로써 교원의 글로벌 역량을 함양하는 데 그 목적이 있다(정혜영, 2012: 483). 분석에서도 나타나듯이, 현재 교원양성기관에서 교사의 글로벌 역량 및 국제화 강화를 위해 실시하고 있는 프로그램은 주로 선진국을 대상으로 하고 있다. 선진국을 대상으로 한 교육실습을 통해 외국어 능력과 국제적 감각을 키울 수 있다.

그러나 현재 한국의 다문화교육이 주로 결혼이주자, 이주노동자, 탈북자 가정을 중심으로 이루어지는 것을 고려할 때, 다문화적 역량을 위해서는 선진국의 문화에 대한 체험보다 더 시급한 것은 현재 한국 사회 다문화가정의 주요 배경 국가에 대한 문화적 지식이다.

한국에서 다문화가정의 의미는 결혼이민자, 이주노동자, 북한이탈주민 등 우리와 다른 문화적 배경을 가진 사람으로 구성된 가족을 의미한다. 따라서 교사의 다문화적 역량을 위해서는 선진국 위주의 해외현장경험보다는 실제로 다문화교육의 필요성을 제공하는 국가들 중심의 현장경험이 절실하다. 즉, 다문화교육과 다문화교사교육은 한국 다문화가정의 주요 배경 국가인 지역에 대한 문화적 지식이 필요하다. 또, 한국 다문화가정의 배경이 되는 국가들은 한국에 비해 발달 정도가 낮거나 개발도상국인 경우가 대부분이다. 또 이들 국가 배경을 가진 다문화가정 아동들이 한국사회에서는 소수자로 간주된다. 이러한 배경의 학생들을 이해하고 공감하기 위해서는 현재처럼 주로 선진국 중심의 교육실습에서 벗어나 한국 다문화가정의 주요 배경국가[3]를 대상으로 한 현장체험의 기회가 확대될 필요가 있다.

2. 내용 면: 소수자 경험을 통한 교사 자신의 문화적 가정 성찰하기

위에서 해외현장경험 대상국으로 한국다문화가정의 배경국가가 주요 대상국이어야 함을 역설하였다. 그런데 이들 나라들처럼 한국보다 개발 정도가 낮은 개발도상국을 대상으로 해외현장경험 프로그램을 계획할 때 주의할 점이 있다. 원래 개발도상국을 대상으로 한 해외협력 프로그램은 이들 국가의 경제사회발전 지원을 통해 국제협력을 증진하고자 한 것이다. 이들 프로그램 중 사범대학에서

---

3) 국제결혼가정의 현황을 보면, 그 배우자 출신국의 분포는 중국〉베트남〉필리핀〉일본〉캄보디아〉태국〉미국〉몽골〉기타 순이다. 외국인 노동자의 국적별 구성비는 중국(한국계)〉기타〉베트남〉필리핀〉타이〉중국(비한국계)〉우즈베키스탄〉스리랑카〉미국〉몽골 순이다(박철희, 2012: 57, 65).

주도한 것으로는 이화여대의 '개발도상국(캄보디아) 교육개발협력 실습'이 있다. 정혜영(2012)은 선진국 대상의 실습이 소극적·수동적 입장이라면, 교육개발협력 유형은 개도국에 대해 주도권을 갖고 '소개하고 가르치는' 점이 차이점이라고 한다. 그러나 해외 교육개발협력 프로그램 진행 시 열악한 환경에 놓인 개도국 관련자에게 우리의 행동과 태도가 우월주의, 엘리트주의로 비춰지지 않도록 배려할 것을 주의할 점으로 지적한다. 다문화교사교육을 위한 해외현장경험의 의의는 앞에서도 살펴보았듯이, 다른 문화에 대한 문화적 지식을 갖는 점 이외에 예비교사 자신의 문화적 가정 성찰하기, 다시 말해 자기 자신에 대한 비판적 만남을 갖기 위한 것이다. 따라서 다문화교사교육을 위한 해외현장 프로그램 개발 시에는 개발도상국에게 우리의 선진적인 교육을 '베풀고 전달하는' 식의 협력을 위한 것이 아니라, 한국 다문화가정의 주요 대상국가를 대상으로 한 실습이라는 점을 분명히 할 필요가 있다.

현재 한국사회에서 이루어지는 다문화교육은 주로 특정 아동을 대상으로 이루어지고 있다. 이민경(2012)은 이러한 한국의 다문화교육 정책이 이주 배경을 지닌 아동을 '낙인' 찍고 그들에 대한 '시혜'의 차원에서 이루어지고 있다고 비판한다. 이러한 시혜적 차원의 다문화교육은 모든 사람들 간에 존재하는 차이를 넘어 공존을 모색하는 다문화교육의 정신에 어긋날 뿐 아니라, 소수문화적 배경을 가진 사람들을 포함하여 모두가 문화적 배경에 상관없이 평등한 교육을 실현하려고 하는 것에도 어긋난다. 따라서 다문화교육 정신에 충실한 다문화교사교육은 교사 자신이 먼저 자기가 살아온 배경과 그곳에서 형성된 자신의 문화적 가정, 정체성에 대한 인식들-그것은 편견과 고정관념으로 이루어졌을 확률이 높다-을 솔직하게 드러내고 그것과 만나는 일부터 시작해야 한다. 다문화교사교육을 위한 해외현장경험 프로그램은 참가자들로 하여금 낯선 문화 속에서 문화적 아웃사이더요 소수자 경험을 하게 함으로써, 자문화에 대한 성찰, 타문화 속에서 자신을 비판적으로 만나기를 가능하게 한다. 교사의 다문화적 역량은 이러한 것에서 출발할 때, 다른 문화에 대한 지식뿐만 아니라, 타문화에 대한 태도와 기술 면에서도 효과적일 것이다.

낯선 문화 속에서 소수자 경험을 할 수 있게 하려면, 해외현장경험 속으로 몰입할 수 있는 내용들을 프로그램 개발 시 의도적으로 고안해 포함시켜야 한다. 해외현장 프로그램을 지지하는 연구들은 해외 다문화 현장에 몰입할 수 있게 현지 대학의 일부 과정에 등록하기, 홈스테이 형태의 생활, 지역사회 수준의 학습에 관여하기, 현지 초·중·고에서의 인턴십 등을 제안한다(Marx et al., 2011: 43). 다문화교사교육을 위한 해외현장경험 프로그램 개발은 다문화교육을 위한 교사의 다문화적 역량을 높이기 위함이다. 따라서 프로그램이 진행되는 기간 동안 낯선 문화에 직면할 수 있게 하는 상황들을 의도적으로 고려해야 할 것이다. 그래야 피상적인 해외여행에 그치지 않고 해외현장경험을 통한 다문화교육에 기여할 수 있을 것이다.

3. 방법 면: 참여적이고 반성적 교육방법 활용

자신의 문화적 정체성을 성찰할 수 있도록 하는 효과적인 방법은 자서전 쓰기, 공유한 경험을 스토리텔링을 통해 협동적으로 성찰하는 전략이다. 이러한 방법은 인종, 언어, 민족적 차이에 대한 예비교사 자신들의 기대, 태도, 가정, 신념 등을 재고하게 하는 데 효과적이다(Melnick et al., 1997: 29-32). 따라서 특히 자아와의 비판적 만남을 통해 자기지식을 갖게 하는 데 효과적인 해외현장경험 프로그램은 이상에서 권장하는 참여적이고 성찰적인 교육방법을 활용할 필요가 있다.

또한, 해외현장경험이 해외에서 하는 일시적 경험이 되지 않고 그 효과를 지속하려면, 경험에 대한 비판적 반성이 필수적이다(Marx et al., 2011: 44). 현장경험에 대한 비판적 반성을 돕는 것이 바로 '반성적 저널쓰기'다. 따라서 반성적 저널쓰기 과제를 통해 현지에서의 체험을 다문화교육 이론 강좌에서 다룬 주제들과 연결 짓고, 그 과정에서 자신의 경험을 비판적으로 반성하는 기회를 갖게 하는 것이 중요하다.

해외현장경험 프로그램은 '현지로 출발 이전의 활동' '현지에서의 활동' '현지에서 다시 한국으로 돌아온 이후 활동'으로 세분해 볼 수 있다. 먼저 출발 전 참가

자들의 모임과 대화를 통해 다문화교사교육으로서의 해외현장경험 프로그램의
목적, 내용, 방법, 일정 등에 관한 충분한 오리엔테이션을 갖는다. 'Study
Abroad'라는 명칭이 잘 말해 주듯이, 본 프로그램은 해외여행이 아니라 계획과
일정에 따른 해외현장체험을 통한 '학습'임을 분명히 할 필요가 있다. 현지에서
의 활동은 크게 현장체험과 그것을 성찰하는 반성적 글쓰기로 나뉜다. 또한 현지
에서 이루어지는 토론 역시 학생들이 현장에서의 체험을 공유함으로써 집단적
성찰을 하게 하는 것도 효과적이다. 온두라스 프로그램에서 과제로 제시한 '인
종' '민족' '젠더' '계급' 같은 주제가 드러나게 자신의 자서전을 쓰게 하기, 현장
에서의 체험과 자신의 성찰을 연결 지어 저널 기록하기 등은 참고할 만하다. 프로
그램을 마친 후, 사후활동도 중요하다. 한국에 돌아와서는 프로그램을 통한 자신
의 변화 되돌아보기, 자신이 기록한 저널 공유하기 등을 통해 현장체험 이후의 생
각과 인식, 감정과 태도 변화 등을 성찰하게 함으로써 다문화현장체험의 효과를
보다 지속적이고 장기적으로 만드는 데 도움이 될 수 있다. 또한, 참가학생들과
함께 하는 프로그램 대한 평가는 지속적으로 다문화교육을 위한 해외현장경험
프로그램을 개선해가는 기초 자료가 될 수 있을 것이다.

4. 운영 면: 이론 강좌와의 연계

　체험형 프로그램의 한계점의 하나는 단기간의 해외체험이 피상적이고 일시적
인 경험에 그칠 수 있다는 점이다. 다문화교사교육은 교사로 하여금 교사 자신의
문화적 인식과 태도를 성찰하게 하고 다문화적 태도를 개발할 수 있게 하는 것이
다. 이를 위해 다른 문화에 대한 체험이 효과적이라는 것은 분명하다. 그러나 그
것이 일시적이고 피상적 수준에 머무른다면 오히려 타문화에 대한 편견을 갖게
하며 자문화 우월주의로 흐를 수 있다. 이런 점을 보완하기 위해 해외현장경험 프
로그램은 캠퍼스 안에서 이루어지는 다문화교사교육 이론 강좌와 연계해서 체계
적으로 운영되어야 한다. 예비교사들의 태도나 인식의 변화는 최소 한두 학기 이
상의 강좌, 실습, 세미나 등을 통해서 가능하다는 Gomez(1993)의 연구(모경환,

2009: 268에서 재인용) 역시 다문화교사교육을 위한 해외현장경험 프로그램은 다른 다문화교사교육 이론 강좌와 병행될 때, 그 효과가 더욱 극대화될 수 있음을 보여 준다.

V. 맺는말

다문화교사교육 관련 선행연구 중 박윤경(2007)의 연구는 다문화 접촉 경험이 타문화에 대한 편견을 완화시킬 뿐만 아니라, 자신들의 문화 이해방식에 대해 반성적으로 성찰하게 하는 데 효과적임을 보여 준다. 이 연구 외에도 한국 다문화교사교육 관련 연구들은 공통적으로 다문화현장체험과 실습의 중요성을 주장한다. 그러나 이들 연구는 국내 다문화 현장에 국한해서 논의한다. 다문화 접촉 경험의 아이디어를 보다 장기적인 기간과 보다 철저하게 예비교사들이 자신들을 낯설게 바라볼 수 있는 상황인 해외현장경험에 적용할 수는 없을까? 이런 문제의식에서 출발해 본 장은 다문화교사교육의 제 접근과 미국 대학에서 실시한 온두라스 프로그램 분석을 토대로 한국형 다문화교사교육을 위한 해외현장경험 프로그램 구상 원칙에 관해 다문화교사교육의 목표, 내용, 방법 운영 면에서 논의하였다.

다문화교사교육의 목표와 관련해 볼 때, 체험형 프로그램은 다문화교육의 본질과 한국다문화사회의 특수성을 고려해야 한다. 즉, 체험형 프로그램 역시 다문화교사교육의 일환임을 분명히 하고 현재 지적되는 한국 다문화교사교육의 문제점 중 변혁적 다문화교육의 관점을 보강할 필요가 있다. 한편, 한국다문화사회 특수성을 고려할 때, 대상국가 선정이 선진국 위주에서 벗어나 한국 다문화가정 배경국가 중심으로 확대될 필요가 있다. 둘째, 다문화교사교육의 교육내용에는 지식, 태도, 기술, 세 요소가 포함된다. 특히 해외현장경험 프로그램은 예비교사로 하여금 낯선 문화 속에서 소수자로서의 경험을 하게 함으로써, 의문시하지 않았던 자문화에 대한 성찰, 타문화 속에서 자신을 비판적으로 만나기를 가능하게 한다. 교사의 다문화적 역량은 이러한 자기반성에서 출발할 때, 다른 문화에 대한 지식뿐만 아니라, 타문화에 대한 태도와 기술 면에서도 효과적일 수 있다. 교육 방법 면에서 해외현장경험 프로그램 역시 다문화교사교육에서 강조되는 반성적 글쓰기, 스토리텔링을 통한 경험 공유하기 같은 참여적이고 성찰적인 교육방법 을 활용하는 것이 효과적이다. 마지막으로 다문화교사교육을 위한 해외현장경험 프로그램은 여타 다문화교사교육 이론 강좌와 병행될 때 그 효과가 극대화될 수 있을 것이다. 이와 같은 해외현장경험 프로그램의 다문화교사교육에의 도입은 시작 단계인 한국 다문화교사교육의 발전과 다문화교육의 실천에도 기여할 수 있을 것으로 기대된다.

 참고문헌

김상무(2011). 독일 상호문화교육학 논의의 전개과정에 관한 연구. 교육사상연구, 25(3): 37-57.
나장함(2011). 다문화교사교육과정 연구에 대한 분석. 교육과정연구, 29(2): 173-197.
모경환(2009). 다문화교사교육의 현황과 과제. 한국교원교육연구, 26(4): 245-270.
박명희 외(2012). 다문화교육 강좌를 통한 예비교사들의 다문화 역량 변화. 다문화교육 연구, 5(1): 155-176.
박윤경(2007). 다문화 접촉 경험의 교육적 의미 이해: 초등 예비교사들의 문화다양성 관련 변화를 중심으로. 시민교육연구, 39(3): 147-183.
박철희(2012). 다문화가정의 이해. 다문화교육의 이해와 실천. 서울: 학지사.
이민경(2012). 이주배경 아동·청소년 정책에 대한 비판적 분석과 대안 모색: 가족과 교육 아젠다를 중심으로. 한국교육학연구, 18(3): 157-182.
장원순(2009). 한국사회에 적합한 다문화교사교육과정에 관한 연구. 사회과교육, 48(1): 57-79.
장인실(2008). 다문화교육을 위한 교사교육 교육과정 모형 탐구. 초등교육연구, 21(2): 281-305.
전세경(2011). 초등교원 양성대학 '다문화교육' 강좌의 구성과 운영 실태 및 실과교육 과의 관련성 분석. 한국실과교육학회지, 24: 213-239.

정윤경(2012). 미국 대학 다문화교사교육 프로그램 사례 연구. 교육사상연구, 26(1): 135-163.

정혜영(2012). 예비교원 글로벌 역량 강화를 위한 교원양성기관의 해외현장경험 프로그램 분석. 한국교원교육연구, 29(2): 475-499.

조대훈 외(2009). 다문화 감수성 증진을 위한 다문화 수업모형 개발. 교육연구(성신여대 교육문제연구소), 46: 29-65.

추병완(2011). 아동의 편견 해소를 위한 교수전략 개발. 초등도덕교육, 36: 143-169.

최윤정 외(2011). 사회과 예비교사들의 해외 학습프로그램 경험에 대한 이해: 액션리서치. 사회과교육, 50(3): 93-106.

허창수 외(2010). 다문화 교사연수 프로그램 분석을 통한 교육과정 제언. 교육과정연구, 28(4): 77-101.

Aglazor, G. et al. (2011). Study abroad: An Added Dimension to Preservice Teacher Education Programs. *Multicultural Review, 19*(4)/20(1): 17-25.

Dolby, N. (2004). Encountering an American self: Study abroad and national identity. *Comparative education review, 48*(2): 150-173.

Engle, L., & Engle, J. (2003). Study abroad levels: toward a classification of program types. *Frontiers: the interdisciplinary journal of study abroad, 9*: 1-20.

Gay, G., & Kirkland, K. (2003). Developing cultural critical consciousness and self reflection in preservice teacher education. *Theory into practice, 42*(3): 181-187.

Goodwin, L. (1997). Historical and contemporary perspective on multicultural teacher education. In King, E. et al. (Eds.), *Preparing teachers for cultural diversity.* NY: Teachers college press.

Howard, G. R. (1999). *We can't teach what we don't know: white teachers, multicultural schools.* New York: Teachers College Press.

Kitsantas, A. (2004). Studying abroad: the roll of college students' goals on the development of cross-cultural skills and global understanding. *College student journal, 38*(3): 1-13.

Mahan, J. M., & Stachowski, L. (1990). New Horizons: Student teaching abroad to enrich understanding of diversity. *Action in Teacher Education, 12*(fall): 13-21.

Mahon, J., & Cushner, K. (2002). The overseas student teaching experience: creating optimal culture learning. *Multicultural perspectives, 4*(3): 3-8.

Marx, H. et al. (2011). Please mind the culture gap: intercultural development during a teacher education Study Abroad Program. *Journal of teacher education, 62*(1): 35-47.

Melnick, S. et al. (1997). Enhancing the capacity of teacher education Institutions to address diversity issues. In King, J. et al. (Eds.), *Preparing teachers for cultural diversity*. NY: Teachers College Press.

Mudrey, R. (2005). Contact theory and its perceived impact on stereotypes of asian students in urban high schools. Doctoral dissertation at the Cleveland state University.

Phillion, J. et al. (2008). Promise & perils of study abroad: White privilege revival. In T. Huber (Eds.). *Teaching & learning diversity: international perspectives on social justice and human rights*. Greenwich, CT: Information Age.

Phillion, J. et al. (2009). Reimagining the curriculum in study abroad: Globalizing multiculturalism to prepare future teachers. *Frontiers: The Interdisciplinary Journal of study abroad*, 18: 323–339.

Purdue College of Education (2011). "Global Learning". *Take Note*.

Sleeter, C. (2001). Preparing teachers for culturally diverse schools: research and the overwhelming presence of whiteness. *Journal of teacher education*, 52(2): 94–106.

Stachowski, L., Mahan, J. (1998). Cross-cultural field placements: student teachers learning from schools and communities. *Theory into practice, 37*(2): 155–162.

Tang, S.Y.F. et al. (2004). The development of personal, intercultural and professional competence in international field experience in initial teacher education. *Asia Pacific Education Review, 5*(1): 50–63.

제**4**부

교사교육과 교육철학

제8장

교사교육을 위한 교육철학의 역할

이 글은 교사교육을 위한 교육철학의 가치와 역할을 탐구하는 것을 목적으로 한다.

II절에서는 교사교육 분야에서 최근 이루어지고 있는 논의들을 살펴볼 것이다. 최근 교사교육은 전문가로서의 교사, 이론을 적용하는 자에 국한하는 것이 아닌 반성적 실천가가 될 것을 중시하며, 실천적 지식에 대한 요구가 높게 나타나고 있다. 그런데 이러한 담론의 강조에도 불구하고 교사의 역할이 점점 수업기술자로 축소되고, 반성적 실천가의 '반성' 개념 역시 도구화되는 등 반성 담론이 목적하는 바에 역행하는 역설이 일어난다. III절에서는 교사교육과 교육철학을 관련지어 교직과목으로서 교육철학의 역할, 교직과목으로서 교육철학에 대한 요구를 살펴볼 것이다. IV절에서는 이론과 실천 모두에 걸쳐 있는 매개자로서 교육철학의 역할, 교양을 갖춘 교양인으로서 교사, 이를 위한 교육철학의 교양적 가치 재인식에 관해 논의할 것이다. 교양을 갖춘 전문가로서 교사 양성을 위해 교육철학이 갖는 교양적 가치를 재인식하고 교육철학을 통해 교양적 학습이 되게 함으로써, 도구화되고 기술공학적으로만 교사전문성을 접근하는 교사교육에서 교육철학이 그 역할을 할 수 있도록 하자는 것이다.

I. 서 론

교직과목으로 교육철학 가르치기에 대한 논의가 활발하다. 이는 그 자체에 어려움이 많다는 것을 말한다. 도구적 가치가 선호되고 기술공학적 패러다임이 지배적인 시대에 교사교육을 위한 교직과목으로서 교육철학은 별 인기가 없는 것 같다. 교사교육에서 교육철학의 필요성과 중요성에 대해서는 모두 동의한다. 그러나 학문 자체가 갖는 추상성과 어려움, 그리고 교육철학의 교육 현장에의 적용과 적합성에 관해서는 의문을 갖는다. 더욱이 학생들은 점점 더 철학적 사고를 하지 않으려는 경향이 두드러지고, 스마트폰과 그 안에서의 빠르고 간단한 의사표현을 하는 데 익숙한 세대는 시간을 들여 사고하고, 차근차근 따져 보고 개념적으로 정리하는 일을 힘들어하고, 좀처럼 하려 하지 않는다. 시대적 상황 역시 도구적 가치가 선호되고 기술공학적 패러다임이 두드러지면서 교사교육 분야에서도 당장 학교 현장에 적용할 수 있는 쓸모가 중시된다. 따라서 교육의 본질에 대한 탐구를 목적으로 하는 교육철학의 가치와 중요성에 대해 의문시한다. 교직과목으로서 교육철학의 역할과 중요성이 의문시되면서, 이를 해결하기 위한 다각적인 노력도 이루어지고 있다. 교육철학 자체의 학문 정체성에 대한 고민, 실천철학으로서 교육철학 모색, 더 나아가 교육철학 강좌의 구체적인 교육내용과 방법에 대한 논의들도 이어지고 있다.

한편, 교사의 전문성은 그 어느 때보다 강조되고 있다. 교직이 전문직으로서의 위상을 갖추어 가는 것은 반가운 일이다. 그런데 교사의 전문성에 대한 논의 역시 기술공학적 접근과 시장주의적 접근이 주를 이루다 보니, 그 전문성 자체가 표준화된 기술적 기준을 적용하는 능력이나 더욱 경제적이고 효율적인 방법으로 가시적인 교육의 결과를 낼 수 있는, 즉 수업기술자를 위한 전문성으로 축소되는 느낌이다. 교육은 효율성과 이윤이라는 경제 논리에 지배되는 것이 아니다. 그럼에도 불구하고 교육은 물론 교사교육에서 역시 경제 논리가 만연하고 있다. 따라서 지식정보화사회로 변화하면서 교사의 전문성을 요구하고 전문성 개념을 강조하고 있지만 그 이면을 들여다보면 오히려 교사의 자율성은 점점 줄어들고 있는 실정이다.

철학하기 힘든 시대에 전문가로서 교사를 양성하기 위해 교육철학은 어떤 역할을 할 수 있을까? 이런 문제의식에서 본 장은 교사교육을 위한 교육철학의 가치와 역할에 대해 탐구하는 것을 목적으로 한다. Ⅱ절에서는 교사교육 분야에서 최근 이루어지고 있는 논의들을 살펴볼 것이다. 최근 교사교육은 전문가로서의 교사, 이론을 적용하는 자에 국한하는 것이 아닌 반성적 실천가가 될 것이 중시되며, 실천적 지식에 대한 요구가 높게 나타나고 있다. 이러한 논의를 살펴보고 이들 담론의 유행과 그러한 담론이 표방하는 바에 역행하는 역설이 일어나고 있음을 논의할 것이다. Ⅲ절에서는 교사교육과 교육철학을 관련지어 교직과목으로서 교육철학의 역할, 그리고 교직과목으로서 교육철학에 대한 요구를 살펴볼 것이다. Ⅳ절에서는 이론과 실천 모두에 걸쳐 있는 매개자로서 교육철학의 역할, 교양인으로서 교사 양성을 위한 교육철학의 교양적 가치 재인식에 관해 논의할 것이다.

Ⅱ. 전문가로서 교사와 실천적 지식의 요구

1. 전문가로서 교사와 교사교육

근대 이후 교직은 새롭게 이해되어 오고 있다. 오늘날과 같이 교직이 독립된 전문적 직업으로 간주되고 양성된 것은 산업혁명 이후 근대 공교육제도가 확립되던 시기 즈음이다. 오늘날 교사는 일반적으로 특수한 지식과 능력을 갖추고, 장기간의 교육과정을 거쳐 자격증을 취득하며, 자율성을 지니고 교원단체 결성과 교원윤리강령 제정을 통해 스스로의 권익과 책임을 통제하는 전문가로 이해된다. 이러한 교사를 양성하기 위한 교사교육과정에 대한 논의는 학자들마다 조금씩 다른데, 일반적으로 교양교육, 교육학교육, 전공교육 세 가지 범주로 나뉜다.

교사교육 과정에 대한 초기 논의는 주로 교양과정을 강조하다가, 1980년대 Schulman의 논의 이후 강조점이 옮겨 간다.

Schulman(1987: 8)은 교직이 전문직이라는 것은 전문적 지식이 존재한다는 것을 의미한다고 주장하며, 지식의 범주를 7가지로 제시한다. ① 내용 지식, ② 일반교육학적 지식(general pedagogical knowledge), ③ 교육과정 지식, ④ 교과교육학적 지식(pedagogical content knowledge), ⑤ 학습자와 학습자의 특성에 관한 지식, ⑥ 교육적 상황에 관한 지식, ⑦ 교육목적, 목표, 가치와 그들의 철학적 배경에 관한 지식이다. 이와 같이 분류한 후, 교과교육학적 지식(④)이 교수를 위한 분명한 지식의 체계를 가지고 있다고 보고 이를 강조한다.

Schulman의 7 범주를 다시 구분하면, 교과내용학, 교과교육학, 그리고 일반교육학 지식으로 구분할 수 있다. 교과내용학과 교과교육학을 합쳐 전공 영역, 일반교육학 지식을 교직 영역으로 볼 수 있고, 여기에 교양교육을 합쳐 오늘날 교사교육을 위한 지식의 핵심 틀이 되고 있다. 오늘날 교원양성 교육과정의 일반적 범주는 교양, 교직(교육학 기초), 전공(교육내용과 교과교육)으로 나눠 볼 수 있다. 이 세 영역의 교육과정 운영 방식에 대해 이윤식 등(1998)은 다음과 같이 설명한다. 첫째, 가장 일반적으로 교직이 교양이나 전공으로부터 독립되어 교직, 교양, 전공으로 편성되는 경우다. 둘째, 교양(교직과목 포함)과 전공으로 이분되어 있되, 교직이 교양에 포함되어 있는 경우다. 셋째 유형은 교직교과를 전공에 포함시키는 유형이다(정미경 외, 2011: 289에서 재인용).

교직에 포함된 구체적인 교육학 영역은 나라마다 조금씩 차이를 보인다. 영국의 경우(조무남, 2006: 165), 1960년대 교사교육은 철학, 심리학, 사회학, 사학 등의 기초학문 위에서 이루어졌다. 따라서 교육철학, 교육심리학, 교육사회학, 교육사가 교육학의 기초학문이 되었다. 미국의 경우(Borman, 1990) 다문화교육, 교육철학, 교육사, 교육과정 이론, 교육쟁점과 동향 등을 포함하고 있다. 현재 한국의 교원양성교육 중 교육학 기초과목에는 교육학개론/교육철학 및 교육사/교육과정/교육평가/교육방법 및 교육공학/교육심리/교육사회/교육행정 및 교육경영/그 밖의 교직이론에 관한 과목이 포함되며, 14학점 이상(7과목 이상) 들을 것을 요구한다(교육부, 2006).

교사교육에서 이러한 교육학 기초 과목의 역할은 무엇인가? 교사교육의 가정은 이러한 체계화된 지식을 배워 졸업 후 학교 현장에 적용할 수 있게 된다는 것이었다. 그러나 교육 이론과 실제 간의 간극의 문제가 제기된다. 교육현상을 철학적으로 탐구하는 교육철학 역시 규범적이고 사변적인 특성으로 인해 교육이 벌어지는 현장에 실천적 함의를 주지 못한다는 비판을 지속적으로 받아 왔다.

1972년 영국의 「제임스 보고서(James Report)」는 교육학 이론이 교육 현장에 부적합하고 방향을 제시하지 못한다고 비판하면서, 학문적 이론과 실천적 교수를 행하는 데 필요한 기술(skill) 간 분명한 관련성을 요구한다. 따라서 교육학 이론은 효과적인 티칭에 기여해야 한다고 요구받는다(Bell, 1981: 17). 즉, '교사교육 기관은 미니 유니버시티가 되려고 해서는 안 된다. 유니버시티처럼, 순수하게 학문적 이론을 추구하는 것이 교사를 양성하는 대학의 목표가 아니라는 비판이었다. 이런 비판과 함께 교과내용의 비중이 줄어들고 그 대신 방법론을 확대하라는 요구가 높아진다(조무남, 2006: 169).

교육학이론이 교육 현장에서 적합성이 떨어진다는 비판을 받으면서 교사에게 필요한 전문적 지식으로 이론 의존적 지식보다는 교육 실제에서 얻어지는 실천적 지식이 강조된다. 교직과목으로서 교육철학에 대한 비판 역시 교육 현장 적합성과 유용성이 떨어진다는 비판이다. 즉, 교사가 가르치는 데 있어서 이론적 지식을 잘 아는 것이 전문성을 발휘하는 데 기여할 수 있느냐는 점에 의문이 제기된 것이다. 이러한 비판에 따라 반성적 교사교육의 논의가 대두되기도 하였다.

반성적 교사교육 논의를 촉발한 Schön(1983)에 의하면, 기존의 교사교육은 연구와 개발은 대학에서 하고 교사는 연구되고 개발된 이론을 실행하고 적용하는 자로 가정한다. 그런데 교사가 교실에서 하는 실천에 교사교육을 통해 배운 이론이 잘 맞지 않게 된다. 교실에서 벌어지는 복잡성, 불안정성, 불확실성, 독특성 등을 다루는 데는 교사들이 실제로 가르치는 중에 자신의 행위를 반성하는 데서 얻은 실천적 지식이 더욱 타당하기 때문이다. 이런 관점에서 반성적 교사교육은 교사교육에서의 이론과 실천 간의 괴리를 극복할 수 있다는 점에서 환영받는다(정윤경, 2007: 172).

1980년대 이후 교사교육 분야에서 벌어진 교사의 전문성을 위한 지식에 대한 논쟁은 아직도 진행 중이다. 더욱이 교직전문성 강화를 위해 교직자격기준에 대한 논의까지 가세하면서 교직전문화를 위한 논의는 더욱 심화되고 있다.

시대 변화에 따라 교사에 대한 이해와 교사교육의 패러다임도 변화를 모색한다. 오늘날 교사는 확정된 지식과 기술의 체계를 획득하기보다는, 가르치면서 지속적으로 새로운 지식과 스킬을 구성해 갈 것이 기대되고 요구된다. 김병찬(2000)은 Doyle이 제시한 이상적 교사상 5가지 모델(훌륭한 고용인, 준교수 모델 포함) 중 자기실현인 모델, 개혁가 모델, 반성적 전문가 모델 등이 새로운 시대의 이상적 교사상으로 적합하다고 강조한다. '자기실현인'이란 교사 스스로 변하고 발전해 가는 것을 강조하는 것으로 새로운 시대에 교사는 정해진 교육과정과 교과서에 의지하여 충실히 가르치는 것만으로는 부족하기 때문이다. 과거에는 상급기관에서 정해준 방침을 성실히 수행하는 사람이 우수한 교사였으나, 이제는 자신의 교육적 환경을 스스로 개혁해 가는 교사를 요구한다. 또한 새로운 시대는 교육의 본질과 자신의 가르치는 활동에 대해 생각하고 분석하는 학자가 되어야 하며, 이를 바탕으로 스스로 실천할 수 있는 실천가가 되어야 한다는 것이다. 이들 논의는 모두 교사의 역할이 수동적 존재의 모습으로부터 변화되어야 함을 강조한다. 이것은 교사를 대학의 이론 의존적 지식의 습득자가 아니라, 현장에서 자신의 교육 실천에 대한 연구자요, 반성적 실천가가 되어 자신의 실천에 대한 반성을 통해 구체적 교실 현장에 적합한 국지적 지식을 창조해 가는 자가 될 것을 요청한다.

요컨대, 근대 이후 교직은 전문직업인으로 간주되고, 전문직업인 양성을 위한 교사교육이 시작되었다. 이후 교사교육은 전문성을 확대해 가는 방향으로 전개해 왔다고 볼 수 있다. 전문직으로서 교사가 되는 데 필요한 전문적 지식이 무엇인가에 대한 논의는 시대별로 강조점이 변해 왔다. 1960년대 영국의 교사교육이 대학 안으로 들어오고 교육학 이론이 체계화되기 이전까지는 도제식으로 이루어져 장인적 기술이 중시되었다. 이후 교사교육을 위한 교육과정 논의 초기에는 교양과 교육학 기초 영역인 학문적이고 체계적인 이론이 교사교육의 중요한 내용으로 간주된다. 그러나 Schulman 이후 교과교육 지식의 강조, 이론적 지식의 교육 현장 적합성에 대한 비판을 거쳐, 최근에는 현장에 기반을 둔 실천적 지식이 강조되고 있다.

2. '교사 전문성' '반성' '실천적 지식' 개념

가. 수업기술자로서 전문가

전문가로서 교사 개념이 부각되면서 교사교육이 체계화되고, 전문직으로서의 교직의 위상을 높였다고 할 수 있다. 그런데 교사 전문성이 강조되면서 한편으로는 역설적으로 전문직의 요건의 하나인 자율성이 점차 위축되는 현상을 보인다. 그 단적인 예를 '교직 전문화'의 경향에서 볼 수 있다. 오늘날 교육개혁과 함께 교직개혁이 핫이슈다. 교원의 전문성 강화를 위한 보상제도와 교원의 질 평가 강화 등이 계속 쏟아지고 있다. 교직개혁 중 최근 가장 논쟁적인 것이 교직 전문화 (professionalization of teaching)다. '교직 전문화'는 교사 개개인의 전문적 자질의 향상을 통하여 교직의 전문성을 강화하려는 과거의 경향과는 달리, 교사의 일과 교육활동에 대한 수행 성과를 관리하는 방식으로 교사집단의 질과 책무성을 강화하고 교직체제의 경쟁력을 확보하고자 하는 개혁적 시도다(Cochransmith & Fries, 2001:3; 오정란, 2006: 130에서 재인용). 새로운 사회변화에 따라 교직 역시 개혁되어야 하는 것은 맞는 말이다. 그런데 교직 전문화는 신자유주의 흐름 속에서 시장주의적 해결방식과 기술공학적 접근을 하고 있다.

이런 시도 속에서 교사의 전문성은 주어진 표준화된 기술적 기준을 적용하는 능력, 더욱 경제적이고 효율적인 방법으로 교수환경의 기술적 변화를 극복할 수 있는 능력 그 이상의 의미가 되기 힘들다(오정란, 2006: 135-136). 따라서 교직 전문화는 지식정보화사회로 변화하면서 사회에서의 요구나 관심 등 보다 넓은 사회적 이슈로 전문성의 개념을 확대하고 있지만, 그 이면을 들여다보면 오히려 역으로 가고 있다. 즉, 오히려 교사는 교육의 본질에 대한 고민과 의미는 도외시한 채, 전문주의 이데올로기 속에서 전문직의 조건의 중요한 요인인 자율성이 오히려 축소돼 가는 역설을 경험하게 된다.

Giroux 역시 기술공학적 교육과 그 속에서의 교사의 탈숙련화를 비판한다. 지식은 낱낱이 쪼개어져 관리와 소비가 한결 쉽게 표준화되며, 미리 결정되어 있는 평가 형식에 따라 평가받는다. 교육은 정해진 시간 안에 자질 있는 학생들을 최대한 많이 양산하기 위해 자원(교사, 학생, 교재)을 어떻게 할당할 것인가 하는 관리의 문제로 축소된다. 이 과정에서 교사는 심사숙고와 반성의 과정을 잃게 되고 탈숙련화된다. 더 이상 교사는 자신의 자율적 판단과 책임하에 가르치는 일을 하는 전문가라기보다는 주어진 기준에 맞추고 적용하며, 끊임없이 성과를 달성해야 하는 기술자, 기능인이 된다.

이러한 세태를 반영하기라도 하듯, 교사들은 전문가를 '수업의 전문가'에 국한해서 이해하는 경향이 두드러지고, 교사의 전문성을 수업방법론 숙달에서 찾는다. 이때 수업 또한 아주 좁은 의미로 이해하게 된다. 이에 유현옥(2010)은 우리나라 교육 개혁의 노력이 주로 교수 및 학교교육의 성과에 기초한 경쟁력 강화에 두다 보니, 교수가 갖는 포괄적인 의미 대신 교수에 대한 기술적·도구적 관점만을 강화하고 있고, 상대적으로 교육과 교수의 중요한 측면인 도덕적 측면이 간과되고 있음을 비판한다.

나. 반성 개념의 도구화와 실천적 지식의 애매함

교직이 전문직으로 거듭나야 한다는 데에 누구나 이견이 없을 것이다. 전문가가 되기 위해 대학에서 배운 이론을 현장에서 그저 적용하는 데 그치지 않고, 자신의 행위 중의 반성을 통해 실천적 지식을 창조해 내는 반성적 실천가가 되어야한다는 주장 역시 바람직한 교사교육의 방향이라고 생각한다. 그런데 이러한 반성, 반성적 교사교육과 관련된 담론이 역설을 낳을 수 있다. 교사교육에서 반성담론이 지배적이 되고 반성적 교사교육이 현장에서 많은 호응을 보이고 있다. 그런데 반성이 마치 교사가 배워야 할 또 하나의 기술처럼 간주되는 문제점을 보이기도 한다. 이때, 반성적 교사교육은 본래 의도와는 다르게 반성이라는 기술을 배우는 식이 되고 만다. Fendler(2003: 23)는 이러한 문제점을 다음과 같이 지적한다. 교사교육 연구가 교사를 보다 반성적이 되도록 가르치기 위해 정교화된 프로그램을 제공할 때, 암묵적으로 가정하는 것은 교사는 연구자(교사교육자)에 의해 고안된 '반성'이라는 특별한 테크닉을 연습하지 않으면 반성적이 될 수 없다는 점이다. 이것은 '반성적 실천가'라는 수사가 교사에게 힘을 길러 주는 데 초점을 두면서, 오히려 역설적으로 교사를 전문가의 권위에서 나오는 지도 없이는 반성조차 할 수 없게 만들어 버린다(정윤경, 2008: 206에서 재인용). Foucault식으로 말하면, 교사교육에서 반성을 강조하는 것이 아주 미묘한 방식으로 교사를 길들이는 신체 규율이 되게 함으로써 교사를 주체적으로 만들것이라는 기대와 달리, 교사를 길들이는 결과를 야기할 수 있다. 즉, 행위 중의 반성을 통해 실천적 지식을 획득한 교사는 경제적인 효율성 면에서는 교사의 힘(전문성)이 증가되어 유능한 교사라고 평가되는 반면, 정치적 관계에서 볼 때에는 더욱 순종적이 됨으로써 힘(자율성)을 잃게 된다.

교사교육 분야에서 최근 교사를 수동적 존재가 아닌 반성적 실천가가 되어야 함을 강조하면서, 교사의 현장을 기반으로 한 실천적 지식을 중시한다. 그런데 실천적 지식 개념 역시 그 의미에 모호함이 있다.

Elbaz(1981)에 따르면, 실천적 지식은 자주적 행위 주체인 교사가 교육의 과정 속에서 교사, 학생, 교육행정가, 연구자 등과 적극적으로 상호작용하면서 자신의 신념과 가치관을 바탕으로 재구성한 지식을 말한다. Cornelly 등(1997)은 전수되거나 학습된 이론적 지식이 아니라 교사가 학교현장에서 업무를 수행하기 위해서 교사의 가치, 신념 등을 포함시켜 본인이 가지고 있는 지식 이상으로 새롭게 창출한 지식을 개인적인 실천적 지식이라고 한다(김은주, 2010: 29-30에서 재인용). 이들 논의를 종합하면, '교사의 실천적 지식'은 교사가 학교 현장에서 학생들을 교육하면서 경험을 통해 스스로 터득하고 생성한 지식을 뜻한다. 이런 지식이 주목받는 이유는 이론적이고 학문적인 지식이 교사교육에서 현장 적합성이 떨어지는 것과 달리, 실천적 지식은 현장에 기초하고 있으므로 현장의 문제에 적합한 해결력을 갖는다고 보기 때문이다. 그런데 교사의 실천적 지식에 관련된 문제점을 논의하는 연구는 실천적 지식의 문제점으로 학교 현장이 최선의 교육을 수행하기 어렵게 하는 현실적 측면이 있기 때문에 교사의 실천적 지식이 교사로 하여금 현실에 순응하게 만들 수 있고, 또한 실천적 지식은 교사의 수행을 통제하는 역할을 할 수 있다고 지적한다(김은주, 2010).

이와 같이 교사의 현장경험에 근거한 실천적 지식이 교사를 현실에 순응하게 할 수 있다는 문제점으로 보는 것은 실천적 지식 자체를 교사가 현장의 시행착오를 통해 얻게 되는 노하우나 경험의 축적물 정도로 간주하기 때문이다. 반성적 교사교육 논의를 시작하게 한 Schön의 핵심 개념인 '행위 중의 반성(reflection-in-action)' 개념에서 중요한 것은 자신의 실천에 대한 '반성'이다. 그리고 이 반성은 사고의 한 형태로 그 기원을 Dewey에서 찾을 수 있다.

> 사고 즉 반성이라는 것은 우리가 하고자 하는 것과 그 결과로 일어나는 것 간의 관련성을 아는 것이다. 우리가 하는 경험 속에 반성이 개입된 정도에 따라 경험은 대조되는 두 가지로 나뉜다. …… 우리의 활동과 그 결과 사이의 세밀한 관련을 알 때, 시행착오적 경험에 내재한 사고가 명백히 표면화되어 나타난다. 그 표면화된 사고가 양적으로 증가하면 경험의 질이 달라진다. …… 우리는 이런 종류의 경험을 반성적(reflective)이라고 한다(1924: 169-170).

그런데도 현재 교사교육 분야에서 논의되는 실천적 지식은 현장에 기반한 경험에만 초점을 두고 있고, 따라서 실천적 지식이 곧 '시행착오를 통한 경험의 축적에서 오는 노하우'쯤이라고 간주한다. 따라서 현재 교사교육의 현실 적합성이 떨어지는 문제점을 현장경험의 확대로 해결할 수 있다는 식의 순진한 가정을 제시하기도 한다. 이러한 문제점을 극복하기 위해서는 교사의 실천적 지식 개념에 대한 보다 심도 있는 논의와 또 이러한 논의를 교육학의 다른 분야와 함께 대화하는 것이 필요해 보인다. 이와 관련해서 최근 교육철학 분야에서 '이론' '실천' '실천적 지식'의 의미를 명료화하고(한기철, 2011), Aristotle의 철학에 근거하여 프로네시스, 즉 실천적 지혜로서의 실천적 지식의 의미를 보여 주는(홍윤경, 2012) 연

구는 의미 있는 작업이라고 할 수 있다

III. 교사교육으로서 교육철학

1. 교직과목으로서 교육철학의 역할

교사교육을 위한 교육철학의 역할은 무엇인가? 교육철학을 포함한 교육학 이론이 교육 현상을 보는 지적 안목과 교육관 형성에 기여한다. Borman(1990: 395)은 교육기초학문의 다양한 학문적 배경에도 불구하고, 이들을 교육기초학이라는 범주로 묶는 공통점은 교육에 관한 해석적, 규범적, 비판적 관점을 길러 주는 교육기초학 성격에서 찾을 수 있다고 말한다. 교육철학의 정체성에 관한 논의를 종합해 볼 때, 교육기초학 중 교육철학은 역사, 사상, 개념, 인간, 윤리 문제를 다루는 이론학인 동시에 교육현상과 실천을 관찰, 분석, 해석, 비판하는 실천학이다(김창환, 2004: 206). 교육학 중 교육철학은 교사로 하여금 교육에 대한 이론적 안목과 교육 현상과 실천을 분석하고 비판하며 이해할 수 있는 힘을 갖게 하는 역할을 한다. 또한 교육철학은 교육 본질에 대한 탐구를 하는 교육본질학이다. 따라서 교육철학은 교육을 하는 교사들이 일관된 교육관을 형성하는 데 기여할 것으로 생각된다. 실제로 교육대학 구성원, 현장의 교사, 교육대학 학생을 대상으로 한 설문에서 교육철학의 역할에 대해 교육 전반에 대한 본질적 이해와 교사로서 교육관 형성에 기여하는 것으로 답하고 있다(양은주, 엄태동, 2006).

이번에는 교사교육의 유형 면에서 교육철학의 역할을 살펴보자. Weber는 교육유형을 세 가지 유형으로 대별한다(Weber, 1998: 426). 먼저 '카리스마 교육 유형(awaken charisma)'은 카리스마, 즉 영웅적 특질, 천부적 능력을 일깨우는 교육이다. 이와 많은 대조를 보이는 것이 '전문가 훈련 교육(specialized expert training)'이다. 카리스마적 유형은 카리스마적 지배구조에 상응하고, 전문가 훈련 유형은 합리적이고 관료적인 근대적 지배구조에서 쉽게 찾아볼 수 있다. 이 두 유형은 서로 대조를 보이며, 이 두 유형 사이에 '교양인 양성을 위한 교육(cultivation)'이 있다. 카리스마 교육은 완전히 새로운 영혼으로 태어나게 하는 깨달음의 교육이요, 전문가 훈련으로서의 교육은 실제적 유용성을 위한 훈련을 강조하며, 교양인 양성을 위한 교육은 시기마다 이상적으로 보는 교양에 따라 그 내용이 달라질 수 있다.

Weber의 세 유형에 근거하여 Bell은 1950년대부터 1980년대까지 영국 교사교육의 단계를 분석한다. 유형별 특징을 간단하게 살펴보면 다음과 같다(Bell, 1981: 4-5). 카리스마적 교육은 합리적으로 계획할 수 있는 것이 아니고, 교수자와의 직접적인 대면관계에 의해 가능한 도덕적 개조를 통해 이루어진다. 교사-학생 관계는 매우 친밀하고 복합적이다. 학생은 교사에게 충성과 복종을 다한다. 교양인 양성 교육은 Weber가 삶의 행동거지라고 언급한 사고 유형, 품행, 상호작용 스타일 등을 구체화한다. 문화마다 교양의 특성은 다르지만, 교양은 엘리트 지위를 갖는 그룹에 의해 결정된다. 따라서 이 교육 유형의 교육과정, 방법, 평가는 '교양을 갖춘' 개념에 부합해 조정된다. Weber는 이 유형의 대표적인 예를 중국 유생(confucian) 교육에서 찾는다. Weber에 따르면, 이 교육에서 시험은 학생들이 경전을 충분히 이해하여 교육받은 사람의 모습에 적합한 사고를 할 수 있는지 여부를 평가한다. 이 유형의 교육은 학문적 삶에 깊게 관여하는 것이 완전하고 진정한 교육받은 인간을 양성하는 문명화 경험이라고 가정한다. 이것은 전문가 양성 교육의 가정과는 다르다. Weber는 전문가 양성 교육의 출현이 관료적 합리성의 확대와 관계있다고 본다. 따라서 전문가 양성 교육의 교육내용은 기능적 유용성이 중시된다. 그리고 이 유형의 교육에서는 교사의 학생에 대한 도덕적 사회화의 부재, 평등한 교사-학생 관계, 보편적 평가 기준의 적용을 특징으로 한다. 이러한 교육은 교육을 받는 사람들이 전문적 지위를 얻고자 한다. 요컨대, 세 유형의 교사교육의 목적은 각각 '좋은 교사' '교사가 되려는 교육받은 사람' '효과적으로 가르칠 수 있는 전문적 기술을 갖춘 실천가'다.

이 분류에 비추어 볼 때, 오늘날 교사교육은 전문가 양성 교육에 가깝다. 물론, 이념형에 비추어 어느 한 유형에 속한다고 보기 힘들지만, 오늘날 교사교육 분야에서 강조하는 교직전문화 경향은 효과적으로 가르칠 수 있는 전문적 지식과 기술을 갖춘 전문가 양성에 초점을 맞추고 있는 것은 확실하다. 그리고 이러한 경향으로 인해 교사에 대한 논의나, 교사의 가르침에 관한 논의에서 포함되어야 할 중요한 것이 간과되고 있는 경향도 두드러진다.

2. 교직과목으로서 교육철학에 대한 요구

교육부가 제시한 교원 전문성 기준을 보면 다음과 같다(교육부, 2006).

기준 1. 교사는 건전한 인성과 교직 사명감 및 윤리의식을 갖는다.
기준 2. 교사는 학생들의 학습과 복지를 위해 헌신한다.
기준 3. 교사는 학생과 학습의 학습 · 발달을 이해한다.
기준 4. 교사는 교과에 대한 전문 지식을 갖는다.
기준 5. 교사는 교과, 학생, 교육상황에 적절한 교육과정을 개발 · 운영한다.
기준 6. 교사는 수업을 효과적으로 계획 · 운영한다.
기준 7. 교사는 학생의 학습을 모니터링하고 평가한다.
기준 8. 교사는 학습을 지원하는 환경과 문화를 조성한다.
기준 9. 교사는 교육공동체 구성원들과 협력관계를 구축한다.
기준 10. 교사는 전문성 개발을 위해 끊임없이 노력한다.

앞의 10가지 기준 중 교육철학 과목과의 직접적 관련성을 보이는 것은 기준 1, 2 정도다. 즉, 교직으로서 교육철학의 역할은 교사의 인성, 교직사명감과 헌신, 윤리의식 형성이라고 요약할 수 있다. 그런데 제시된 교원 전문성 기준 중 교사의 인성, 교직사명감과 헌신, 교원의 윤리의식과 관련된 것은 실제로 경시되고 간과되는 경향이 있다. 이러한 경향은 실증주의, 기술공학적 경향과 관련된 것으로 전문성의 요소도 객관적으로 평가 가능한 것이어야 하며, 실증할 수 있어야 한다고 보기 때문이다. 그런데 교사의 인성과 도덕적 자질, 또 교직에의 사명감 등은 객관적으로 평가 불가능하다고 간주되기 때문에 교사교육 논의에서 경시되는 경향을 보인다. 또한, 전문가 훈련으로서의 교사교육에서 전문성이 평가 가능한 것으로 환원되면서, 효과적으로 수업할 수 있는 기술로 국한되고 있다. 더욱이, 현재 교사교육이 전문가로서의 교사 양성을 강조하면서 상대적으로 성직관으로서 교사관에서 강조해 오던 교사의 도덕적 자질과 사명감은 상대적으로 덜 중시된다. Weber(1998: 426) 역시 전문가 양성을 위한 교육 모형에서 도덕적 사회화의 부재가 특징임을 밝힌다. 하지만 교직에 대한 사명감은 그 어느 때보다 절실히 요청된다. 오늘날 교직에 대한 선호도는 매우 높은 데 반해, 교직 선택의 동기가 주로 정년보장, 경제적 안정 때문이라고 한다. 교직선택의 동기가 가르치는 직업에 대한 소명감보다는 경제적 동기가 지배적인 현 상황에서 교사의 교직 사명감은 교사교육을 통해서라도 길러질 수 있어야 한다고 생각한다.

한편, 최근 교원양성 교육과정 개선을 위해 초·중등 교원의 요구를 실증적으로 분석한 연구(정미경 외, 2011)를 살펴보자. 이 연구에 따르면, 교직과목 구성에 대한 의견에서 실습 비중을 높이자고(41.6%) 말한다. 또, 과반수가 넘는 55.4%가 교직이론과목 개선안에 찬성하는데, 연구에서 제시된 개선안은 현재 교직과목안으로 제시된 과목[1]을 축소하여 교육의 이해, 교육방법의 기초, 학습자의 이해, 교직의 이해, 그 밖의 교직이론에 대한 과목을 개선안으로 제시하고 있는데, 이 안에 대해 현장의 교사들은 과반수가 넘게 찬성하고 있다. 개선안에는 교육철학 과목명을 아예 명시하지도 않는다. 또한, 교직과목에서 강조되어야 할 내용 10가지에 대해서 현장 교사들은 다음과 같은 순서의 선호도를 보인다. ① 학생이해 및 생활지도 〉② 교육관, 헌신성 등 교직소양 〉③ 학급경영 〉④ 대인관계능력 및 의사소통능력 〉⑤ 교사의 직무 〉⑥ 교육내용 전달자가 아닌 연구자로서의 능력 〉⑦ 학교사무관리 등 학교행정 〉⑧ 교과외 활동 지도 능력 〉⑨ 특수교육대상에 대

---

1) 교육부(2006) 기준은 교육학 기초 과목을 다음과 같이 제시하고 14학점 이상(7과목 이상) 이수할 것으로 정하고 있다. 교육학개론, 교육철학 및 교육사, 교육과정, 교육평가, 교육방법 및 교육공학, 교육심리, 교육사회, 교육행정 및 교육경영, 생활지도와 상담, 그 밖의 교직이론이 그것이다.

한 지도 능력〉⑩ 교육정책. 이와 같은 결과는 현장 교사들의 교육철학을 포함한 교직이론에 대한 낮은 요구를 보여 준다. 강조되어야 할 내용에 대한 요구 역시 구체적인 것이 주를 이룬다. 그렇지만, 현장 교사들 역시 ② 교육관, 헌신성 등 교직소양 능력과 ⑥ 교육내용전달자가 아닌 연구자로서의 능력에 대한 요구가 높았다.

요컨대, 교육부가 제시한 교원전문성의 기준 중 교육철학 과목과 관련된 것은 교사의 인성, 교직사명감, 윤리의식 함양 정도다. 현장의 교사들 역시 교사의 헌신성과 교육관 형성은 중요하다고 답한 반면, 교사교육 과정에 대해서는 이론적 과목의 축소, 구체적인 방법론에 대한 요구가 높게 나타나고 있다. 이를 종합해 볼 때, 교직과목으로서 교육철학은 교사의 헌신과 교육관 형성에 역점을 두어야 할 것이다. 또한 교직에 대한 높은 선호도에 비해 그 배경이 사명감보다는 경제적 동기에서 비롯되는 것을 감안하면 교사교육을 통해 교직사명감 형성은 필수적인 일이다.

이외에 Ⅱ절에서 논의한 교육과 교사교육을 둘러싼 현실 분석을 볼 때, 교육철학이 해 온 교육의 본질에 대한 탐구와 교육현실에 대한 비판적 성찰이 요청된다고 할 수 있다. 오늘날 교사교육을 둘러싼 현실을 볼 때, 교사로 하여금 교육 현장과 교사를 둘러싼 현실을 비판적으로 볼 수 있게 하려면 교사의 비판적이고 반성적 사고 능력이 요구되기 때문이다. 교사의 실천적 지식이 중요하지만, 실천적 지식은 교육 현장에 대한 실습 경험을 확대한다고 저절로 생기는 것이 아니다. 반성적 실천가가 되기 위해서는 지속적인 반성이 교사의 태도와 성향이 되어야 한다. 실천적 지식이 개별자의 구체적 경험 속에서 얻어지는 것이기는 하지만, 일상경험에서 얻어지는 노하우나 시행착오의 결과 얻게 되는 경험 모두를 실천적 지식으로 볼 수는 없다. 실천에 대한 반성을 할 수 있어야 하고, 이를 위해서는 교육현상에 대한 철학적 탐구라는 교육철학이 해 온 이론적 활동이 필수적이기 때문이다.

IV. 매개자로서 교육철학과 교양인으로서 교사

1. 매개자로서 교육철학

교육철학은 학문 자체의 성격상 '교육'이라는 활동을 대상으로 철학하는 점에서 실천학이요, 교육에 관한 '철학'적 탐구인 점에서 이론학이다. 따라서 교육철학은 끊임없이 '철학적(학문적) 엄격성' 대 '실제적(교육적) 적합성' 간의 긴장 속에서 양편의 요구에 직면해 있다. 이와 같이 이론과 실제가 만나는 지점에 있는 교육철학의 역할에 대해 Wortham(2011)은 학문적 지식에도 기여하고 대중이 교육에 관한 적합한 방식의 대화에 참여하도록 촉진하는 중개인(broker) 역할을 해야 한다고 강조한다. 즉, 안으로는 학문적 철학에서 이루어지는 개념을 명료화하고 논증하는 작업에 관여해야 하고, 다른 한편 외부적으로는 교육 대중들에게 교육 정책과 실천에 철학적 접근을 시도할 수 있도록 촉진하는 역할을 동시에 해야 한다는 것이다. 교육철학의 역할이 이론과 실제를 매개하는 중개인이라면, 교육철학을 가르치는 교수의 역할 역시 양쪽을 끊임없이 매개할 수 있어야 할 것이다.

Worsfold(2001)도 교육철학이 교육의 이론과 실천이 만나는 지점에 위치한다고 본다. 따라서 그는 교육철학자 역시 매개자(middleman)가 되어야 한다고 주장한다. 이것은 Broudy(1981)가 교육철학자의 역할을 두 가지로 제시한 것에서 영향을 받은 것이다. 첫째, 번역자로서 교사와 일반 대중에게 철학이 교육에 기여할 수 있는 것을 번역해 설명하는 일이며, 둘째, 철학이 교육 실제와 교육 실제가 포함하는 많은 이슈들에 대해 기여한다는 것에 대한 옹호자로서의 역할이다. Worsfold는 교육철학의 성격을 교육과 철학의 통합으로 보는 것이 교육을 실천할 교사들을 효율적이고 동시에 반성적인 실천가가 되게 한다고 생각한다. 교사들은 이러한 교육철학 공부를 통해 교육 실제가 야기하는 여러 문제들, 즉 '학교란 무엇인가?' '학생의 삶에서 교육의 역할은 무엇인가?' '학습의 가치는 무엇인가?' 등을 성찰함으로써 훈련 개념의 교사교육을 탈피할 수 있다(Worsfold, 2001:

374). 즉, 교육철학은 교육에 대한 본질적 탐구를 함으로써 교사들이 자기 자신의 교육 상황에서 스스로 사고할 수 있게 학습시킨다. 이렇게 함으로써 교육철학을 배우는 학생들은 단순한 훈련이 야기하는 무능력으로부터 벗어날 수 있다. 예를 들어, 교육의 본질, 학교의 본질과 역할, 학습의 가치 등에 대해 근본적인 질문을 하면서 교사 및 예비교사들은 교육현상을 비판적으로 바라보는 개념적 틀을 가질 수 있다. 또한 오늘날 계속해서 교사평가와 책무성을 강조하면서 교사를 교육개혁의 대상으로 간주하는 상황의 사회정치적 지배에 순순히 길들여지지 않을 수 있을 것이다.

2. 교양인으로서 교사와 교육철학의 교양적 가치

교사에게 필요한 전문성은 가르치는 기술과 방법론에 그치지 않고, 교직에 대한 사명감과 헌신, 윤리의식 나아가 교사의 인성, 즉 사람됨이 요청된다. 교사교육은 효과적인 수업을 위한 전문적 기술 습득에만 있는 것이 아니다. 교사의 전문성은 교육에 대한 포괄적인 관점과 안목을 지닌 교육받은 인간됨 안에서 발휘되는 것이기에 교사교육은 이러한 것에 대한 논의 역시 포함해야 할 것이다. 더욱이 교육의 이론과 실천, 두 면에 걸쳐 있는 교육철학은 교사로 하여금 교육 현장에 대한 비판적이고 성찰적인 지성을 갖게 하는 데 기여해야 할 것이다. 교사교육은 전문가를 길러 내는 직업교육이지만, 그 직업인에 해당되는 교사는 미리 처방된 지식과 기술을 습득함으로써 도달되는 것이라기보다는 인간과 사회에 대한 포괄적인 인식을 바탕으로 사람을 교육할 수 있는 사람, 즉 교양인이 되어야 하는 것이 아닐까? 교양인이란 교육받은 인간을 뜻하는 것으로 시기마다 무엇을 교양으로 보느냐에 따라 그 내용은 달라질 수 있다. 여기에서 교양인으로서 교사란, 전문직업기술 이전에 인간과 교육에 대한 폭넓은 인식과 안목을 갖는 사람됨을 핵심으로 한다. Weber(1988: 427)는 교양인으로 교육하는 것의 의미를 삶에서의 특정한 내적·외적 행동거지를 갖추도록 교육하는 것으로 보기도 한다. 교양인으로서 교사를 양성한다는 것은 특정한 어떤 기술을 습득하는 방식이라기보다는 어떤 특성이 그 사람의 성향이 되고 태도가 되어 그 사람됨의 일부가 된다는 의미에 가깝다. 이와 같이 포괄적인 안목을 지닌 인간 형성을 목적으로 하는 교육을 일반적으로 교양교육 또는 자유교육이라고 한다.

Nussbaum(2010)은 '이익을 위한 교육'과 '인간성 함양의 교육'을 대조하며, 인간성 함양의 교육이란 곧 자유교육이라고 본다. 그러나 그는 고전적 의미의 자유교육이 특정 귀족계급에 국한된 점, 교육내용이 특정 계급사회의 전통과 지식인 점, 교육방법 역시 성찰적이기보다는 전통을 전수하는 점 등을 비판하고, 고전적 의미의 자유교육 개념과 달리 새롭게 구성된 자유교육의 의미가 21세기에도 여전히 요청됨을 역설한다. 그녀가 말하는 새로운 의미의 자유교육이란, 태어난 배경에 상관없이 모든 이를 위한 교육이요, 둘째, 교육내용은 비판적 성찰을 하게 하는 것이면 어느 것이나 가능하고, 셋째, 교육목적은 자유로운 시민 양성을 위한 교육이며, 넷째, 교육방법은 비판적 반성을 하게 하는 것이며, 마지막으로 '자유'의 의미는 비판적 마음을 갖게 함으로써 개인을 해방시킨다는 의미다(Hong, 2012: 201-202에서 재인용). 교사 역시 Nussbaum이 새롭게 이해하고 있는 의미의 자유교육처럼 비판적 성찰을 가능하게 하는 교육을 통해 교양인으로 교육되어야 할 것이다.

이를 위한 교직과목으로서 교육철학의 역할은 무엇인가? 교양인으로서 교사 양성을 위해 교직과목 교육철학은 자유교양적 가치를 부각할 필요가 있다고 생각된다. 이것은 '교양 대 전공'이라는 양극의 한 입장을 옹호하는 것이 아니다. 교사교육의 역사 속에서 교양 대 전공의 이분법의 극단을 오가는 것이 반복되어 왔다. 그러한 반복을 다시 하려는 것은 아니다. 교육학 기초 과목의 하나인 교육철학 자체가 갖는 자유교양적 특성을 부각하고 재인식함으로써, 자유교양을 갖춘 전문가 양성에 기여할 수 있을 것이라고 생각된다. 교육철학 자체가 갖는 특성은 오늘날 교사교육의 두드러진 특성인 기술적인 특성과는 거리가 멀다. 위의 논의에서 본 것처럼, 교육철학은 교육 본질에 대한 탐구를 통해 교육에 대한 안목과 교육관 형성, 교육현상과 교육현상을 둘러싼 교육적 이슈에 대해 비판적으로 반성할 수 있게 하며, 또한 교사의 사명감과 헌신, 윤리의식, 더 나아가 인성(사람됨) 함양에도 기여할 것으로 기대된다.

전문가로서 교사 양성을 위해 전문직업인에게 요구되는 전문적 지식과 기술을 갖추게 하는 교육은 필요하다. 여기에는 교육내용이나 방법, 그리고 그러한 과목의 교육목적과 절차 등에서 기술적 면이 두드러질 것이다. 그러나 교육전문가로서의 교사는 단순히 수업의 기술자나 방법의 전문가 의미에 한정되지 않는다. Weber의 이념형 중 교양인 양성 교육 모형이 보여 주듯이, 학문적 삶에 깊게 관여하여 완전하고 진정한 교육받은 인간이 되는 것이 필요하다. 미국 교사교육의 역사를 탐구한 Borrowman(1956)이 언급한 것처럼, 전문(professional) 교육과 일반(general) 교육이 대립되는 게 아니다. 그는 전문교육이 이루어지는 속에서도 자유교양적(liberal) 기능과 기술적(technical)인 기능이 대조된다고 설명하면서, 기술적 전문교육의 흐름을 비판하다. 이 논의에 따르면, 전문직업인 양성을 위한 전문교육으로서 교사교육은 기술적 기능과 동시에 교양적 기능을 포함해야 한다. 그리고 교사의 헌신과 사명감, 윤리의식, 교사의 사람됨을 위한 교육은 바로 교양적 기능의 회복을 통해 가능한 일이다. 전문가 양성을 위한 교사교육이 주로 기술적인 측면에서 논의되는 오늘날 교양인으로서의 교사, 이러한 교양인 양성을 위해 교육철학의 교양적 가치에 주목할 필요가 있다.

V. 맺는말

교사는 대학에서 배운 이론을 현장에 그저 적용하는 수동적 존재가 아니라 전문적 지식과 기술 그리고 현장에서 요청되는 실천적 지혜를 갖춘 전문가로 양성되어야 할 것이다. 이러한 전문성은 오늘날 편협하게 오해되는 현장에 근거한 실천적 지식(이라기보다는 시행착오를 통해 축적된 경험과 노하우)만으로 되는 것이 아니다. 자신이 하는 교육이라는 활동이 무엇을 하는 것인지, 그 결과로 일어나는 것 간의 관련성을 알고, 일련의 교육에 대한 철학적 탐구를 할 수 있게, 철학적 탐구가 교사의 자질이 되고 습관이 되게 교육할 때 가능하다. 교사교육의 문제점으로 교사교육기관에서 가르치는 이론이 지나치게 이론 의존적이어서 학교 현장에의 적합성이 떨어진다는 비판은 심각하게 받아들여야 한다. 그러나 이런 비판에 대한 대안이 현장 중심의 교사교육으로 해결되어야 한다는 것은 이론과 실천의 문제를 지나치게 이분법적으로 이해한 데서 비롯된 것일지 모른다. 교육철학이 현실에서 외면받는 비판에 살아남기 위한 자구책을 모색하는 과정은 계속되어야 하지만, 이 과정이 교육철학이 전통적으로 해 온 과정과 병립할 수 없는 것은 아니다. 교육철학을 비롯한 교육이론의 현실 적합성에 대한 비판으로 교육 현장에의 경험을 중시하는 최근 영국 교사교육의 경향을 비판하는 Standish(2007)도 영국의 현장 중심 교사교육의 폐단을 지적하면서, 최근 현장을 중시하는 영국 교사교육의 담론이 정부정책의 산물일 수 있으며, 또한 대처 정부가 대표적으로 이러한 논의를 주장함으로써 교사의 자율성을 제한해 왔음을 지적하고 있다.

교육철학자 Higgins(2010: 469) 역시 본질적으로 그 특성이 비자유교육적인 직업훈련의 과정에서 어떻게 자유교육이 추구하고자 하는 성향이 교육될 수 있냐고 문제제기하면서, 교양적 학습으로서 교사교육을 역설한다. 그가 말하는 교양적 학습이란 '교양(liberal)'의 개념 정의상 다방면의 균형 잡힌 관점을 추구하는 것이며, 교양적 학습은 누군가를 학습된 자로 형성하는 것보다 학습자로 형성하는 것에 더 가깝다는 의미다. 이것은 내용전달(transmission)이 아니라 사람됨(transformation)의 교육이요, 어떻게 사고하고 어떻게 바라보며 어떻게 질문하는가에 따라 이루어지는 교육이다.

교육철학의 교양적 가치를 강조하는 것은 새로운 주장이 아니라, 실은 교육철학 자체가 갖는 고유한 특성을 재인식한다는 의미다. 그러나 그렇다고 교육철학의 현실 적합성에 대한 비판을 무시해도 된다는 말은 아니다. 어느 때보다 도구적 가치가 중시되고 비판적 성찰보다는 쉽게 적용할 수 있는 방법론을 선호하는 경향이 두드러지는 현실이다. 따라서 한편으로는 교양적 가치의 중요성을 강조하지만, 다른 한편, 끊임없이 현실 적합성에 대한 고민을 하는 것이 교사에게 교육철학을 가르치는 이들의 지속적인 과제일 것이다. Oancea와 Orchard(2012)는 미래 교사교육에 대한 논의를 하면서, 영국 교사교육에 관련된 정책, 실천, 연구에 관여할 수 있는 교육철학자의 역할을 보여 준다. 즉, 교사교육을 둘러싼 지배적인 가르침의 의미 등에 만연한 가정들에 도전하면서 가르침의 의미를 명료화해 보여 준다.

Wortham(2011)은 이론적으로 엄격한 학문과 교육연구자, 교육 정책, 실천가 등을 연계하는 데 교육철학자가 다양한 방식으로 그 역할을 할 수 있음을 시사한다. 그는 구체적으로 네 가지 방식을 제안한다. 첫째, 가르치는(didactic) 입장이다. 일반 사람들이 주장하는 의견이 잘못된 경우, 그것에 반하는 입장을 옹호하고 분명히 하기 위해 가르치는 역할을 할 수 있다. 예를 들어, 오늘날 많은 사람들이 관심을 모으는 '기준(standards)'이 뜻하는 지식에 대한 가정을 분석하고, 보다 포괄적인 인간의 교육에 관한 대안적 관점을 제시한다. 둘째, 소크라테스적 질문을 던지는 입장이다. 대화 참여자로 하여금 무지를 인식하지 못한 상태에서 무지를 인식할 수 있는 상태로 나아가도록 하는 역할을 하는 것이다. 셋째, Bakhtin의 다성(polyphony)적 접근이다. 교육철학자는 바흐친처럼 논쟁적인 교육 이슈에 대해 다중적 목소리를 내고, 서로 모순되는 입장에 동시에 관여하는 것을 촉진할 수 있다. 마지막으로 Habermas적 접근으로 합의를 위한 의사소통을 시도하는 입장을 말한다. 그는 이와 같이 네 가지 방식으로 교육철학자가 중개인의 역할을 할 수 있는 가능성을 보여 주면서, 교육철학의 정체성과 교육철학자의 역할을 어느 하나에 국한하는 식으로 선택하지 말고, 이종성(heterogeneity)을 인정하자고 말한다.

교육철학이란 교육과 철학의 모종의 관계에 의한 새로운 학문이라고 생각한다. 현재로선 그 모종의 관계를 분명히 밝히는 것은 필자의 역량을 넘어서는 일이다. 교육이라는 실천 활동과 그것에 대한 철학적(이론적) 탐구를 하는 이론과 실천의 접점이라는 데 동의하지만, 그 관계를 어떻게 규정하느냐에 있어서는 어느한 입장을 취하기보다는 이종성을 인정하는 Wortham(2011)의 논의에 동의하기때문이다. 각자 자신의 상황과 맥락에서 그가 제시한 네 가지 방식의 하나이든, 아니면 또 다른 자신만의 접근을 하면서 학문적 엄격함과 실천 활동이 벌어지는 교육 현장을 매개하는 역할을 하면 된다고 생각한다. 양쪽의 요구에 직면하여 균형 잡기에서 공통적으로 나타날 수 있는 일은 교육철학자로서 현재 벌어지는 교육현장의 이슈에 관심을 열어 두고, 그것과 관련지어 연구를 하는 것이다. 그리고 연구된 결과를 지속적으로 교육철학 수업에 반영하는 것이다. 물론 이때 어려운 문제가 남아 있다. 이미 '왜?'보다는 '어떻게'라는 방법론에 경도된 현장의 예비 교사들의 수준과 관심으로 어떻게 하강하여 가르칠 것인가 하는 문제다.

 참고문헌

교육부(2006). 학교교육력 제고를 위한 교원양성체제 개선방안.

김병찬(2000). 교사교육의 패러다임의 변화. 한국교사교육, 17(3): 1-17.

김은주(2010). 실천적 지식의 탐색: 교사교육에의 함의와 문제. 한국교원교육연구, 27(4): 27-46.

김창환(2004). 교육철학의 학문적 정체성. 2004. 교육철학회 연차학술대회: 207-236.

양은주, 엄태동(2006). 교사양성교육을 위한 교육철학수업의 현황과 개선방안. 교육철학, 36: 197-217.

유현옥(2010). 교수에 대한 통합적 접근의 회복을 위한 일 연구. 교육학연구, 48(2): 1-20.

조무남(2006). 영국교사교육제도. 서울: 청문각.

정미경 외(2011). 교원양성 교육과정에 대한 초·중등 교원의 요구 분석. 한국교원교육연구, 28(3): 287-306.

정윤경(2007). 반성적 교사교육에서 '반성'의 의미. 교육의 이론과 실천, 12(2): 165-188.

정윤경(2008). 반성적 교사교육에 대한 비판적 고찰. 교육철학, 42: 195-219.

오정란(2006). 전문직으로서의 교직 정체성 찾기. *Andragogy Today*, 9(4): 129-161.

한기철(2011). '실제'와 '이론'의 두 가지 의미와 '실천 철학'으로서의 교육철학 논의에 대한 반성적 분석. 교육사상연구, 25(3): 245-269.

홍윤경(2012). '실천적 지식'의 두 가지 유형에 관한 고찰: 테크네와 프로네시스를 중심으로. 교육철학, 47: 193-215.

Bell, A. (1981). Structure, Knowledge and Social Relationships in Teacher Education. *British Journal of Sociology of education*, 2(1): 3-23.

Borman, M. (1990). Foundations of education in teacher education. In Houston, W.R. et al. (Eds.), *Handbook of research on teacher education*. New York: Macmillan publishing Co.

Borrowman, M. (1956). *The liberal and technical in teacher education*. New York: Teachers college.

Dewey, J. (1924). *Democracy & Education*. NewYork: Macmillan Company.

Giroux, H. (2003). 교사는 지성인이다(*Teachers as Intellectuals*). 이경숙 역. 서울: 아침이슬.

Higgins, C. (2010). Teaching as experience: toward a hermeneutics of teaching and teacher education. *Journal of philosophy of education, 44* (2-3): 436-478.

Hong, E. S. (2012). Liberal education Reconsidered: Cultivating humanity in the knowledge society. *Cultivating Humanity & transforming the knowledge society*. The 13th international conference on educational research.

Oancea & Orchard (2012). The future of teacher education. *Journal of philosophy of education, 46* (4): 574-588.

Schön, D. (1983). *The Reflective Practitioner: How Professionals think in Action*. New York: Basic Books.

Schön, D. (1987). *Educating The Reflective Practitioner*. San Francisco: Jossey -Bass.

Schulman, L. (1987). Knowledge and teaching: foundations of the new reform. *Harvard educational review, 57* (1): 1-22.

Standish, P. (2007). Rival conceptions of the philosophy of education. *Ethics and education, 2* (2): 159-171.

Weber, M. (1998). *From Max Weber: essays in sociology*. London: Routledge & Kegan paul.

Worsfold, V. (2001). Teaching philosophy of education today. *Educational theory, 51* (3): 373-384.

Wortham, S. (2011). What does philosophy have to offer education, and who should be offering it? *Educational theory, 61* (6): 727-741.

제9장

한국 교사교육 철학 연구 동향

이 글은 한국에서 이루어지고 있는 교사교육 철학 또는 교사교육의 관점에 관한 연구 동향을 분석하는 것을 목적으로 한다. 연구 목적을 위해 교사교육의 철학에 관한 학술지 논문 49편을 대상으로 분석할 것이다. 내용분석을 위한 분석틀은 ① 본질 탐구(교사의 본질/교사의 자질/교사의 지식에 관한 탐구), ② 교사관과 교직윤리, ③ 지배적인 교사의 현실과 교사교육의 논리적 가정에 대한 비판적 탐구, ④ 대안적 교사교육의 방향, ⑤ 교사교육 정책/교사교육제도/교원임용시험, ⑥ 교사교육을 둘러싼 개념 분석: '교사전문성' 개념에 대한 비판적 분석, ⑦ 교사교육과 교육철학이다.

연구 동향 분석을 기초로 향후 교사교육의 철학적 탐구를 위한 비판적 제언을 하면 다음과 같다. 첫째, 교사교육에 관한 철학적 탐구는 관심과 주제를 더 다양화할 필요가 있다. 둘째, 교사의 현실과 교사교육의 문제점을 극복하기 위해서, 교육철학적 탐구는 교육 현장의 실제에 관심을 가져야 한다. 셋째, 교사교육 분야는 교육학 분과학문 분야 중 특정 한 분야의 연구 대상일 수 없다. 따라서 교사교육의 문제를 해결하기 위해서는 교육학 분과학문 내 대화와 협력이 필수적이다.

I. 서 론

한 분야의 연구 동향을 살펴보는 일은 과거부터 현재까지 이루어진 추이를 살펴보고 성찰의 과정을 거쳐 더 나은 미래를 모색하기 위한 것이다. 이 장은 교사교육 분야에서 이루어 온 교육철학적 연구를 개관함으로써 연구 동향을 살피고 향후 교사교육의 방향과 과제, 그리고 교사교육에서 교육철학의 역할에 관해 탐색하기 위한 것이다.

그런데 교사교육에 관한 교육철학적 탐구는 의외로 많지 않은 것으로 나타난다. 1987년 교육철학회 연차학술대회에서 '교사교육의 철학'을 주제로 삼은 이후 '교사' 관련 연구가 증가하기는 했지만, '교사'라는 주제가 교육철학 영역의 주된 관심 주제가 되지 못해 왔고(양은주, 2005), 더욱이 교사교육에 관한 주제는 더욱 적게 나타난다. 이는 교사 또는 교사교육의 문제를 주로 제도적이고 행정적 접근으로 해결하려는 시도가 강한 것이 원인이라고 생각한다. 그러나 교육의 주체인 교사의 문제는 교육의 본질을 탐구하는 교육철학적 탐구의 중요한 주제임에 틀림없다.

따라서 이 장은 교사교육의 철학 또는 관점에 관한 그동안의 교육철학적 연구의 내용을 개관해 보고, 거기에 나타난 연구 동향을 분석하며 향후 교사교육의 방향과 과제, 그리고 교사교육에서 교육철학의 역할에 관해 탐색해 볼 것이다. 먼저 '교사교육 철학' 관련 연구 하면, '교사'와 '교육철학'의 연결어로 보고, 교육철학 분야에서 '교사'와 관련된 연구를 의미할 수 있다. 또 다른 하나는 '교사교육'과 '철학'의 연결어로 보아, 교사교육과 관련된 철학적 접근 또는 연구를 의미한다. 물론 두 가지가 별개의 것은 아니고 상당히 중첩될 수 있다. 교육철학의 성격상, 바람직한 교사상에 관한 규범적 논의를 하면서 실제 교사교육의 방향과 철학, 내용과 방법에 대한 시사점을 도출하는 논의를 할 수 있기 때문이다. 다시 말해, 교사에 관한 교육철학적 접근 속에서 교사교육의 철학적 가정이나 관점에 대한 연구도 포함될 수밖에 없다. 이러한 중첩을 감안하고 포함관계를 살펴보면, 교사에 관한 철학적 탐구가 더 범위가 넓어 후자, 즉 교사교육에 관한 철학적 탐구를 포함한다고 할 수 있다. 양은주(2005)는 교육철학 분야의 '교사' 관련 연구를 정리한 바 있다. 〈표 9-1〉에 따르면, 교사에 관한 교육철학적 연구의 세부 주제는 첫째, 교사의 본질적 이상에 관한 규범적 연구, 둘째, 교사의 실제 현실에 대한 경험적·비판적 연구, 그리고 셋째, 교사교육의 이념과 실천에 관한 연구로 삼분된다. 이 분석 틀에 따르면, 교사교육에 관한 교육철학적 연구는 세 번째 범주에 속하는 것으로 '교사' 관련 교육철학 연구의 일부임을 보여 준다.

　본 장에서는 교사교육에 초점을 맞추어 '교사교육'의 '철학과 관점'에 관한 연구 동향을 살펴볼 것이지만, 필자의 판단에 따라 교사교육의 철학적 가정이나 목적, 내용에 대한 비판적 분석과 대안적 방향을 도출하기 위해 교사의 본질에 대한 탐구를 하는 것, 교사교육을 둘러싼 현실 분석, 교직관과 교직윤리 등을 분석 대상에 포함시킬 것이다.

　한국의 교사교육 철학 연구 동향을 살펴보기 위해서 학술지, 학술서적, 그리고 학위논문 등 다방면의 연구를 그 분석대상으로 삼을 수 있다. 내용의 포괄성을 위해서 학술지 이외에 학술발표 논문, 학술서적 모두를 포함하는 것이 바람직하지만, 본 장에서는 학술지 게재 논문에 한정하고자 한다. 한 분야의 연구 동향을 살

〈표 9-1〉 교육철학 분야의 교사 관련 연구

연구 주제 영역		세부 연구 내용	연구 방법
교사의 이상	교사의 본질	사상이나 철학에 기초한 바람직한 교사상, 교사론, 교사의 자질과 역할	철학적 텍스트 해석
	관련 개념	자율성, 권위, 전문성, 교사지식, 우수교원, 예술과 기술, 영성 등의 의미	개념적 의미 분석
교사의 현실	현장 실제	현장 교사의 교실 경험, 교사와 학생 간 갈등, 교직에 대한 사회적 인식	조사 연구, 현상학적 질적 연구
	제도적 문제	교직단체, 교원정책 및 제도 개혁	역사적 비판적 분석
교사교육의 과정		교사교육 프로그램의 철학적 기초, 내용 및 방법과 대안적 사례	다원적 접근

출처: 양은주(2005: 68).

퍼보는 데 '학문 연구의 보고로서 학술지가 해당 학문 분야의 해당 시기 관심사를 종합적으로 가장 잘 반영하는 매체'라는 판단(Keiner, 1999; 우정길, 2011: 82에서 재인용)에 근거하여 학술지 게재 논문을 대상으로 교사교육에 관한 철학적 접근의 연구 동향을 살펴볼 것이다. 이를 위해 교육철학 분야의 학술지 3종, 그리고 교사교육에 관한 여러 분야의 논문을 싣고 있는『한국교원교육연구』의 논문 중 교사교육에 관한 철학적 탐구를 하는 연구를 대상으로 포함하였다. 이외에 '교사교육의 철학'이라는 키워드로 학술지 검색 후, 논문제목을 보고 교사교육에 관한 철학적 접근을 하는 연구물을 포함시켰다.

II. 교사교육 철학 분석 틀

1. 분석 틀

교사교육에 관한 철학적 접근이란 무엇인가?

교육에 관해 철학적 접근을 하는 교육철학은 교육현상을 체계적으로 고찰하고, 교육학에 쓰이는 언어 및 전제를 체계적으로 구축하며, 교육작용의 본질을 탐구하는 것이다(강선보, 김정환, 1998: 26). 즉, 교육철학은 교육의 본질을 탐구하고 바람직한 방향을 모색하는 규범적 기능과 개념분석을 하는 분석적 기능을 갖는다.

강승규(1996)는 교사교육에 관한 철학적 탐구 유형을 세 가지로 제시한다. 첫째, 교사교육에 대한 바람직한 방향을 제시하는 것, 둘째, 교사교육의 실제와 실제를 이끌고 있는 사상의 전제와 논리를 비판적으로 검토하는 것, 셋째, 현 교사교육에 관한 논의나 정책의 전제를 비판적으로 검토하는 것으로 보고 있다. 교사에 관한 교육철학적 연구 동향을 분석한 양은주(2005)는 '교사교육'에 관한 하위 영역의 세부 주제로 ① 교사교육의 이념과 목적에 대한 비판적 성찰, ② 교사교육의 제도와 정책 개선의 문제, ③ 교사교육 프로그램의 구제척인 내용과 방법적 대안 모색이 다루어졌음을 보여 준다.

이 장에서 사용하려는 분석 틀은 교육철학의 역할과 선행연구가 제시한 교사
교육에 관한 교육철학 탐구 유형을 참조하여 필자가 귀납적 방식으로 만든 것이
다. 귀납적 방식이란 교사교육에 관한 철학적 접근을 하고 있는 연구물들이 보이
는 주된 관심사를 정리하면서 이것을 몇 개의 범주로 항목화하여 분석 틀을 만드
는 것을 말한다. 교사교육의 철학과 관점에 관한 교육철학 연구의 분석 틀은 다음
과 같다.

① 본질 탐구(교사의 본질/교사의 자질/교사의 지식에 관한 탐구)[1]
② 교사관과 교직윤리
③ 지배적인 교사의 현실과 교사교육의 논리적 가정에 대한 비판적 탐구
④ 대안적 교사교육의 방향
⑤ 교사교육 정책/교사교육제도/교원임용시험
⑥ 교사교육을 둘러싼 개념 분석: '교사전문성' 개념에 대한 비판적 분석
⑦ 교사교육과 교육철학

첫째 범주는 주로 본질에 대한 탐구를 하는 것으로 교사의 본질에 대한 탐구,
교사에게 필요한 지식의 본질에 대한 탐구, 그리고 교사의 자질에 대한 탐구를 포
함한다. 둘째 범주는 교사관과 교직윤리에 관한 것이다. 교사교육에 관한 연구는
자연스럽게 어떤 교사를 양성하고자 하는지에 대한 교사관이나 교직관에 대한
연구와 긴밀하게 연결된다. 따라서 교사관에 대한 논의를 포함하였고, 교원에게
요구되는 교원윤리에 관한 논의 역시 이 범주에 포함하였다. 셋째 범주는 교사현
실과 지배적인 현 교사교육의 논리적 가정에 대한 비판이고, 넷째 범주는 교사교

---

1) 이 글에서는 교육철학에서 자주 사용하는 방법의 하나인 특정 사상이나 철학사조에 기초하여 이상적
교사상을 탐색하는 연구는 제외하였다. 하지만 사상가론을 통해 미래 교사상이나 교직문화에 직접적
인 시사점을 논의하는 것은 포함하였다.

육의 내용과 방법적 대안 모색에 관한 것이다. 이 둘은 비판과 대안을 다루는 것으로 긴밀하게 관련되어 나누는 것이 무리일 수 있다. 그럼에도 불구하고, 비판점과 교사교육의 내용과 방법적 대안 모색을 상세히 살펴보기 위해 범주를 구분하였다. 다섯째 범주는 교사교육제도 및 정책 개선에 관한 것이고, 여섯째는 교사교육 관련 개념인 '교사전문성' 개념에 대한 비판적 분석을 살펴보았다. 마지막 범주는 교사교육과 교육철학을 관련지은 것이다. 교사교육에서 교육철학의 적합성에 대한 문제의식과 그것을 극복하기 위한 교육철학 자체의 성찰과 극복 방안 등을 볼 수 있다.

2. 분석 대상 및 시기

한국의 교사교육 철학 연구 동향을 살펴보기 위해서 교육철학 관련 주요 학술지『교육철학연구: 이하 교육철학a』(한국교육철학학회),『교육철학: 이하 교육철학b』(한국교육철학회),『교육사상연구』와 교사교육 관련 학술지『한국교원교육연구』에 실린 연구물 중 철학적 탐구에 속하는 연구를 포함하였다. 이외에 '교사교육철학'이라는 키워드로 검색된 학술지 리스트 중 교사교육의 철학에 관한 내용을 포함한다고 생각되는 연구물을 포함시켰다. 세부 내용은 다음과 같다.

『교육철학a』(한국교육철학학회:[2] 1997-2013) : 19편

『교육철학b』(한국교육철학회: 1978-2013) : 8편

『한국교원교육연구』(한국교원교육학회: 1984-2013) : 11편

『교육사상연구』(1999-2013) : 3편

기타 학회지 : 8편

---

2) 교육철학회는 2011년 한국교육철학학회로 명칭을 변경하고, 간행해 오던 학술지『교육철학』역시『교육철학연구』로 개명하였다.

이상으로 총 49편을 분석대상으로 한다. 분석 시기는 각 학술지 창간호부터 최근까지를 대상으로 삼는다.

〈표 9-2〉 교사교육 철학에 관한 학술지 리스트

분석 범주	논문 저자 및 년도	편수
본질 탐구(교사의 본질/교사의 자질/교사의 지식)	강승규(1996), 김회용(2007) 정영근(1997), 부성희(2008) 양은주(2012b)	5
교사관과 교직 윤리	백명희(1980), 정순목(1980) 정재걸(1996), 이돈희(2000) 이병승(2005), 곽덕주(2007) 김운종(2009), 홍은숙(2011) 강승규(2012)	9
지배적인 교사의 현실과 교사교육의 논리적 가정에 대한 비판적 탐구	김민남(1995; 1999) 한명희(1990) 조용기, 최석민(2003) 정영근(2006), 서명석(2007) 김선구(2008), 신득렬(2008) 이현민(2008), 정윤경(2008)	10
대안적 교사교육의 방향	정범모(1990), 최정실(1998) 양은주(2003), 손승남(2005) 정윤경(2002; 2005: 2006; 2007; 2013a) 최항석, 김영희(2003)	10
교사교육정책/교사교육제도/교원임용시험	정진곤(2001; 2011) 조경원(2003; 2004) 이남호(2007)	5
교사교육 관련 개념 분석: '교사전문성' 개념에 대한 비판적 분석	박균섭, 김병희(2003) 김현주(2008), 정훈(2011)	3
교사교육과 교육철학	양은주(2005; 2012a) 양은주, 엄태동(2006) 이병승(2007: 2011) 김현주(2010), 정윤경(2013b)	7

III. 교사교육 철학 연구 동향 분석

1. 본질 탐구: 교사의 본질과 교사지식의 본질

교육의 본질 탐구를 주로 하는 교육철학은 교사의 본질과 의미에 대한 탐구도 포함한다. 그런데 교육철학에서 교사의 본질에 대한 탐구는 주로 특정 사상이나 철학, 사상가에 기초하여 이상적 교사상에 대한 탐구가 주를 이룬다. 특정 사상가에 기초하여 이상적 교사상을 제시하는 개인별 교사론을 제외하였지만, 교육의 본질과 관련지어 교사의 본질을 탐구하는 연구는 포함하였다. 예를 들어, 양은주(2012b)의 연구를 들 수 있다. 이 연구는 초등교육과 교사의 본질적 의미를 미학적 관점에서 탐구한다. Plato, Schiller, Dewey의 미학론에 근거해 초등교육의 고유성이 본질적으로 예술적이라는 논증에 따라 교사 역시 예술가로서의 본질을 지녀야 함을 역설한다.

특정 사상에 근거한 이상적 교사상을 도출하는 방식이 아니라, 현실적 제약 속에서 실천 가능한 대안으로서의 교사의 자질을 탐색하는 김회용(2007)의 연구도 있다. 그는 교사의 자질을 법률적, 행정적, 학문적 규정을 통해 인격을 갖춘 교사, 전문성을 갖춘 교사, 미래사회가 요구하는 역량을 갖춘 교사로 교사의 자질을 대별한다. 이 연구는 교사의 기본 자질이 시대에 따라 달라질 수 있고, 시대가 요구하는 교사자질이 교사양성교육의 핵심이 되어야 한다는 전제에서 출발한다.

교사가 갖추어야 할 교육학적 지식에 관한 연구로 정영근(1997)을 들 수 있다. 이 연구는 '교사가 갖추어야 할 교육학적 지식이 무엇인가?' '왜 교사교육에서 이론과 실천의 괴리 문제가 발생하는가?'라는 문제를 던진다. 교사는 교육에 관한 보편적 이론 체계를 알아야 하지만, 이외에 교육적 판단력과 실천적 능력이 요구된다. 따라서 교육학이 교사들의 직업적 실천을 의미 있게 지원하는 학문으로서 정체성을 회복해야 함을 역설한다. 다시 말해, 교육학이 순수이론적 차원에서 접근하는 학문경향성을 극복하고, 변화하는 상황속에서 교육적 판단력을 내리고 책임 있게 실행할 수 있는 실천적 지식이 강조되어야 함을 역설한다.

　교사가 갖추어야 할 지식으로는 이론적 지식을 중시하는 입장과 실천을 중시하는 입장으로 대별할 수 있다. 부성희(2008)는 각각 이것을 '지식기반 패러다임'과 '실천기반 패러다임'으로 부르고, 이와 같이 이분하는 것의 문제를 극복하기 위해 Polanyi의 인식론에 기초하여 교사 지식발달에 있어서 이론-실천 간의 관계를 탐구한다. Polanyi의 인식론은 암묵적 지식과 명시적 지식, 보조적 인식과 초점적 인식 등 구분되는 두 항들 어느 한쪽에 의해서만은 불가능하고 두 항 간의 상호작용과 통합의 구조 속에서만 가능함을 시사한다. 즉, Polanyi의 인식론은 이론-실천 간의 구분되면서도 통합적인 관계성에 기초한다. 따라서 부성희(2008)는 양자 간에는 분명한 간극이 존재하지만, 보다 중요한 것은 그러한 양자 간의 간극을 메우고 이론-실천 간 긴밀한 상호작용적 관련성을 확보하는 것이 양쪽 모두의 과제임을 강조한다.

　요컨대, 교사교육에 관한 철학적 탐구는 결국 교사란 어떤 존재이고, 바람직한 교사 양성을 위해 교사교육의 내용 즉 교사의 지식은 무엇이어야 하는가에 대한 것을 포함한다. 그런데 '지식이란 무엇인가?' 하는 인식론적 탐구가 교육철학의 중요한 부분을 차지하는 것에 비하면 교사교육에서 다루어져야 할 교사의 지식(더 넓게는 교육내용)에 관한 탐구는 부족하다. 예를 들어, 최근 교육철학계에서 연구주제로 다루어진 '실천적 지식' 주제 역시 교사교육에서 접근할 수 있는 주제라고 생각한다. 교사교육의 문제점으로 대학교육의 이론 중심의 교육이 학교현장에 괴리를 보인다고 실습을 늘리는 것으로만 손쉽게 해결되는 것은 아니다. 교사교육에서 실천적 지식이 강조되고 실습이 확대되어야 하는 것은 맞다. 그러나 예비교사들로 하여금 그 실습과정에서 교육 현장 자체를 성찰할 수 있게 하려면, 최근 강조되는 '실천적 지식'의 개념이 어떻게 이해되고 실제적으로 적용될 수 있는지를 명시화해 내는 교육철학적 노력도 필요할 것이다.

2. 교사관과 교직윤리

'교사교육을 어떻게 할 것인가?' 하는 문제는 '어떤 교사상을 추구하는가?' 하는 질문과 떼어서 생각할 수 없다. 따라서 교사관(또는 교직관)과 교사에게 요구되는 교직윤리에 관한 교육철학적 연구를 살펴보면 다음과 같다. 정순목(1980)은 유학이라는 특정 사상에 기초하여 전통적 한국인의 교사관이 도를 전달하는 것으로 사람을 가르치는 인사(人師)였음을 보여 준다. 반면, 오늘날 교사상은 경사(經師), 즉 언어적 수준의 글(지식)만을 가르치는 자에 그치고 있음을 비판하면서, 바람직한 교사상으로 '인사', 즉 사람 가르치는 교사의 역할을 강조한다.

전통적 교사관을 바람직한 교사관으로 보는 연구에는 정재걸(1996)의 연구도 포함된다. 그는 1995년 교육개혁위원회(이하 교개위)가 발표한 '교원정책 개혁 방안'의 기본 방향에 대한 비판에서 시작한다. 당시 교개위가 제시한 교사교육개혁의 방향은 '시장경쟁체제 도입'으로 우수 교사를 확보하겠다는 것이다. 이러한 신자유주의적 접근에 속한 당시 교원정책 개혁 방안에 대해 정재걸(1996)은 '자유경쟁=우수교사'라는 등식이 성립하지 않음을 논증한다. 이 연구에 따르면, 교개위가 표방한 교사관이 학습자중심교육을 표방하는 점에서는 조력자로서의 교사관, 그리고 전문적 자질과 능력을 주로 교수과정에 요구되는 것으로 보는 점에서 전달자로서의 교사관을 표방한다. 정재걸은 '지식전달자로서의 교사관'과 '조력자로서의 교사관' 모두를 우리나라 전통적 교사관이라고 할 수 있는 모범자로서의 교사(전통적 교사관)관에 기초해 비판한다. 서로 다른 교사관은 교육과정과 교사양성체제에서 요구되는 자질과 능력도 상이하다. 전달자로서 교사에게는 교과에 대한 전문지식, 조력자로서의 교사에게는 학생에 대한 정보와 이해가 중요하다면, 모범자로서 교사관에서는 교사 자신의 인격과 품성이 중요하다. 따라서 이 연구는 모범자로서의 교사관과 그에 따른 교사의 인격과 품성이 교사교육에서 강조되어야 함을 역설하고 있다.

강승규(2012) 역시 좋은 교사상에는 지식의 요소 이외에 '인간적 요소'가 강조되어야 함을 역설한다. 그가 말하는 '인간적 요소'란 학생의 삶을 존중하는 것이 핵심이다. 이 연구는 교원양성기관평가 활동 개선을 위해 지표가 제대로 개발되어야 한다고 본다. 그런데 현재 합의된 좋은 교사상은 교과지식과 수업기술에만 초점이 맞추어졌음을 비판하고, 학생의 삶을 존중하고 이해하는 교사의 인간적 측면이 교사상에서 강조되어야 할 것을 역설한다.

이병승(2005)은 Nietzsche의 저작을 통해 '실존적 교사관'을 제시하고, Nietzsche의 교육자상이 교사와 교직문화에 주는 시사점을 도출한다. 이 연구에 의하면, Nietzsche의 『짜라투스트라는 이렇게 말했다』에 나타난 교육자상은 우리나라 교사에게 만연해 있는 무기력한 교사들에게 허무주의를 극복하고, 가르치는 교사는 끊임없는 자기교육을 통해 자기혁명을 할 것을 강조한다. 즉, 새로운 시대가 요구하는 교육자는 교수–학습에 관한 정보를 다루는 능력이 '뛰어난 교사'에 국한하지 않고 '훌륭한 교사'여야 함을 강조한다. 훌륭한 교육자의 자질은 정보나 지식의 양과 질에 있는 것이 아니라, 교사 자신의 실존적 삶의 깊이에 의해 결정된다는 것이다.

이상적 교사상에 대한 규범적 논의와 달리 질문지법에 의해 현실적 교사관을 알아보는 연구도 있다. 예를 들어, 백명희(1980)는 질문지법을 통해 교사, 행정가, 학부모 간의 교사관에 차이가 있음을 보여 준다. 이 연구에 의하면 교사, 행정가, 학부모에게는 각각 기대하는 권리와 의무상의 모순과 갈등이 내재되어 있다. 이 연구에서 언급된 교사관의 복합적 특성인 전문직성, 공공봉사직성, 노동직성은 이후 교사관(또는 교직관)에 관한 연구(곽덕주, 2007; 김운종, 2009; 홍은숙, 2011)에서도 지속적으로 검토되고 있다.

곽덕주(2007)는 새로운 교직윤리 정립을 위한 실험적 탐색을 시도한다. 이 연구는 학교 현장에서 교사들이 부딪치는 도덕적·윤리적 갈등 사례연구를 통해 이러한 갈등이 교사 개인에서 기인하기보다는 그 교사가 가진 전통적 교직관(천직)과 전문적 교직관 사이의 근본적 갈등에서 기인한다고 본다. 그리고 천직으로서 교직관과 전문직으로서 교직관 간에는 각각 요구되는 교직윤리가 다르다. 그런데, 갈등사례분석을 통해 교직윤리가 전적으로 객관성과 합리성, 공정성에 기초한 전문직윤리로 모두 설명되고 포괄되지 않음을 인정한다. 오히려 교직윤리는 상호 갈등관계일 수 있는 전문직 윤리와 천직 윤리 모두를 원천으로 하여 취사 선택될 필요가 있고, 따라서 교사에게는 선택할 수 있는 실천적 판단능력을 갖추는 것이 중요함을 역설한다.

김운종(2009) 역시 미래 요구되는 교직관을 모색하면서 미래교육을 위한 교직관이 전문봉사직관이어야 함을 논의한다. 그의 논증에 따르면, 전문봉사직관은 성직관과 노동직관을 아우르면서 동시에 전문직관을 포함하기 때문이다. 홍은숙(2011)은 일반적으로 교직에 대한 관점인 세 가지 교직관—성직, 전문직, 노동직 간의 상관성을 논하고, 전문직으로 교직의 윤리를 재음미한다. 여기에서 그는 전문직이 오늘날 '효율적 수행 능력'을 강조하는 기술공학적 또는 실증주의적 접근에서만 이해되는 것을 비판하고, 대신 전문직의 통합적 성격이 회복되어야 함을 역설한다. 즉, 교원은 교과지식을 단순히 기능적으로 가르치는 것을 넘어서 내적 목적까지 포함하여 통합성을 가지고 가르쳐야 한다는 것이다.

요컨대, 바람직한 교사관으로 '전통적 교사관' '실존적 교사관' 그리고 교사에게 지식 이외에 인간적 요소 역시 중요함이 논의되고 있다. 이것은 현재 교사교육에서 '인사'나 '실존적 교사'가 갖춘 인격과 자질이 그 중요성에도 불구하고 제대로 길러지지 못하기 때문이라고 생각된다. 이외에 더 다양한 바람직한 교사상에 관한 내용이 빠진 것은 분석 대상에서 특정 사상이나 철학에 근거한 개인의 교사론을 제외했기 때문일 것이다. 한편, 시대 변화에 따라 새로운 교직관과 교직윤리 모색에 관한 연구가 이루어졌는데, 새로운 교직관과 교직윤리에는 전통적으로 교직관에서 논의되어온 성직, 노동직, 전문직으로서의 특성 모두를 포괄하고 있음을 보여 준다.

3. 지배적인 교사 현실과 교사교육의 논리적 가정에 대한 비판적 탐구

교사교육의 논리적(이론적) 가정과 교사가 처한 교육현실을 분명하게 구분하기는 힘들다. 교사교육의 논리적 가정이 교사교육의 과정을 결정하고, 교사교육의 과정 자체 역시 교사가 처한 현실에 포함될 수 있기 때문이다. 그럼에도 불구하고 둘을 나누어 먼저 교사교육의 논리적 가정에 대한 비판을 보면, 김민남(1995)은 당시까지의 교사교육에 대한 연구 경향을 '행동주의적' 경향³⁾이라고 비판한다. 여기에서 행동주의적 경향이란 필요와 요구의 논리에 대응하여 교사교육을 존재가 아닌 기술쯤으로 간주하는 경향을 말한다. 김민남은 대안으로 '사상으로서의 교사론'을 제안한다. 사상으로서의 교사론이란 교사교육을 인간화하는 것이다. 교사교육은 강단교육학자들이 만들어 놓은 갖가지 기술과 지식으로 채워진 교육론을 학습하는 것이 아니라, 교사가 누구인가의 물음, 교사가 교사로서의 자기 삶을 사는 자신의 교육학이 무엇인가라고 묻는 반성적 물음에서 성립한다. ……교사는 교육사상을 가지고 역사 변혁에 참가한다. 교사의 인간화 관심의 논의공동체가 교육학이며, 그것이 교육학의 지식과 기술을 산출하는 틀이 되어야 한다는 것이다(김민남, 1995: 12).

　이것은 교사교육이 일련의 지식과 기술을 채워 넣는 식이 아니라, 교사가 될 사람의 교사됨의 과정이 되어야 함을 의미한다. 이런 맥락에서 김현주(2008)도 '철학자로서의 교사'를 대안으로 제시하면서, 교사교육과정 자체가 '철학하기'가 되어야 한다고 주장한다.

　김민남(1999)은 다시 우리나라 교사교육의 문제점을 '준전문가' '기능주의' 두 가지로 요약한다. 즉, 교사를 특수한 목적 달성을 위해 효과적인 교과와 방법과 평가기술을 익히는 자로 간주하고, 따라서 교사교육 자체가 이론적이기보다는 기능주의 관점에서 제도 규칙과 관행을 주로 다루고 있다는 비판이다. 이런 비판 후에, 김민남(1999)은 교사교육은 훈련이 아닌 인간으로서 인간을 교육하는 교육자교육이어야 하며, 교사는 학생 개개인의 삶의 처지와 체제적 억압 간의 관계를 파악할 수 있어야 함을 역설한다. 결론적으로 이 연구는 '열린 교사만이 교육을

---

3) 김민남 역시 '행동주의'가 사회문화적 맥락의 소산이라는 점을 인정한다. 하지만 단순화하여 우리나라 교사교육의 연구 경향을 '행동주의'라고 부른 것은 그와 대비되는 패러다임을 드러내기 위한 것임을 밝히고 있다(김민남, 1995: 3).

연다.'고 주장한다. '열린 교사'란 상술하면, 교육의 목적을 고민하고 교재를 고민하는 교사를 뜻한다. 이런 고민을 하는 교사는 기능주의적 세계관에 기초한 강요된 교육론에 항의하게 되어 있으며, 이는 교사의 자주성 요구로 연결된다(김민남, 1999: 32-33). 다시 말해, 교사를 교육의 당사자로 인정하고, 교사가 교육 현장에서 무엇을, 왜 가르치는지에 대한 고민이 가능해야 함을 주장한다. 그런데 현실이 그렇지 않다는 것이다.

정영근(2006)은 교사교육의 주된 지식으로 간주되는 교육학이 경험과학화되고 공학적 사유가 일반화되면서 실용성과 교육방법의 효율성을 중시하게 되고, 교직 이념이 상실되었다고 비판한다. 이렇게 되면서 교직의 본질적 의미는 사라지고, 교사는 기능적 역할 담당자가 되며 교사 정체성의 위기를 맞게 된다. 다시 말해, 교사는 교육자이자 교수자인데, 오늘날 교사는 교수자 역할에 치중하며, 가르치는 일 자체도 예전과는 다르게 교수방법과 전략의 기능적 행위로 이해하게 되었다. 이런 비판에 대해 정영근(2006)은 교육학 자체의 반성을 촉구하고 있다.

서명석(2007) 역시 현 교사교육이 기술공학적 패러다임으로 교사가 교육과정에서 배제되는 교육과정체제의 문제점을 비판한다. 즉, 수업에 대한 기술공학적 패러다임은 근본적으로 교사에게 수업에 대한 철학적 반성의 계기를 제공하지 않는다. 그는 수업이라는 교사의 교육적 행위에 대해 교사 자신이 회의론적 질문과 숙고하는 과정인 수업철학이 교사에게 필수적임을 논증한다.

한명희(1990)도 교사교육에 대한 그동안의 연구가 주로 행정적·제도적 차원에 집중되어 있고, 한편으로는 방법론에 치우친 행동주의적 접근과 기능주의적 고려가 대세라고 비판한다. 그리고 교사의 전문성은 교육실천행위의 전문성을 뜻하고, 교육실천은 이미 가치함축적인 현상이기 때문에 교사의 전문성 역시 가치중립적일 수 없음을 강조한다. 또, 교육의 목적과 내용이 긴밀하게 연관되어야 함을 역설하면서, 교사의 전문성의 요소로 교사의 인간성, 교육적 관심인 인간애, 교육현실 파악능력, 교육실천행위에 대한 반성 능력, 도덕교사의 역할, 미래지향적 시각, 교육이론과 교육현실을 연관 짓는 교육적 상상력을 중요하게 들고 있다. 교사교육 내용은 이러한 전문성을 갖게 하기 위한 것이어야 하고, 이런 관점에서 현 교사교육의 내용의 문제점으로 일반교양, 교육철학, 도덕·사회철학의 부족과 교육실습의 부족을 들고 있다.

요컨대, 현 교사교육의 지배적인 관점에 대한 비판은 기능주의, 행동주의, 또 교육목적에 대한 고민 없이 방법론에 치우친 기술공학적 패러다임의 만연으로 볼 수 있다. 교사교육에서 기술적·도구적 패러다임의 만연은 실로 지배적이다. 따라서 교사교육의 대안으로 나온 반성적 교사교육이 강조하는 '반성'의 개념조차 도구화되는 경향을 보이기도 한다. 정윤경(2008)은 Foucault의 계보학적 분석에 기대어 오늘날 기존 교사교육의 대안처럼 간주되는 반성적 교사교육 역시 도구적으로 오해되는 위험을 비판한다. Foucault식으로 말하면 '반성'은 자기 자신에 대한 규율이요, 자기지배의 테크놀로지다. 그런데 이것이 문제가 되는 것은 반성이라는 실천 안에 이미 사회적 권력관계가 내장되어 있기 때문이다. 이렇게 되면, 교사의 반성은 훈육적 테크놀로지로서 기능할 수 있다. 왜냐하면 교사의 사고방식은 규율과 규범화라는 사회적 실천에 지배를 받고 사회적 실천에 의해 생산되기 때문이다(정윤경, 2008: 208).

한편, 교사가 처한 교육현실에 대한 비판은 '무기력한 교직'(김선구, 2008), 교사가 교육목적에 대한 탐구를 할 수 없고, 교육적 신념도 갖지 못하며, 자신의 교육철학을 할 수 없게 만들고 있다는 내용(조용기, 최석민: 2003; 신득렬, 2008; 이현민, 2008)으로 요약된다. 특히, 이현민(2008)의 연구는 교사들이 처한 현실이 교사들로 하여금 교육철학을 갖지 못하게 한다고 비판한다. 과도한 업무, 흔히 잡무라고 하는 업무를 수행하는 상황에서 교사는 진지한 성찰을 할 수 없다. 그러나 교사가 성찰할 수 없는 보다 근본적인 원인은 교사들이 의사결정에서 소외되기 때문이라고 본다. 그렇다면 교사는 왜 의사결정 과정에서 소외되는가? 이에 대해 이현민(2008)은 미국의 사례를 통해 학교체제가 작동하고 조직되는 방식에서 소외가 나타남을 보여 준다. 이외에도 학교에 경영기법의 도입은 교사들을 의사결정 과정에서 소외시키는 결과를 가져온다. 학교를 효율적으로 운영하기 위해 도입된 경영기법은 학교에 적용되어 '교육과정은 지식의 배달시스템으로 간주되고, 교사는 이 배달 시스템의 전문기술자'로 자리 잡는다. 이와 같이 분석하는

Ball은 '경영이란 조직의 리더십이나 의사결정과 같은 전문적 지식을 오직 경영 담당자들만이 배타적으로 말할 수 있게 하는 담론일 뿐'이라고 비판한다. 즉, 교사들의 자율성을 침해하는 조직시스템인 셈이다.

요컨대, 교사교육의 이론적 가정과 교사의 교육현실 모두 교사들이 교육활동을 수행하면서 가치판단하고 철학적 숙고를 하기보다는 법규나 매뉴얼을 따르는 수동적 존재로 만들고 있다. 이에 이 범주의 연구들은 이러한 교육현실의 바람직한 변화를 위해 교사가 교육목적에 대해 고민할 수 있어야 하고, 교육의 본질적 문제들에 대해 교사가 지적, 도덕적 권위를 회복해야 함을 역설한다. 대부분의 연구가 당위적인 결론을 제시한 것과 달리, 이현민(2008)은 Burbules의 '상황화된 철학'과 양은주의 '교사에 의한 철학'이란 용어로 대안을 구체화한다. '상황화된 철학' '교사에 의한 철학'이란 모두 교사가 자신들이 경험하는 구체적 교육현실에 관한 철학적 탐구를 할 수 있어야 한다는 의미다. 이것은 교육철학이 교육현실의 구체적인 문제와 보다 밀접하게 관련되어 구체적인 교육상황 속에서 실행할 수 있어야 함을 시사한다.

4. 대안적 교사교육의 방향

대안적 교사교육의 방향과 대안적 교사상과는 불가분의 관계에 있다. 따라서 교사교육의 방향에 대한 연구는 대부분 바람직한 교사상에 대한 논의를 포함한다. 또, 이 범주의 연구의 공통된 특징은 시대변화에 따라 교사교육의 방향도 달라져야 함을 시사한다. 정범모(1990) 역시 미래사회에 대응하는 교사교육의 방향을 논하면서 미래사회에 필요한 교사상에서 시작한다. 미래사회는 정보화사회로 지식(창의력이나 상상력과 같은 고등정신능력)의 중요성이 점점 커지고, 가치의식과 윤리의식이 요구되며, 국제화된 전망이 필요하고, 의연함과 의지를 지녀야 한다. 이러한 미래에 필요한 인간상이 바로 미래 교사상이라고 본다. 이러한 교사를 교육하기 위해 교사선발의 중요성, 교사교육과정의 중요성, 교사교육이 계속교육으로 정착되어야 함을 역설한다.

최정실(1998)은 포스트모더니즘에 내재한 지식과 인식에 대한 관점의 전환이 새로운 교사교육 패러다임을 요구한다고 본다. 모더니즘에 근거한 교사교육은 기술적 교사교육이요, 행동주의에 근거한 것으로, 교육을 개인의 행동 패턴을 수정해 가는 과정이라고 가정한다. 반면, 지식의 주관적 구성과 지식 개념의 변형과 확대를 특징으로 하는 포스트모더니즘하에서 교사교육의 방향은 '어떻게 가르칠 것인가'를 가르치는 과정이 아니라, '인간으로서 성숙과정이자 성인으로 발달되어가는 과정'이어야 함을 역설한다. 즉, 탐구지향적 교사교육과 연구자로서의 교사상이 요청된다. 이는 여타의 연구들에서 대안적 교사상이나 교사교육의 방향으로 제시된 반성적 교사교육(정윤경, 2007), 연구자로서의 교사관(양은주, 2003)과 맥을 같이한다.

최항석과 김영희(2003)는 교사가 처한 현실 비판에서 시작한다. 연구에 따르면, 오늘날은 교사가 개혁의 대상이 되고, 교직불만족이 높은 사회, 또 교사교육의 철학이 부재한 시대다. 한편, 우리나라 교사교육을 지배한 사상적 흐름은 전문성 강조다. 즉, 교사를 교수-학습 활동의 전문가, 효율적인 교수학습전문가로서 강조한다. 이와 같은 전문가 양성에 대한 집착은 대량생산 사회에서 요구되던 기능인으로서의 교사상이다. 하지만 시대 변화에 따라 새로운 교사상이 요구된다. 이들 연구는 첫째, 교사-학생이 이항 대립하여 있는 페다고지의 패러다임을 비판하고, 교육은 교사와 학생 쌍방 간에 서로가 배움을 전제로 하는 만남이어야 함을 강조한다. 둘째, Ferrer의 교육론에 기초하여 '나그네로서의 교사'와 '호모 에루디티오로서의 교사'상을 제안한다. '나그네로서의 교사'란 지금 서있는 곳이 삶의 주 근거지인 이들로서, 학생들과 함께 어울려 배우는 법을 나누는 자들이다. 즉, 나그네로서 교사는 가르치는 자들이 아니다. 또, '호모 에루디티오'란 '학습하는 인간'을 말한다. 호모 에루디티오는 배움을 통해 자신의 삶을 개조해 나가는 사람들이다. 호모 에루디티오로서의 교사는 학생들과 '학습의 의사소통'을 주도하는 사람들이다. 연구자들은 포스트모던 시대의 새로운 교육 패러다임에서는 교사가 호모 에루디티오, 즉 교사가 먼저 학습자가 되어야 함을 주장한다.

이외에 대안적 교사상으로 양은주(2003)는 주로 영미권에서 대두된 '연구자로서의 교사' 개념을 중심으로 탐구한다. 이러한 개념이 대두된 배경을 분석하고, 교사연구 개념을 이론화하는 관점을 종합해 볼 때, 연구자로서 교사 개념은 전문가적 실행, 교사 개인의 실존적 성찰, 사회변혁적 실천이라는 다차원적 맥락에서 이해되어야 함을 보인다. 즉, 이 연구가 연구자로서 교사개념에서 찾고 있는 대안적 교사상은 과학적 지식과 예술적 기예를 발휘하여 전문가로서의 실천적 능력을 고양시켜 가는 창조적 예술가, 교육의 본질과 교사로서 자신의 삶과 일의 의미를 탐구해 가는 실존적 인간, 교육의 사회적 의미를 통찰하며 사회변혁을 위한 실천을 모색하는 비판적 지성인의 의미다(양은주, 2003: 218)

손승남(2005)은 수업전문성 관점에서 교사교육의 방향을 논한다. 그는 교사의 전문성이 결국 수업전문성으로 이해되어야 하고, 수업전문성은 변화된 사회와 관련지어 새롭게 규정될 필요가 있다고 주장한다. 교사의 전문성이 수업전문성으로 이해되어야 한다고 하는 주장이 표면적으로는 '교사전문성=수업의 전문가'로 들리지만, 논의는 교사의 전문성이 지나치게 수업기술이나 수업방법의 의미로 축소되는 것을 비판하는 것과 맥을 같이한다. 교사전문성의 구성요소로 교직관과 교육적 지혜를 포함하고 있으며, 결론적으로 Herbart의 '모든 수업은 교육적 수업이 되어야 한다.'는 주장에 기초해 수업전문성이 수업방법의 기술적 측면 이외에 교사의 연구 능력과 반성 능력 같은 '이해'의 관점이 강조되어야 함을 역설한다.

이외에 대안적 교사교육의 방향으로 제시된 것의 핵심어를 보면 '반성(reflection)'과 '영성(spirituality)'을 들 수 있다. 먼저 반성(혹은 성찰) 개념은 1980년대 이후 주로 영미권에서 교사교육의 개선을 위한 메타포로 사용되었다. '반성'을 강조하는 '반성적 교사교육(reflective teacher education)'은 오늘날 대안적인 교사교육의 패러다임으로 평가받으면서 교육학 내 여러 분야에서도 연구된 바 있다(손은정, 2003; 박은혜, 1996; 이종일, 2004). 교육철학분야에서 반성적 교사교육에 관한 연구로는 반성의 의미를 Dewey, Schön, 비판이론 입장에서 살펴보는 정윤경(2007), 반성적 사고 개념에 기초한 실습의 중요성을 역설하는 이남호(2007)의 연구를 들 수 있다.

한편, 교육에서 영성 차원이 회복되어야 한다는 논의의 대두와 함께, 교사교육을 '영성'과 관련짓는 연구도 등장한다. 정윤경(2002)은 오늘날 교사교육이 교직에 필요한 지식과 기능을 갖추게 하는 데 그치지 말고, 교육에의 헌신과 소명의식도 길러 줄 수 있어야 한다고 주장한다. 그런데 그 역할을 다하지 못하는 것에 문제제기하고 발도르프학교 교사교육으로부터 시사점을 찾는다. 정윤경(2005)은 교사의 내면적 성장과 영성 차원을 중시하는 교사교육의 사례로서 Palmer가 북미지역에서 시도한 CTT(Courage to Teach) 교사교육 프로그램을 고찰하고, 한국 교사교육에의 시사점을 찾는다. 정윤경(2006)은 교사의 내면과 영성의 회복을 강조하는 교사교육 논의가 교사개혁에 관한 구조적·제도적 개혁의 시도에서 놓치고 있는 것을 봄으로써 교사를 개혁의 대상이 아닌 주체로 바라볼 수 있으며, 대안으로 제시된 반성적 교사교육의 '반성' 개념이 자신의 내면에 대한 성찰까지 포함한다고 논의한다. 이외에 다문화사회 도래에 따라 다문화교사교육이 필요하고, 다문화교사교육을 위한 실습의 형태로 해외현장경험 프로그램에 관한 제안도 있었다(정윤경, 2013a).

요컨대, 교사교육의 대안적 방향에 관해서 다양한 연구가 이루어졌다. 이들 연구는 공통적으로 정보화사회, 포스트모더니즘사회, 다문화사회 등의 사회 변화를 교사교육에서 수용해야 함을 역설한다.

5. 교사양성교육 제도 및 정책

현행 교원양성교육 체제에 대한 포괄적인 비판은 조경원(2004)을 들 수 있다. 현행 교사교육체제에 대한 비판은 양성기관의 다양화에 따른 과잉배출과 양성 프로그램의 적합성 부족으로 요약된다. 구체적으로 일반교양, 전공, 교육학 간의 내적 통합이 잘 이루어지지 않는 점, 전공(교과내용학 및 교과교육학) 교수와 교육학 교수 간의 공동 협력의 부족 등을 들 수 있다. 따라서 이 연구는 미래 교원양성교육의 방향으로 평생교육시대에 교사가 창의적이고 능동적인 학습과정의 안내자가 될 것, 실천적 수행을 통한 직관과 통찰력, 암묵적 지식의 습득도 요청된다는 점을 강조한다. 교사의 역할 변화에 따라 학교현장 중심 현직교사교육의 필요성도 강조된다(조경원, 2003). 이외에 교사교육제도에 관해 가장 빈번하게 제기된 것은 실습의 중요성과 실습 확대다(조경원, 2004; 김현주, 2008). 이남호(2007)는 특히 교사교육에서 반성적 사고의 중요성을 논증하고, 반성적 사고 실천에 기초한 교육실습이 되어야 함을 역설한다.

정진곤(2011)은 교원임용시험에서 교육철학의 필요성에 대해 비판적 분석을 시도한다. 연구에 따르면, 그 동안 임용시험의 교육철학 분야에 출제된 문제는 교육철학자들의 학문적 연구경향이나 주제들과 일치한다. 그러나 이러한 문제가 예비교사나 현장 교사들에게 필요한 지식과 능력을 준비하게 하는 데 적합하지 못함을 비판한다. 이에 대한 대안으로, 첫째, 교육철학이 보다 교육 현장의 실천적 문제와 관련되고(학교 현장의 문제를 분석하고 다양한 교육정책들에 대해 진단하고 나아가야 할 방향을 제시하는 식으로) 임용시험에서 이와 관련된 문제를 출제하는 것, 둘째, '학문으로서의 교육철학'과 '교사교육을 위한 교육철학'을 구분하고, 임용시험 문제는 후자와 관련된 문제를 출제하는 것, 셋째, 교원임용고사를 폐지하고 교사자격증 취득을 위한 조건을 강화하는 것을 제안한다. 이 연구는 그간의 교육철학의 연구 관심이 학교 현장과 긴밀하게 관련되지 못한 점 등을 비판하고 교원임용시험에서 교육학(교육철학) 교과목에 대한 평가를 어떻게 할지에 대한 대안을 모색하고 있다.

이상의 연구를 볼 때, 정진곤(2011)의 연구를 제외하면 교사교육정책과 제도에 관한 교육철학적 탐구는 구체적인 제도에 관해 철학적 탐구를 시도하기보다는 교사교육 정책과 제도에 관한 전반적이고 포괄적인 논의 수준에 머무르고 있는 실정이다. 다시 말해, 실제 교사교육의 과정에 도입된 또는 도입을 앞두고 있는 구체적인 제도나 정책에 관한 철학적 탐구는 이루어지지 않았다. 이것은 교육철학의 학문적 성격 자체가 실제 제도와 정책에 관한 것이라기보다는 철학적 탐구라는 점과 관련되기 때문일 것이다. 또 이와 관련해서 구체적인 교육제도와 정책에 관한 의사결정 과정에 교육철학적 탐구가 배제된 것도 사실이다. 하지만 지속적으로 제기되고 있는 교육철학의 현실 적합성에 관한 문제를 극복하기 위해서는 교육철학이 보다 구체적인 교육현실의 문제를 탐구 주제로 다룰 필요가 있다. 예를 들어, 교사의 지식에 관한 철학적 탐구는 실제적인 교사교육의 교육과정 문제와 별개일 수 없으며, 이것은 최근 교육부가 교·사대에 필수과목으로 요구한 '학교폭력 예방과 대책' 과목의 도입의 문제와도 무관하지 않다. 그런데 이러한 제도 도입에 관해 교육철학적 탐구는 아무런 논의를 하지 못했다. 이러한 문제점이 바로 향후 교사교육에 관한 교육철학적 탐구의 과제라고 할 수 있을 것이다. 또한 교육 현장의 문제에 대한 교육학적 관여는 교육학의 특정 분과 학문 분야에 국한하지 않는다. 따라서 교육철학(을 포함하여 교육학)이 교육실천에 적합성을 갖는 실천학문이 되기 위해서는 교육학 분과학문 간 대화가 반드시 필요하다.

6. 교사교육 관련 개념 분석: '교사전문성' 개념에 대한 비판적 분석

교사교육 관련 개념으로 가장 많이 등장한 것은 '교사전문성' 개념이다. 관련 연구는 교사전문성 개념이 '수업 기술' 쯤으로 의미가 축소되어 교사의 전문성을 살리지 못하고 있다는 비판과 함께 대안으로 '철학자로서의 교사' '사회적 실천가로서 교사'가 제시된다. 박균섭과 김병희(2003)는 Dewey의 교사론을 중심으로 교사전문성 개념을 비판한다. Dewey의 교사론은 전문직관을 주축으로 성직관과 노동직관의 요소를 유기적으로 통합하고 있으며, 전문직의 조건으로 자율성과 책임을 강조하고 있다. 반면, 오늘날 한국사회에서 교사전문성 개념은 학생들의 성적을 올리거나 업무능력을 효율적으로 발휘하는 것과 같은 학교현장의 즉물적 요구에 부응하는 기능적, 기술적 용어쯤으로 오해되는 것을 비판한다.

김선구(2008)도 교사전문성이 기술로 축소되어 사용되고, 교사의 전문성과 자율성 확보에 실패하였다고 비판한다. 대신 그는 '사회적 실천가로서의 교사상'을 제안한다. 그는 가르치는 일(teaching)이 MacIntyre가 말하는 사회적 실천(social practice)[4]이라면, 가르침은 복합적이고 사회적이며 협동적인 활동이며, 따라서

---

4) Aristotle의 철학을 현대적으로 계승한 MacIntyre가 말하는 '사회적 실천'은 사회적으로 정립된 협동적

사회적 실천을 하는 교사는 사회적 실천가다. 사회적 실천가로서 교사는 첫째, 교육목적을 정립하는 실천가다. 둘째, 자신이 설정한 목적을 유지하기 위해 도덕적 덕을 지녀야 하며, 셋째, 구성원들과 목적을 공유해야 한다. 즉, 사회적 실천가로서 교사에게는 교육목적에 대한 탐구가 주된 일이다.

김현주(2008) 역시 오늘날 교사가 갖추어야 할 전문성에 대한 지배적 관점이 이론적 지식과 공학적 능력이 되고 있음을 비판한다. 그러나 교육의 실제에 비추어 볼 때, 이 두 가지는 모두 한계를 갖는다고 비판하고, Aristotle의 프로네시스의 관점에서 교사전문성 개념을 재개념화한다. 이론적 지식 모형은 Schön이 비판한 기술적 합리성에 기초한 모형이다. 또, 공학적 모형은 교육학을 보다 과학적인 기반을 갖게 하고자 하는 열망에서 나온 것으로, 교수 학습 과정을 활동 단위로 분석하고, 이를 실증적인 자료에 입각해 설명하고, 효율성, 행동 수행 능력 등 공학적 언어로 기술하는 모형으로 교사교육기관에 의해 지지되고, 정부의 다양한 교육정책 속에 함의되어 있다. 그러나 두 모형 모두 '교사전문성' 해석에서 교육의 실제와 연결하지 못하고 있다. 즉, 이론적 지식과 공학적 수행성은 교육적 실제로 단순히 적용될 수 없다. 둘째, 두 모형은 모두 교육적 수월성을 규정하는 방식으로 부적절하다. 하나의 실제로서 교육은 내재적 선을 추구한다. 그런데 생산성이나 효과성과 같은 외재적 가치를 추구하는 것으로 이해되서는 안 되고, 교사들의 행위가 교육적인가 아닌가를 판단하는 데 사용하는 모종의 암묵적으로 확립된 윤리적 준거를 동반한다는 관점에서 이해되어야 한다. 따라서 김현주(2008)는 '철학자로서 교사'가 지녀야 할 대안적 전문성을 논증한다. 교사전문성은 교육적 가치를 검토하고 구현하는 '실천적 지혜'의 발달에 초점을 두고, 교육의 가치와 실제

인간 활동으로서, 이러한 활동 속에 내재하는 선, 목적은 그 활동을 통해 실현된다고 본다. 그런데 '가르치는 일이 사회적 실천인가?'하는 문제로 MacIntyre와 Dunne과 논쟁이 있었다. 그 논쟁을 요약하면, 철학자 MacIntyre는 가르치는 일은 그 자체로 가치를 갖지 않기 때문에 사회적 실천이 될 수 없다고 본다. 반면, 수업을 교육의 맥락에서 이해하는 교육학자 Dunne은 MacIntyre와 달리 가르치는 일이 사회적 실천이라고 주장한다(조무남, 2006: 356-358 참조). 교육이 가치를 추구하는 한, 교육적 맥락에서 이루어지는 수업은 사회적 실천일 수밖에 없다. 이러한 Dunne의 주장은 교육의 이론과 실제의 괴리를 극복하고 보다 실천적 교육철학을 지향하고자 하는 흐름에 많은 시사를 주고 있다.

를 비판적으로 검토하며, 또한 교사전문성은 모종의 도덕적 헌신으로서 교육적 실제의 의미와 교사의 삶의 통합성을 추구하는 것이다. 이러한 전문성을 양성하기 위해, 첫째, 교사교육 과정에는 예비교사들이 교육 실제에서 교육을 바라보는 안목을 갖도록 보다 실천적 프로그램을 강화할 필요가 있다. 둘째, 교사 스스로 연구하고 성찰하는 습관을 갖도록 연구중심교사모형 개발을 제안한다. 셋째, 교실에서 '철학하는 존재로서의 교사'라는 독특한 삶의 방식을 제안한다.

정훈(2011)은 오늘날 지배적인 교육시장화 정책이 교사전문성 논의를 어디로 끌고 가는지, 교사 존재에 어떤 영향을 미치는지 탐색한다. 이 연구에 의하면, 교육시장화에 기초한 교육정책은 표준화, 학업성취 결과에 기초한 교사 책무성 강조 등이다. 책무성을 강조하는 문화가 교사전문성에 미치는 영향은 교사전문성 자체가 표준화되고, 교사의 다양성을 위축시키는 결과를 가져온다. 즉, 교사전문성이 성취도 향상이라는 목적 달성을 위한 기술적 합리성의 측면에서 도출된 행동 지표로 표준화된다. 이것은 대안적 교사상으로 제시된 '반성적 실천가로서의 교사'(정윤경, 2007), '예술가적 교사'(양은주, 2012b), '실천적 철학자로서 교사'(김현주, 2008)와 같은 수량화하여 측정하기 힘든 교사전문성은 무시될 수밖에 없다고 비판한다. 또한 표준화된 전문성 개념은 그 표준화된 교사상에서 벗어난 교사를 무능한 교사로 낙인찍게 되어 다양한 교사의 전문성을 위축시킨다. 즉, 교사전문성의 의미는 도구적 이성에 기초한 교사전문성, 교실 안 수행에 국한하는 교사전문성의 의미로 축소되고, 교사들 간의 협업 자체를 불가능하게 해 교사를 더욱 개별화하고 고립시킨다. 결론적으로 오늘날 강조되는 성취도 향상과 관련된 교수 기술은 교사전문성의 필요조건임에 틀림없지만 교사전문성의 충분조건은 아니라는 것이다.

요컨대, 교사전문성 개념에 대한 비판은 교사전문성이 지나치게 협소하게 이해되어 수업기술과 같은 의미로 축소되는 점이다. 따라서 교사의 전문성과 위상을 높이려는 의도와 달리 오히려 교사의 자율성과 전문성을 축소시키는 결과를 낳는다. 이에 교육철학적 탐구는 수업기술의 의미를 넘어 교육의 주체로서 교사가 지녀야 할 대안적 교사전문성에 대한 논의를 시도한다.

7. 교사교육과 교육철학

본 범주에 관한 연구는 주로 교사교육에서 교육철학의 역할, 교사교육에서 교육철학의 기여(현황) 정도, 바람직한 교육철학 역할 정립으로 정리할 수 있다. 즉, 많은 연구는 교사교육에서 교사로 하여금 교육목적에 대한 탐구와 교육철학을 갖게 하는 교육철학이 중요하다는 데 일치한다(조용기, 최석민, 2003; 양은주, 엄태동, 2006; 신득렬, 2008; 이병승, 2011; 정윤경, 2013b). 그런데 현실은 교육철학과 교육현실과의 괴리 또는 부적합성을 비판하는 것이 주를 이룬다. 이와 같은 비판의 원인을 대별하면, 첫째, 교육현실 자체가 철학하지 못하게 함으로써 교사가 교육을 성찰하고, 교육목적과 신념에 대해 고민하며, 자신만의 교육철학하기를 불가능하게 한다. 둘째, 교육철학 학문 자체가 교육실천으로부터 멀어진 경향성에 대한 비판이다. 이런 비판에 대해 대안 모색을 하는 연구들은 현실을 비판하면서 교사교육에서 교육철학이 더욱 중요하다는 당위적 논의를 끌어내는 연구가 있고, 더 나아가 교육철학이 교육실천을 경시한 경향에 대해 반성하며, 실천철학으로서 교육철학하기 모색을 하는 경향도 나타난다. 즉, 교사교육에서 어떻게 실천철학으로서 교육철학이 그 역할을 해야 하는가에 대한 보다 구체적인 논의들(김현주, 2008; 양은주, 2012a)도 시도되고 있다.

김현주(2010)는 교사교육에서 교육철학 과목이 실천가들의 철학적 성찰 능력 계발에 기여해야한다는 전제에서 현장 교사들의 '교육철학하기' 가능성을 탐색한다. 이를 위해 교육철학 분야에서는 별로 사용되지 않았던 내러티브 탐구방법으로 실제 교사들의 내러티브를 작성하고 내러티브를 통해 교사들이 현장에서 당면한 문제에 대한 철학하기를 시도한다.

양은주(2012a)는 교육대학교에서 실제로 수행된 자신의 교육철학 수업에 대한 질적 분석을 통해 초등예비교사를 위한 교육철학 수업의 보다 바람직한 목표와 실천적 과제를 탐구한다. 질적 연구 방법에 의한 연구를 통해 연구자는 수업 개선을 위한 시사점을 다음과 같이 시사한다. 첫째, 교수의 가르침은 학생들의 배움의 결과에 달려 있다. 둘째, 학생들은 스스로 해결해야 할 과제가 있을 때 학습동기

가 더 높아진다. 셋째, 학생들에게 더 가까이 다가갈수록 수업개선의 노력이 효과
적이며 교수의 열정도 높아진다. 넷째, 성공적인 강의 경험은 교수로서의 삶에 근
원적인 활력을 준다.

정윤경(2013b) 역시 교사교육에서 교육철학의 역할에 대해 탐색하면서, 교사
가 교육전문가가 아닌 수업기술자로서의 전문가 개념만 부각되는 현실을 비판하
고, 교육철학의 역할을 교육의 이론과 실천을 매개하는 매개자로 논의한다. 그리
고 수업기술자를 넘어 교양을 갖춘 전문가를 길러 낼 수 있는 교사교육이어야 함
을 주장한다. 교양을 갖춘 전문직업인으로서 교사양성을 위해 교육철학이 갖는
교양적 가치를 인식하고 교육철학을 통해 교양적 학습이 되게 함으로써, 도구화
되고 기술공학적으로만 교사전문성을 접근하는 교사교육에 교육철학이 그 역할
을 다하자는 것이다.

이병승(2011)은 Peters의 교사교육의 철학을 탐색한다. Peters의 교사교육의 철
학은 그의 교육에 대한 개념과 관련된다. Peters는 교육의 기준인 규범적 기준, 인
지적 기준, 과정적 기준으로 규범적 기준에 근거하여 교육받은 사람으로서 교사
의 자질은 가치 있는 것에 대한 헌신, 폭넓은 인지적 안목, 도덕적 온당성을 갖춘
자임을 역설한다. 그리고 이를 위해 대학연구자들 간의 협력뿐만 아니라, 대학교
수와 학교 현장 교사들 간의 협력이 반드시 필요하다고 강조한다.

요컨대, 교사교육과 교육철학에 관한 탐구는 교육철학의 학교 현장 적합성에
관한 문제와 닿아있다. 교육철학의 교육 현장 적합성 결여에 대한 비판은 교육철
학 분야에서 꾸준히 제기되어 온 문제다. Carr(2004)가 교육철학이 실천철학으로
서 역할을 다해야 한다는 것과 함께 국내에서도 조난심(2004), 김창환(2005), 박의
수(2005) 등 지속적으로 제기해 왔다. 따라서 교사교육에 관한 연구에서 역시
2004년을 기점으로 교사교육과 교육철학의 관련성에 관한 연구가 두드러지게 나
타나는 것을 볼 수 있다.

IV. 맺는말

교사교육의 철학(관점)에 관한 연구 동향을 7가지 범주로 나누어 분석하였다. 동향 분석에 나타난 특징과 향후 교사교육의 철학적 탐구를 위한 비판적 제언을 하면 다음과 같다. 교사교육에 관한 철학적 탐구 내용 중 가장 많이 다루어진 것은 3, 4 범주인 교사현실과 교사교육에 관한 비판과 대안적 교사교육 방향에 관한 것이다. 즉, '비판과 대안'으로 요약할 수 있다.

첫째, 교사교육에 관한 비판은 지배적인 교사교육의 이론적 가정에 대한 비판과 교사교육의 이론과 실천의 괴리에 대한 비판으로 대별할 수 있다. 지배적 교사교육의 이론적 가정에 대한 비판은 기능주의, 행동주의, 기술공학적 패러다임의 만연, 그로 인한 방법론에 치우친 경향, 교사교육을 주로 행정적·제도적으로만 접근하는 경향 등으로 요약된다. 따라서 교사교육은 교육자를 길러 내는 것이라기보다는 필요한 지식과 기술을 갖춘 직업교육이 되고, 교사는 교육자보다는 수업기술자가 되어 간다. 교사교육에 관한 또 다른 비판은 이론과 실천의 괴리 문제다. 즉, 교사교육의 주된 내용인 교육학이 순수이론적 차원에서 접근하는 학문경향성을 극복하고, 변화하는 상황 속에서 교육적 판단력을 내리고 책임 있게 실행할 수 있는 실천적 지식이 강조되어야 함이 강조된다. 교사교육에서 실습의 중시와 확대, 교육철학이 교육의 실제로 돌아가야 한다는 자기반성을 통해 실천철학으로서 교육철학의 모색 등은 모두 현실적합성 찾기를 위한 노력으로 보인다.

둘째, 교사와 교사의 현실에 관한 비판적 논의다. 교육의 당사자요 주체인 교사가 교육에 관한 의사결정에서 소외되고 교육 현장에 경영기법의 도입으로 교육내용의 효율적 전달자가 되어 가고 있다. 따라서 무기력함, 교사가 배제된 교육과정, 수업에 대한 성찰 대신 매뉴얼에 따라 일을 처리하는 일이 돼 버린 교직이 되어 간다고 분석된다.

셋째, 이러한 교사교육의 현실을 극복하기 위한 대안 모색도 다양하게 이루어졌다. 다양한 논의를 보여 주는 교사교육의 대안적 방향에 관한 탐구는 일관되게 교사가 교육이 벌어지는 교육 현장의 당사자로 되돌려져야 함을 강조한다. 즉, 교사가 교육 현장에서 무엇을, 왜 가르치는지에 대해 고민하고, 자신의 교육적 신념과 철학을 가질 수 있어야 한다는 것이다. 이와 같이 교사가 주도적으로 참여할 때 교육현실도 바뀔 여지가 생긴다.

이런 고민과 성찰을 하는 교사가 기능주의적 세계관에 기초한 강요된 교육론에 항의하게 되어 있으며, 이는 교사의 자주성 요구로 연결되기 때문이다. 이를 위해서 교사교육은 전문지식과 기술을 가르치는 직업교육 이상이어야 하고(교사교육의 인간화), 대학에서 배운 이론을 단순히 적용하는 자가 아닌 연구자로서의 교사가 되어야 하며, 현실의 무기력함을 극복하기 위해 자기 실존에 대한 성찰이 가능해야 한다. 이런 맥락에서 경사(經師)에 그칠 것이 아닌 인사(人師)로서의 교사, 교사의 인격이 중시되었던 전통적 교사관, 실존적 교사관, 교사의 내면의 회복을 위해 교사교육에서 영성 차원이 도입되어야 한다는 대안적 논의가 대두된 것으로 보인다.

연구 동향 분석을 기초로 향후 교사교육의 철학적 탐구를 위한 비판적 제언을 덧붙이면 다음과 같다. 첫째, 교사교육에 관한 철학적 탐구가 관심과 주제를 더 다양화하고 확장시킬 필요가 있다. 특히 교사교육정책과 제도에 관한 교육철학적 탐구는 양적으로도 적고, 질적으로도 구체적인 제도에 관해 철학적 탐구를 시도하기보다는 교사교육 정책과 제도에 관한 전반적이고 포괄적인 논의 수준에 머무르고 있다. 따라서 앞으로 교사교육에 관한 교육철학적 탐구는 실제 실행될 교사교육 관련 제도와 정책도 대상으로 다룰 수 있어야 할 것이다. 철학적 탐구가 교육실제와 밀접한 관련을 가질 때, 탐구를 위한 탐구에 그치지 않고 교육의 실제적인 제도와 정책 변화라는 실행가능성을 발휘할 수 있기 때문이다. 예를 들어, 교사지식에 관한 교육철학적 탐구는 교사교육과정에 필수적인 것이요, 따라서 교사교육과정을 바꾸려는 제도나 정책 연구에도 관여될 수밖에 없다. 교사교육에 관한 철학적 탐구와 교사교육의 제도와 정책 개선의 문제는 별개일 수 없다.

둘째, 교사가 처한 현실과 교사교육의 이론적 가정에 대한 분석에서 보듯이, 오늘날 교사들은 교육목적에 대해 고민하고 성찰하며 교육하는 주체로 서기 힘들어 보인다. 현장교사들의 이야기를 토대로 교사사회를 분석한 엄기호(2013)는 교사사회가 무기력을 넘어 침묵과 냉소주의로 흐르고 있다고 분석한다. 서로(교사-학생 간, 교사동료 간)의 삶에 개입하지 않고 문제제기하지 않으며 성과주의 사회에서 자기계발의 화신이 되어 간다고 말한다. 이런 현실에서 자신의 가르침에 대해 성찰하고 서로 질문하며 문제제기 하는 사람은 이질적인 존재가 되기 때문이다.

현실이 이렇기 때문에 교사교육의 대안을 논한 탐구들이 시사하듯이, 더욱 교사가 무엇을 가르치고 왜 가르치는지, 자신의 교육적 신념과 목적에 대해 고민하며 자신의 교사됨에 대해 성찰하는 일이 절실하다. 교사교육에서 먼저 변화를 시작해야 할 것이다. 교사를 교육의 당사자로 바라보고, 교사가 학생들과 함께 어울려 배우는 법을 나누는 사람으로서 자신의 가르침에 대해 성찰하고 철학할 수 있는 장을 제공해야 할 것이다. 이런 성찰과 고민이 있어야 교사 간 유대와 동료성이 발휘되고 비로소 현실에 변화가 시작될 수 있기 때문이다. 철학하기 힘든 시대임에도 불구하고, 다시 교사가 둘러앉아 '교육'의 문제를 고민하고 서로 이야기할 때, 교육이 효율성의 추구를 위한 '경영'이 아닌 교육의 모습을 찾을 수 있을 것이다. 이를 위해 교육철학(은 물론 교육학)은 Dunne의 책 제목 『맨땅으로의 회귀(Back to the rough ground)』가 시사하듯이, 학교현장의 교육실천에 눈을 돌려야 할 것이다.

셋째, '교사교육 분야의 주체는 누구인가?'라는 질문을 해 볼 수 있다. 한명희(1990)의 지적처럼, 그동안 교사교육에 관한 연구가 주로 행정적·제도적 접근에 집중되어 온 것이 사실이다. 그러나 교육학이란 학문이 결국 교육이란 현상을 대상으로 하는 학문인 것처럼, 교사교육 역시 교육학 분과학문 분야의 특정 한 분야의 연구 대상일 수 없다. 결국 당면한 교사교육의 문제를 해결하기 위해서는 교육학 분과학문 내 대화와 협력이 필수적이다. 교사교육에 관한 교육철학적 탐구가 교사교육의 제도와 정책 개선과 무관할 수 없다. 교사교육의 바람직한 변화 모색을 위해서 교육학 분과학문 간 서로 대화하고 공동의 탐구를 시작해야 할 것이다.

참고문헌

강선보, 김정환(1998). 교육철학. 서울: 박영사

강승규(1996). 교원교육에 대한 철학적 접근. 한국교원교육연구, 12: 13-40.

강승규(2012). '좋은 교사'를 양성하기 위한 교원양성기관평가의 방향. 교육문제연구, 44: 127-153.

곽덕주(2007). 새로운 교직윤리의 정립을 위한 실험적 탐색. 교육철학a, 40: 7-32.

김민남(1995). 교사교육론의 철학. 한국교사교육, 11: 1-32.

김민남(1999). 교사교육론과 실천. 교육철학b, 17: 19-37.

김선구(2008). '사회적 실천가'로서 교사. 교육철학b, 35: 5-33.

김운종(2009). 미래교육을 위한 교직관의 적합성 검토. 한국교원교육연구, 26(4): 79-94.

김현주(2008). 철학자로서의 교사-교사 전문성의 재개념화. 교육철학a, 42: 109-133.

김현주(2010). 교육대학원에서 '교육철학하기'. 교육철학a, 47: 23-56.

김창환(2005). 한국 교육철학의 학문적 정체성. 교육철학a, 33: 7-22.

김회용(2007). 좋은 교사의 자질. 교육철학a, 38: 27-46.

박균섭, 김병희(2003). 듀이의 교사론: 교직의 전문성을 중심으로. 교육철학b, 23: 65-87.

박은혜(1996). 반성적 사고와 유아 교사교육. 유아교육연구, 16(1): 175-192.

박의수(2005). 학교교육에 관한 교육철학회의 연구 성과와 전망. 교육철학a, 33: 23-29.

백명희(1980). 현대 한국인의 교사관. 교육철학a, 4: 5-17.

부성희(2008). 교사 지식 발달에서의 이론-실천 간의 관계: 폴라니 인식론에서의 의미론적 통합을 중심으로. 교육철학a, 42: 157-193.

서명석(2007). 수업철학과 교사실존 간의 연관. 교육철학b, 32: 139-168.

손승남(2005). 교사의 수업전문성 관점에서 본 교사교육의 발전 방향. 한국교원교육연구, 22(1): 89-108.

손은정(2003). 반성적 사고와 전문가 교육. 학생생활연구, 28집: 31-54.

신득렬(2008). 교사와 교육철학. 교육철학b, 35: 97-120.

양은주(2003). 연구자로서의 교사 개념과 대안적 교실 실천. 한국교원교육연구, 20(2): 203-221.

양은주(2005). 교육철학의 '교사' 연구 동향과 과제. 교육철학a, 33: 63-82.

양은주(2012a). 초등예비교사를 위한 교육철학 수업 사례연구. 교육철학연구, 34(2): 117-142.

양은주(2012b). 초등교육과 교사의 본질적 의미에 대한 미학적 탐구. 교육사상연구,

26(2): 207-233.

양은주, 엄태동(2006). 교사양성교육을 위한 교육철학수업의 현황과 개선방안. 교육철학a, 36: 197-217.

엄기호(2013). 교사도 학교가 두렵다. 서울: 따비.

우정길(2011). 교육철학 연구동향 국제비교-미국, 영국, 한국, 독일 (2005-2009). 교육의 이론과 실천, 16(1): 27-52.

이남호(2007). 반성적 사고 실천에 기초한 교육실습. 교육사상연구, 21(3): 181-200.

이돈희(2000). 21세기의 교사상과 교직. 한국교사교육, 17(1): 1-18.

이병승(2005). Nietzsche의『짜라투스트라는 이렇게 말했다』에 나타난 이상적인 교육자상 탐구. 한국교원교육연구, 22(2): 67-85.

이병승(2007). 교사교육에 있어서 교육철학 교수의 역할. 교육연구(공주대 교육연구소), 21: 1-20.

이병승(2011). 피터스 교사교육의 철학. 교육철학b, 45: 161-190.

이종일(2004). 교사교육 이론의 변천. 교사교육: 반성과 설계. 서울: 교육과학사.

이현민(2008). 학교교육 현실과 교사의 철학. 교육철학b, 35: 121-149.

정범모(1990). 미래에 대응하는 교사교육의 방향. 한국교사교육, 7: 5-15.

정순목(1980). 경사와 인사-전통적 한국인의 교사관. 교육철학a, 4: 1-4.

정영근(1997). 교사와 교육학적 지식의 성격. 한국교사교육, 14(2): 1-6.

정영근(2006). 교직이념의 상실과 교육학적 과제. 교육철학a, 35집: 93-107.

정윤경(2002). 발도르프 학교의 교사교육. 교육철학a, 27: 91-108.

정윤경(2005). CTT(Courage To teach) 교사교육에 관한 고찰. 한국교육학연구, 11(1): 53-76.

정윤경(2006). 교사교육과 영성. 교육철학a, 36: 171-196.

정윤경(2007). 반성적 교사교육에서 '반성' 의 의미. 교육의 이론과 실천, 12(2): 165-188.

정윤경(2008). 반성적 교사교육에 대한 비판적 고찰. 교육철학a, 42: 195-219.

정윤경(2013a). 외국 해외현장경험 프로그램 분석 및 한국 다문화교사교육을 위한 해외현장경험 프로그램 구상에 관한 연구. 한국교육학연구, 19(2): 145-166.

정윤경(2013b). 교사교육을 위한 교육철학의 역할. 교육사상연구, 27(2): 139-157.

정재걸(1996). 교육개혁에서의 교사교육의 문제. 교육철학a, 14: 169-181.

정진곤(2001). 현행 교원양성의 질적 관리 체제의 문제점과 정책 대안. 한국교사교육, 18(3): 89-111.

정진곤(2011). 교원임용시험에서의 교육철학의 필요성에 대한 비판과 대안 모색. 교육철학연구, 33(2): 159-179.

정훈(2011). 교육시장화 시대의 교사 전문성. 교육철학연구, 33(3): 161-185.

조경원(2003). 현직교사교육의 방향: 학교중심 현직교사교육의 필요성을 중심으로. 교육과학연구, 34(3): 143-155.

조경원(2004). 중등교원 양성교육의 비판적 검토. 교육과학연구, 35(1): 1-19.

조난심(2004). 교육철학의 정체성과 학교교육. 교육철학a, 31: 169-184.

조무남(2006). 영국교사교육제도. 서울: 청문각.

조용기, 최석민(2003). 교사교육과 교육철학의 성격. 교육철학b, 24: 157-169.

최정실(1998). 포스트모던 시대의 교사교육에 대한 인식론적 접근. 교육철학a, 20: 85-100.

최항석, 김영희(2003). 성숙한 교사를 위한 새로운 교육적 패러다임에 관한 연구. *Andragogy today, 6*(4): 1-23.

한명희(1990). 교사교육의 이념과 내용의 관계. 한국교사교육, 7: 16-34.

홍은숙(2011). 교직관에 따른 전문직 교원윤리의 성격 재음미. 교육철학연구, 33(3): 187-212.

Carr, W. (2004). Philosophy and education. *Journal of philosophy of education, 38* (1): 55-73.

Dunne, J. (1993). *Back to the rough ground:'phronesis' and 'techne' in modern philosophy and in Aristotle.* London: Uinversity of Notre Dame Press.

:::: 맺음말

사람됨과 교사됨의 교육을 위하여

　9개 장에 걸쳐 교사교육에 대한 탐색을 시도했다. 각 장마다 주제는 달랐지만, 각 장의 내용을 하나로 모을 수 있을 수 있다. 요컨대, 교사는 하나의 직업인으로 그 직업 수행에 필요한 지식과 방법론 이전에 사람됨이 먼저 이루어져야 한다는 것이다. 왜 그런가? 교직이라는 직업적 특수성에서 그 이유를 찾을 수 있을 것이다. 교직이 하나의 직업임에 틀림없다. 그런데 그 직업이라는 것이 결국 사람을 교육하는 일을 하며, 교육이란 다름 아닌 사람다운 사람을 기르는 일이기 때문이다. 따라서 교사교육은 인간다운 인간이란 무엇이고, 그러한 인간은 어떻게 길러지는가에 대한 탐구 위에서 이루어져야 한다. '인간에 대한 탐구'와 관련된 것을 인문학 또는 인문교양교육이라고 할 수 있다. 인문(人文)이란 인간의 모습이 드러난 현상이요, 인문학이란 그 원리를 찾는 행위라고 한다. 그렇다면 교사교육은 다름 아닌 이러한 인문학적 전통 위에서 인간성 계발을 목적으로 이루어져야 할 것이다.

　인간성 계발이란 결국 사람다운 사람을 기르는 것을 말한다. 이것은 결국 인간이 어떻게 살아야 하는가에 대한 끊임없는 탐구 과정이다. 탐구 과정이라 함은 지속적인 사유와 모색을 요청함을 뜻한다. Socrates 이후 교육의 전통이 보여 온 바대로, 인간다운 삶이란 인간다운 삶에 대한 지적(이성적) 추론(推論) 능력, 즉 이치에 따라 미루어 생각할 때 가능하다. 또 추론은 추구하며 생각하는 추론(追論)이라고 해도 의미가 통한다. 사람다운 사람에 해당하는 인간상과 삶에 대한 끊임없는 모색이라는 점에서 그러한 상을 추구하며 생각해가는 과정이라는 의미라고도 볼 수 있다. '추론'의 의미를 어느 것으로 보든 중요한 것은 인간다운 삶에 대한 지성적 사유의 힘이 있어야 한다는 말이다. 본서에서 '반성'이란 말로 강조한 것이 이에 해당한다. 본서에서 교사교육에서 강조되어야 할 것으로 '반성' 혹은 '성찰'을 논한 것은 결국 교사되는 자가 지속적으로 자신의 가르침에 대해 사유를 멈추지 않을 때 훌륭한 가르침을 할 수 있는 좋은 교사가 되는 것이라고 가정하는 것이다.

Nussbaum에 따르면, 인간성 계발을 위해 필수적인 것은 자기 자신과 전통에 대해 묻고 검토하는 '검토된 삶'(examined life), 자신을 자기가 속한 특정 지역이나 그룹을 넘어 상이한 맥락이 공조하는 세계시민의 일원임을 자각하고 세계시민성을 기르기, 다른 사람을 공감할 수 있는 '서사적 상상력'(narrative imagination)을 갖추기이다. Socrates가 강조하는 '검토된 삶'이란 다름 아닌 끝없이 질문하는 삶을 말한다. 이러한 것에 기초해 학교를 운영했던 Tagore는 다음과 같이 말한다. "우리 인간 정신은 지식을 갖추는 데 소용되는 것들을 획득함으로써가 아니라, 또 타인의 생각들을 소유함으로써가 아니라, 그 자신만의 판단 기준을 형성함으로써, 그 자신만의 생각을 생산함으로써 비로소 참된 자유를 얻는다."(Nussbaum, 1997: 128). 이러한 논의는 인문교양적 학습을 매개로 비판적 사고를 할 수 있고, 그로 인해 검토된 삶을 살게 됨으로써 인간다운 삶, 자유로운 삶을 영위할 수 있다는 것이다. 이것은 결국 사고 능력의 개발을 통해 자유롭게 된다는 자유교육적 전통의 주장을 다시 확인하게 한다. 본서의 '반성'이란 주제는 교사가 지속적인 사유를 통해 주체적인 교사가 될 수 있다고 논의한다. 교사의 사유, 사고, 반성 또는 성찰 어떤 용어를 사용하든지 간에 지속적으로 사고하고 성찰하는 교사의 반성 능력은 중요하다. 따라서 교사교육은 미리 꾸려진 사고 체계 내용 전달보다는 교과내용을 매개로 사고할 수 있는 능력을 갖추어 갈 수 있어야 할 것이다. 이를 통해 교사는 교사교육 이전과 다르게 인간과 삶, 그리고 세계를 바라볼 수 있게 될 것이다.

그런데 교사에게는 사유 능력만 중요한 게 아니다. 가르침이 이루어지는 교실과 강의실에서 핵심은 교사와 학습자 간의 교감이요, 혼과 혼의 호응이다. 학습자와의 교감과 호응이 일어나야 교사의 가르침이 학습자의 배움으로 연결될 수 있다. 또 이럴 경우에 교사는 가르침의 보람과 기쁨도 누릴 수 있는 게 아닐까? 이런 맥락에서 실존주의 전통의 교육사상은 교사와 학생 간의 교감을 위해 교사는 자신의 개인적 단점과 아픔을 드러내 보일 수 있는 용기가 필요하고, 자신의 인격에 승부를 걸어야 하며, 교실에서의 가르침이 교실 바깥의 자신의 실천이나 삶과도 연계되어야 함을 강조한다. 한마디로 교사는 수업에서 단지 수업내용만을 가르치고 있는 것이 아니라, 자신의 전인격을 드러낼 수밖에 없다는 말이다. 참으로 힘든 일이다. 그래서 선생 노릇하는 일은 쉬운 일이 아니라, 엄청난 일인데 오늘날 교직은 안정성과 편안함만 부각되고, 그것에 혹해 교직에 대한 선호도가 높은 현상은 조금 당황스러운 일이다. 전 인격이 매개되고 드러날 수밖에 없는 수업은 교사의 지성은 물론 교사의 마음과 영혼이 더해져야 가능하다. 교사는 학습자들을 공감하고 그들의 영혼과 마음에 가 닿을 수 있어야 한다. 본서의 '영성' 관련 장들이 바로 교사의 가슴과 영혼을 교육하는 것의 중요성을 강조한다. 여기서 말하는 가슴이나 영혼이란 표현은 낯설다. 그냥 마음이라고 해도 무방하지만, 우리가 마음이라고 하면서 영어의 'mind'의 번역어로 사용하게 되면, 그 의미는 이성 능력에 초점을 둔 지성에 국한되는 경우가 많다. 따라서 교사의 이성 활동의 범위를 넘어 교사의 영혼(가슴)을 움직일 수 있어야 한다. 이를 위해 교사교육에서 영성 차원을 관련지은 논의들을 살펴본 것이다. 요컨대, 교사의 인간성 계발을 위해서는 인간의 사유하는 이성 능력 이외에 섬세한 감수성 또는 감성 능력이 요청된다. 즉, 쉽게 말하면 교사에게는 지성뿐만 아니라 뜨거운 가슴도 있어야 한다는 말이다. '영성'을 강조한 장들은 사유하는 이성 능력에 초점을 둔 지성 이외의 인간의 마음 즉, 가슴과 영혼에 대한 관심을 불러일으킨다. 사람다운 사람으로서의 교사는 사유하는 힘인 지성적 힘은 물론 타자와 세상사를 공감할 수 있는 감수성과 가슴과 영혼을 지녀야 한다는 말이다. 다문화교사교육을 다룬 6, 7장에서 교사가 갖추어야 할 다문화적 역량 중 자신의 문화적 가정을 성찰하고 낯선 문화 속에서 자신과 비판적 만남을 통해 갖게 되는 자기지식의 중요성을 강조한 것도 이런 맥락에서다.

그런데 교사의 지성과 영혼은 어떻게 교육되어야 할까? 오늘날 교사교육은 교사전문성을 기르기 위한 지식과 기술 중심의 교사교육으로 치우치고 있다. 이러한 경향은 오늘날 가르침이 그 본래적 특성인 실천으로서 간주되기보다는 수단으로서 의미가 부각되기 때문일 것이다.

교사교육은 교사의 사람됨을 목적으로 하는 인문적 교양교육의 차원에서 바라볼 수 있어야 한다. 여기서 교양적 교사교육이란, 기존의 교사교육에서 전공영역에 비해 교양 영역의 시수를 늘리자는 의미가 아니다. 교직영역에서 가르치는 교육학 과목이든 또는 전공영역의 전공교과 또는 교양영역의 교양과목들을 교사가 될 사람들의 교양적 학습이 되게 접근하자는 의미다. 물론 모든 교과가 가능한 것은 아닐 것이다. 과목 성격상 방법론의 숙달에 초점이 두어질 수 있다. 하지만 궁극적으로 교사교육이 가르침과 교육을 수단적이고 도구적인 관점에서 전문성을 발휘하기 위해 갖추어야 할 지식과 기술 체계의 습득의 차원이 아니라, 인간됨의 과정이라는 접근에서 이루어져야 한다는 의미다(정윤경, 2015: 98-99).

교사 자신의 사람됨과 교사됨을 위한 존재론으로서 교사교육에서는 교육내용 즉 앎과 교사 자신의 삶과 긴밀하게 관련되어야 한다. 고병권(2014: 124)은 "앎이 삶을 구원하는가?" 하는 다소 도발적인 질문을 던지고 이에 대해 결론적으로 "삶과 무관한 앎이 삶을 구원할 수는 없을 것"이라고 결론짓고 있다. '구원'이라는 엄청난 수준까지는 아니더라도, 삶과 무관한 앎은 삶에 어떤 파장도 일으키지 않는다는 점에 동의한다. 그리고 존재론으로서 교사교육의 내용이 교사될 사람의 삶에 어떤 파장도 일으키지 않는다면 그것은 제대로 교육이 일어났다고 볼 수 없다. "살아온 대로 말하고, 말한 대로 살아가라." 고병권이 앎과 삶의 관계를 천착

하면서 실감했다고 하는 가르침의 위력을 나타낸 말이다. 대학에서 가르치는 자인 교수에 해당하는 영어 professor의 어원에 해당하는 profess는 '공언하다, 고백하다'라는 의미를 갖는다. 따라서 가르치는 자의 자리는 바로 살아온 길에 대한 고백과 살아갈 길에 대한 약속을 하는 자리라는 것이다. 실제로 교사 개개인이 자신이 삶아온 삶에 대해 이야기하고 고백했다는 말이 아니라, 가르치는 자 교사라는 자리가 그런 고백과 약속을 기대하고 전제하는 자리라는 의미다. 이것이 어디 대학에서 가르치는 자에게만 국한된 말이겠는가? 각 급 학교에서 가르치는 교사라면 누구나 그 가르침 속에 살아온 길에 대한 고백과 살아갈 길에 대한 약속인 가치를 포함할 수밖에 없을 것이다. 따라서 교사교육은 교사 자신의 사람됨과 교사됨에 대한 인문교양적 교사교육이 될 수밖에 없다.

인문교양적 교사교육은 교육 내용면에서 인문학적 요소를 토대로 한다. 인문학은 그 본질상 '어떻게 살 것인가?', '이 세계 속에서 어떻게 사는 것이 올바르고 바람직한 삶인가?'에 대한 지속적인 질문과 성찰에 열려 있다. 교사교육 역시 교사가 될 사람들의 사람됨과 교사됨을 위하여 이러한 지속적인 질문과 성찰을 포함하는 것이어야 한다. 또한 '교양적'이란 '균형 잡힌', 그리고 '관점의 복수성과 개방성'을 특징으로 한다. 교육 방법 면에서 인문교양적 교육은 내용의 전달과 습득의 형태로 일어나지 않는다. 교육되어졌다는 것은 특정 내용의 전달(transmission)로 이루어지는 것이 아니라, 교육에 참가한 가르치는 자와 배우는 자의 삶의 변화 즉 변화와 변혁(transformation)으로 나타난다. 이것을 염두에 둔다면 교사교육은 가르치는 자가 학생들에게 전달해야 할 한무더기의 지식과 기술, 방법론적 이론을 전달하는 것만으로 불가능하다. 지식과 정보의 전달이 주가 되는 강의법만이 아닌 토론, 함께 공동의 과제를 해결하는 프로젝트, 자신의 삶을 성찰하는 성찰적 글쓰기 등이 다양한 방법으로 활용되어야 할 것이다.

참고문헌

고병권(2014). 살아가겠다. 서울: 도서출판 삶창.

Nussbaum, M. (1997). *Cultivating Humanity: A classical defense of freedom in liberal education*. Massachusetts: Harvard University Press.

:::: 찾아보기

내 용

:::: **저자 소개**

정윤경(Chung Yunkyoung)

고려대학교 대학원 교육학 박사
한국교육과정평가원 도덕교과서 제작 참여(박사후 과정)
고려대학교 교육문제연구소 연구교수
경희대학교 교수학습지원센터 연구원
현 전주교육대학교 교수

〈저서〉
발도르프 교육학(학지사, 2004)
인성교육(공저, 양서원, 2008)
교사를 위한 교육철학(교육과학사, 2010)
다문화사회와 다문화교육(공저, 교육과학사, 2010)

〈논문〉
슈타이너 인식론과 발도르프학교의 감성교육(한국교육철학학회, 2013)
화이트헤드 과정철학과 교육적 시사점(한국교육사상연구회, 2014)
인성교육 활성화를 위한 교사의 인성교육(한독교육학회, 2015)

대안적 교사교육 탐색

2016년 5월 25일 1판 1쇄 인쇄
2016년 5월 30일 1판 1쇄 발행

지은이 • 정윤경
펴낸이 • 김진환
펴낸곳 • (주) **학지사**
　　　　 04031 서울특별시 마포구 양화로 15길 20 마인드월드빌딩
대표전화 • 02)330-5114　　　 팩스 • 02)324-2345
등록번호 • 제313-2006-000265호

홈페이지 • http://www.hakjisa.co.kr
페이스북 • https://www.facebook.com/hakjisa

ISBN 978-89-997-0957-9 93370

정가 16,000원

이 도서의 국립중앙도서관 출판시도서목록(CIP)은 서지정보유통지
원시스템 홈페이지(http://seoji.nl.go.kr)와 국가자료공동목록시스템
(http://www.nl.go.kr/kolisnet)에서 이용하실 수 있습니다.
(CIP제어번호: CIP2016011815)

교육문화출판미디어그룹 학지사

심리검사연구소 **인싸이트** www.inpsyt.co.kr
원격교육연수원 **카운피아** www.counpia.com
학술논문서비스 **뉴논문** www.newnonmun.com